AF495151

Les Associations Coopératives Agricoles

Cours sur la Coopération

AU COLLÈGE DE FRANCE

Décembre 1924 - Mars 1925

Par CHARLES GIDE

ASSOCIATION
POUR L'ENSEIGNEMENT DE LA COOPÉRATION
85, RUE CHARLOT, PARIS

Les Associations Coopératives Agricoles

Cours sur la Coopération

AU COLLÈGE DE FRANCE

Décembre 1924 - Mars 1925

PAR CHARLES GIDE

ASSOCIATION
POUR L'ENSEIGNEMENT DE LA COOPÉRATION
85, RUE CHARLOT, PARIS

OUVRAGES DU MÊME AUTEUR

La Coopération (Conférences de propagande), *4ᵉ édition*, 1922.

Les Sociétés coopératives de consommation, *4ᵉ édition*, 1924.

Premières Notions d'Economie politique, 1921.

Principes d'Economie politique, *24ᵉ édition*, 1923.

Cours d'Economie politique, 2 volumes, *8ᵉ édition*, 1923-1925.

Histoire des Doctrines économiques (en collaboration avec M. Rist), *5ᵉ édition*, 1926.

Les Institutions de progrès social, *5ᵉ édition*, 1921.

Les Institutions en vue de l'abolition ou de la transformation du salariat, 1920.

Les Associations Coopératives Agricoles

CHAPITRE PREMIER

LES DIVERS TYPES DE COOPÉRATIVES AGRICOLES

Les obstacles à leur développement

La coopération agricole embrasse des formes très diverses et même tous les types possibles d'associations.

On peut les classer en trois groupes caractérisés :

Les associations qu'on nomme, en France, les *syndicats agricoles* mais qu'il vaudrait mieux appeler « associations professionnelles », car il s'agit de personnes exerçant la même profession, dans l'espèce des agriculteurs, qui s'associent pour défendre leurs intérêts. De même que les syndicats ouvriers ont pour rôle de défendre leurs intérêts professionnels, salaires, durée du travail, etc., de même les syndicats agricoles ont pour rôle de défendre leurs intérêts professionnels dans tous les cas où ils les jugent menacés, soit contre le libre-échange, soit contre le fisc, etc.

Toute association qui a pour but de défendre des intérêts professionnels, est une association militante, par définition, c'est-à-dire que son rôle est de faire de la propagande, tenir des réunions, publier des journaux, etc.

Le second type c'est celui de *l'association coopérative:* ceci c'est tout différent. L'association coopérative n'est pas une association de lutte : elle est constructive. L'association coopérative a pour but de créer une forme d'entreprise commerciale ou industrielle — achat, vente, production, crédit, etc. — mais qui diffère, par certains caractères, de celle existante dans le monde capitaliste.

Le troisième type, c'est l'association pour lutter contre les risques de toute nature, soit ceux qui concernent les personnes : maladie, vieillesse, mort — mais en ce cas elle n'a rien de spécialement agricole — soit les risques qui concernent les choses : incendie, grêle, gelée, épizooties. C'est l'association d'*assurance mutuelle*. On peut, si l'on veut, la faire rentrer dans le précédent, car l'assurance est bien une forme d'entreprise; toutefois celle-ci est plutôt du domaine de la mutualité que de celui de la coopération proprement dite.

Mais je dois dire que si ces catégories sont nettement spécifiées en théorie, en fait il faut prendre garde que les formes d'associations existantes n'y correspondent pas toujours exactement, en ce sens que les mots que je viens d'employer sont souvent employés dans des sens très différents.

Ainsi, ce que nous appelons, en France les syndicats agricoles, ce sont en fait des coopératives d'achat et c'est sous ce nom qu'on les désigne à l'étranger. Ainsi encore l'association agricole de prêt, quoiqu'elle soit coopérative, est classé généralement dans les mutualités, sous le nom de crédit mutuel.

Nous ne croyons pas devoir nous attarder sur les considérations générales, en ce qui concerne les bienfaits de l'association sous toutes ces formes — bienfaits non seulement au point de vue économique, pour améliorer la condition des sociétaires et l'économie générale du pays — mais aussi à un point de vue plus souvent négligé, au point de vue moral.

Je citerai seulement, sur ce dernier point, un couplet assez éloquent d'une conférence, qui a été prononcé il y a longtemps, ici-même, au Collège de France, par M. Legouvé, qui n'était pas un économiste mais un littérateur :

« Dès qu'une classe quelconque s'associe, la moralité de cette classe s'élève.

« Toute association a une caisse de réserve, voilà l'épargne ;

« Toute association a une caisse de secours, voilà la charité;

« Toute association a des élections, voilà la récompense;

« Toute association a un contrôle, voilà le blâme;
« Toute association a un drapeau, voilà l'honneur. »

Il y a là un peu de rhétorique; mais tout de même c'est un tableau assez saisissant des avantages moraux de l'association et de l'influence qu'elle exerce sur ses sociétaires.

Mais dans cette leçon d'introduction, le point sur lequel il faut s'arrêter, c'est l'indication des obstacles qui s'opposent à la naissance de l'association agricole, ou qui entravent son développement.

Il y a des formes d'association agricole qui ont été spontanées, en ce sens qu'elles ne sont pas le résultat de conventions ou d'actes de volonté réfléchis, mais qui ont été déterminées par des causes naturelles, par une évolution sociologique, qui sont comme des développements de la famille agrandie.

Elles se trouvent dans les pays qui ne sont encore à un stade très avancé au point de vue économique et dans lesquels la propriété familiale collective se continue sous la forme d'association. Il y a, par exemple, dans les pays des Balkans, en Serbie, en Yougo-Slavie, une forme spéciale de communauté agraire qui est célèbre dans l'histoire économique sous le nom de Zadruga.

La Zadruga est une communauté agricole composée de plusieurs familles descendant du même ancêtre; un assez grand nombre de personnes vivent dans la même maison, 20, 30, 50 personnes, et cultivent en commun leur domaine. On élit un chef, qui n'est pas toujours le plus ancien par l'âge. Il y a là association intégrale de culture, forme d'association devenue très rare dans les pays avancés et que nous ne retrouverons plus qu'à la fin de ce cours, dans certaines circonstances exceptionnelles.

On peut trouver quelques autres exemples de ces associations d'origine sociologique. Ainsi, dans la Kabylie algérienne, l'association agricole existe sous diverses formes ; il n'y a pas de paysan kabyle qui n'appartienne à la fois à plusieurs associations agricoles. Mais là, elle ne comporte nullement la communauté de culture: au contraire, le morcellement de la propriété atteint un degré dont nous n'avons pas une idée en France ; ce n'est pas seulement la terre, qui est morcelée en parcelles infimes, c'est parfois un seul

arbre qui appartient à trois ou quatre propriétaires différents.

L'association agricole peut être déterminée aussi par des
nécessités que j'appellerai économiques. Par exemple, dans
tous les pays secs où l'irrigation est une nécessité, mais
où il n'y a pas d'eau en quantité suffisante pour les besoins,
il faut bien qu'il y ait des associations entre propriétaires
pour réglementer l'irrigation, en répartissant l'eau à tour
de rôle. Ces associations d'irrigation ont tenu une grande
place dans la vie de l'Afrique du Nord, et surtout dans
l'histoire de l'Espagne, au temps des Maures. Je ne puis que
vous renvoyer au beau livre de mon collègue, M. Brunhes,
professeur de géographie au Collège de France, sur les
associations constituées pour assurer l'irrigation, non seulement en Espagne mais dans les différents pays.

Enfin, il y a des associations qui sont déterminées par
ce que j'appellerai les nécessités techniques.

Il s'agit de certains produits qui ne peuvent pas être
faits isolément. Je citerai l'exemple le plus ancien et le
plus frappant, celui du fromage connu en France sous le
nom de fromage de Gruyère. C'est un fromage qui pèse
30 kilos et qui exige pour sa confection le lait d'une centaine de vaches. Il est donc absolument impossible, à moins
d'être un très grand propriétaire, de faire à soi seul un
fromage de gruyère. L'association s'impose donc, et c'est
grâce au fromage de gruyère que sont nées, dans le Jura
particulièrement, et dans un temps déjà très ancien, sous le
nom bizarre de « fruitières », des milliers d'associations
agricoles de formes diverses.

Mais il ne faut pas croire que les cas d'associations agricoles que je viens de citer soient la généralité. On ne les
trouve qu'à l'état d'exceptions.

En fait, dans tous les pays où la propriété foncière individuelle s'est constituée, l'association agricole ne peut être
que le résultat d'accords volontaires, et c'est pourquoi elle
a toutes les peines du monde à naître et à s'organiser. Elle
se heurte à des résistances opiniâtres qui tiennent au fait
même de la propriété foncière individuelle.

Vous savez combien de fois on a célébré les vertus du
paysan français; je n'ai pas besoin de vous renvoyer à tous
les littérateurs qui ont écrit sur ce sujet, notamment à la

page célèbre de Michelet sur le paysan français et à tant d'autres de George Sand ou de Balzac. Ce ne sont pas seulement les littérateurs, mais aussi les économistes, comme Stuart Mill, qui ont vu dans la propriété paysanne, telle qu'elle existe en France, la forme idéale de la propriété jointe au travail, et que tous les pays devraient chercher à réaliser.

« S'il y a, dit-il, quelque inconvénient moral attaché à un régime de société dans lequel le paysan possède la terre, c'est le danger qu'il ne devienne trop soucieux de ses intérêts pécuniaires, qu'il ne devienne avare, calculateur dans le mauvais sens du mot. Mais même s'il y a quelques excès en ce sens, ce n'est pas payer trop cher l'inestimable bienfait d'un régime qui donne à un peuple le sentiment de ne dépendre que de lui-même (*self dependance*), vertu qui est une des premières conditions pour élever le caractère humain et grâce à laquelle la paysannerie de France est prééminente entre toutes les autres populations laborieuses. »

Vous voyez que, tout en faisant ce magnifique éloge du paysan français, Stuart Mill ne cache pas le revers de la médaille, c'est-à-dire ce sentiment individualiste, disons le mot, égoïste, qui est trop souvent le fruit de la propriété foncière individuelle.

Tel est bien le sentiment qui rend le paysan français au premier abord, réfractaire à toute association. Et quand je parle du paysan français, je parle des paysans de tous les pays qui vivent sous le même régime de la propriété foncière individuelle, quoique peut-être d'une façon moins accentuée qu'en France.

Le paysan français n'aime pas que personne soit au courant de ses affaires, et réciproquement il n'aime pas à prendre souci des affaires de son voisin. Sans doute, il peut bien arriver qu'il s'occupe de son voisin, et plus que de raison, par curiosité ou par jalousie; mais dans les affaires chacun pour soi. Il n'aime pas donner une signature; il n'aime pas s'engager pour une période déterminée, même pour de faibles engagements comme ceux qu'on demande aux membres d'une association quelconque.

J'ai cité plusieurs fois une anecdote caractéristique de cette mentalité.

Dans un village où je passe les mois d'automne, dans le Gard, je connaissais un notaire qui habitait sur la grande place du village. L'année suivante je ne l'y trouvai plus; il avait déménagé pour se loger hors du village. Je lui demandai pourquoi il s'était logé ainsi à l'écart. Il me répondit: « Parce que lorsque j'étais sur la place du village, les clients étaient gênés pour venir chez moi; ils ne voulaient pas qu'on les vît aller chez le notaire. »

Allez donc demander à un paysan qui est dans cet état d'esprit, d'entrer en association avec tous les autres habitants du village pour faire emprunter de l'argent, vendre leurs récoltes, de façon que tout le monde sache à quel prix il a vendu ou ce qu'il a emprunté !

Il y a autre chose. Adhérer à une association d'achats ou à une association de vente, c'est renoncer à faire soi-même ses affaires pour s'en remettre aux soins de l'association. Eh bien, le paysan n'aime pas cela non plus : il veut recevoir la visite du marchand, il veut discuter avec lui les conditions du marché et le prix; il veut se donner la satisfaction de croire qu'il aura roulé le marchand par une négociation habile. Il veut aller à la ville, le jour du marché hebdomadaire, profiter de l'occasion pour faire ses emplettes, pour échanger les nouvelles avec les courtiers; or, quel prétexte aura-t-on pour aller au marché si l'association se charge de tout?

En somme, je dirai que le paysan n'aime pas à entrer dans une association parce qu'il y voit une abdication de ses droits souverains de propriétaire. Et, du reste, ce n'est pas tout à fait sans raison. Il y a un proverbe italien qui dit : Quiconque a un associé a un maître. C'est vrai dans une certaine mesure. Tout contrat d'association constitue un lien permanent, des obligations réciproques, des statuts auxquels il faut obéir.

Est-il besoin d'ajouter que toutes les coopératives, d'achat ou de prêt, sont violemment combattues par tous les marchands, petits prêteurs ou même notaires, dont elles lèsent les intérêts, et que le paysan est plus disposé à croire ceux avec qui il est en relations de voisinage que les messieurs philanthropes?

Il faut pour les convertir quelque apôtre local; cela est rare, et quand il s'en trouve, on lui fait la vie dure.

Cependant, le paysan français lui-même sera disposé à accepter l'association quand on pourra lui démontrer qu'il a un intérêt pécuniaire à le faire.

Or, il y a certains cas où cet intérêt est tellement évident que les yeux les plus fermés se sont ouverts. Chacun de ces cas a été précisément l'origine d'une forme spéciale d'association agricole.

Voici d'abord l'intérêt le plus puissant et le plus ancien de tous qui est la lutte contre l'usure — dans tous les pays. C'est une des formes les plus générales de l'histoire du monde que la lutte du paysan contre l'usure.

Or, après des milliers d'années d'exploitation du paysan par l'usurier, après que des générations et des pays ont été expropriés et ruinés, il y a une forme d'association qui a apparu comme le salut : c'est le crédit mutuel. Pourtant il a fallu attendre jusqu'à l'année 1849 pour que, grâce à l'initiative de quelques apôtres en Allemagne, la population agricole comprît ce magnifique instrument d'émancipation, qui a aujourd'hui libéré des millions d'hommes de l'usure.

Nous reviendrons sur ce mode d'association et nous verrons qu'en France il a eu beaucoup de peine à se développer. Pourquoi? Parce que l'intérêt n'était pas aussi évident pour le paysan français que pour le paysan allemand, bulgare, serbe ou russe; parce que le fléau de l'usure a sévi beaucoup moins en France que dans les pays de l'Europe centrale et orientale. Le paysan français s'est toujours beaucoup mieux défendu contre l'usure que dans les autres pays. Pour vaincre cette indifférence, pour acclimater sur le sol revêche de la France cet arbre qui avait poussé ailleurs de si magnifiques rameaux, il a fallu, comme nous le verrons, que l'Etat créât pour ainsi dire lui-même ces associations de crédit.

Voici une autre forme d'exploitation du paysan, moins grave que l'usure, qui n'a pas, tant s'en faut, la même importance historique et dramatique, mais qui, tout de mme, s'est fait cruellement sentir sur les paysans : c'est la falsification des engrais.

Je ne sais s'il en est parmi vous qui aient vu des engrais chimiques. Pour un profane, il est impossible de distinguer un engrais chimique de n'importe quoi; vous ramasseriez de la poussière sur la route et vous la mettriez dans un sac, que vous pourriez parfaitement vendre cela comme engrais chimique. Vous comprenèz combien facilement les marchands d'engrais pouvaient voler le paysan; ils ne s'en sont pas fait faute. A partir du moment où on a commencé à parler des engrais chimiques, ce fut le vol organisé, et il en est résulté que les paysans trompés ont cru que les engrais chimiques ne servaient à rien et s'en sont dégoûtés. Cette falsification a retardé d'un demi-siècle, peut-être, les progrès de l'agriculture française. Elle souffre encore de cet état de choses; on peut le constater par la faiblesse de ses rendements qui la laissent loin en arrière de la plupart des autres pays.

C'est donc aussi un service éminent rendu aux paysans que de former des associations pour l'achat et pour le contrôle des engrais chimiques, et de leur permettre ainsi de les employer en toute sécurité.

Voilà l'origine d'un autre forme d'association agricole, celle que nous avons indiquée tout à l'heure sous le nom de syndicats agricoles.

Le paysan a eu aussi à souffrir d'une autre forme d'exploitation qui est celle des acheteurs. Je disais tout à l'heure quelle satisfaction c'était pour le paysan de vendre sa récolte. C'est une joie, mais une joie qui souvent est payée bien cher, parce qu'il a affaire à forte partie et que les acheteurs professionnels profitent très souvent de la situation du paysan pour lui « tirer un coup de fusil », formule courante employée en pareil cas et qui peint bien la situation. L'acheteur de vins, par exemple, choisit le moment propice pour acheter la récolte à vil prix. Sachant qu'il y a une récolte surabondante et que le paysan n'a pas de foudres pour loger son vin nouveau, en profite pour obtenir la récolte à bas prix.

Ici donc aussi le paysan a senti la nécessité de se défendre — moins pourtant que tout à l'heure; aussi la forme d'association née de cette exploitation, et qui est l'association de vente, a été une des dernières à être acceptée. Pour le vin notamment, dont je viens de parler, ce n'est que d'hier pour ainsi dire que l'on voit ces associations coopératives se propager rapidement.

Enfin, le paysan peut avoir à souffrir encore d'une autre exploitation : celle par l'assurance.

L'assurance est presque une nécessité pour le cultivateur prudent, car il peut être complètement ruiné, soit par la grêle, soit surtout par les épidémies sur le bétail. Son troupeau de moutons, ses vaches, ses chevaux, peuvent être complètement détruits par la maladie.

Mais ici encore, le paysan peut être victime des Compagnies d'assurance.

Sans doute, l'exploitation n'a pas le même caractère que dans le cas de l'usurier ou du marchand d'engrais dont je parlais tout à l'heure; les Compagnies d'assurance sont de grandes maisons, qui sont obligées de se respecter dans une certaine mesure. Mais il n'en est pas moins vrai qu'il est très onéreux pour le paysan de s'assurer contre les risques, notamment contre la grêle. C'est pourquoi il a compris facilement l'intérêt de l'association sous forme d'assurance mutuelle, et celle-ci s'est développée plus que toute autre.

J'ajouterai qu'il y a des temps plus ou moins favorables pour la naissance des associations agricoles. Il y a des saisons propices, il y en a d'autres qui le sont moins.

L'association a toujours été le résultat de la souffrance, de la misère et de la faiblesse. Dès les temps les plus reculés de l'histoire humaine, c'est la disette, c'est la guerre, qui ont créé les premières solidarités. C'est quand le paysan se sent misérable et qu'il a de la peine à vivre, c'est alors qu'il est plus naturellement porté à s'associer; le péril présent est asez fort pour surmonter cet égoïsme dont je parlais tout à l'heure. Mais aussitôt que les affaires vont bien, il n'a plus besoin du voisin.

C'est ce qui se produit depuis la guerre. Depuis la guerre, le paysan a vendu ses récoltes ce qu'il a voulu.

Je ne lui fais pas de reproche. Le paysan qui partait de sa ferme dans sa petite voiture pour aller au marché avec ses légumes, sa volaille, son beurre ou ses pommes de terre, avant d'arriver au marché, voyait les acheteurs venir à sa rencontre sur la route et lui enlever sa cargaison à n'importe quel prix. Peut-on lui demander d'être un philanthrope et de répondre à l'acheteur : Vous m'offrez un prix trop élevé, ma conscience ne me permet pas de vendre à ce prix ?

Non, mais vous comprenez que dans ces conditions aucun des modes d'association que je viens d'indiquer ne peut tenter beaucoup le paysan.

L'association de crédit? Qu'en ferait-il? Il a remboursé depuis la guerre toutes ses vieilles dettes. Il n'a plus de dettes hypothécaires. Si vous allez dire au paysan : Il faut vous associer pour emprunter, il vous répondra avec raison : Pourquoi voulez-vous que j'emprunte? J'ai de l'argent, c'est moi qui vous en prêterai, si vous voulez, sinon j'achèterai des Bons de la Défense Nationale.

L'association pour vendre? Je viens de vous dire que le paysan n'avait même pas besoin d'aller au marché, que les acheteurs vont chez lui et font surenchère pour obtenir ses produits. Alors pourquoi chercherait-il dans l'association un moyen de mieux vendre?

De même pour toutes les autres formes d'association.

La prospérité a tout naturellement pour effet d'intensifier l'individualisme. Le chacun pour soi s'épanouit dans l'abondance, et c'est seulement dans le besoin que la maxime « chacun pour tous et tous pour chacun » a quelque chance de trouver des oreilles attentives (1).

------

(1) Au Canada la coopération agricole s'est beaucoup plus développée chez les Canadiens français, notamment dans la province de Québec, que chez les Canadiens anglais. Comme ce fait me paraissait surprenant et que j'en demandais l'explication à un habitant du Canada, il me répondit : c'est parce que les canadiens français sont plus pauvres. Voilà une curieuse confirmation de notre thèse !

L'économiste italien Loria, dans ses livres, développe longuement cette thèse que l'homme (et non pas seulement le paysan français) est naturellement réfractaire à l'association et qu'il ne s'y soumet que lorsque le rendement de la terre diminue ou du moins devient de plus en plus onéreux — ce qui serait, en effet, le cas pour tout pays au fur et à mesure qu'il vieillit — et encore faut-il commencer par l'y soumettre de force.

Ce serait donc, d'après Loria, une grande erreur de croire que les hommes ont débuté par l'association et qu'elle ait été un mode spontané et primitif du travail : l'évolution l'a fait passer par ces trois étapes obligatoires :

1° Production individuelle ;

2° Association coercitive (esclavage, servage, salariat) ;

3° Association volontaire (sociétés coopératives).

Ne devons-nous donc compter, pour le développement de l'esprit d'association chez les ruraux, que sur la fin de l'ère de prospérité et le retour des vaches maigres? Ce serait une pénible alternative; mieux vaut espérer que l'idée d'association fera son chemin par une autre voie que la voie douloureuse — par l'instruction, par l'école, par la presse, par l'exemple des autres pays.

CHAPITRE II

LES SYNDICATS AGRICOLES

§ 1. — Historique des Syndicats agricoles

La forme d'association agricole la plus répandue en France et dont les Français sont très fiers, celle qui tient la place d'honneur dans toutes les Expositions et que certains proclament même la merveille de l'association dans le monde : c'est le syndicat agricole — car tel est le nom, assez impropre et qui ne se retrouve dans aucun autre pays — de l'institution dont nous avons à nous occuper.

Syndicat ou coopérative, ce n'est pas la même chose. Je l'ai expliqué dans la leçon précédente mais il faut y insister. Le syndicat c'est l'association qui a pour but la défense des intérêts des personnes exerçant la même profession. Il y a des syndicats ouvriers et des syndicats patronaux. Le terme qui conviendrait mieux que celui de syndicat, c'est celui de « ligue », comme on dit la Ligue des Droits de l'Homme, parce que cette association a pour but la défense des droits des individus.

L'association coopérative, au contraire, c'est une forme d'entreprise, au sens que l'on donne à ce mot en économie politique; ou, comme on dit vulgairement, une « affaire », commerciale ou industrielle, *business*, disent les Anglais.

Sans doute, il n'y a pas là une ligne de démarcation absolue; les syndicats ou les ligues n'ont pas uniquement des préoccupations morales; ils ont aussi des préoccupations économiques, notamment l'augmentation des salaires, dans les syndicats ouvriers. Et, inversement, les sociétés coopératives ne défendent pas uniquement des intérêts économiques; elles ont aussi des proccupations morales : par exemple, établir le juste prix.

Mais, néanmoins, il y a une différence assez sensible pour qu'on ne confonde pas les syndicats et les coopératives.

D'ailleurs il y a certaines différences juridiques qui marquent bien la divergence de ces deux modes d'associations.

Le syndicat ne peut être formé qu'entre personnes exerçant la même profession : l'admission de non-professionnels serait une cause de nullité. Au contraire, pour adhérer à une coopérative, il n'est nullement besoin d'être un professionnel : la coopérative admet tous ceux qui ressentent le besoin auquel elle a pour but de pourvoir.

Les syndicats, comme les ligues, vivent de cotisations annuelles demandées à leurs membres, cotisations généralement très modiques, juste suffisantes pour permettre de couvrir les dépenses de propagande et de fonctionnement du syndicat.

Les coopératives, au contraire, ont besoin pour leurs entreprises d'avoir un capital; il est formé par les souscriptions demandées aux membres. Ce capital ne pourrait être constitué par des cotisations, elles seraient insuffisantes — à moins de les accumuler durant une période assez longue, comme le firent les Pionniers de Rochdale. Il faut donc demander aux sociétaires de verser des fonds — de souscrire des actions, comme on dit — en quantité suffisante pour l'entreprise qu'on a en vue. Mais tandis que l'argent versé sous forme de cotisations est définitivement perdu, celui versé sous forme de souscription d'actions reste la propriété de l'actionnaire.

La date de naissance des syndicats est facile à préciser. Les syndicats datent du 21 mars 1884, il y a un peu plus de quarante ans (1). Ce n'est pas bien vieux pour une institution. A cette date a été votée une loi célèbre, connue sous

----

(1) Il y avait déjà, depuis une loi de 1865, des « associations syndicales » entre propriétaires voisins en vue d'exécuter certains travaux d'intérêt commun et même d'intérêt public, tels que irrigations, desséchements, digues contre inondations, etc. Ils pouvaient même être rendus obligatoires, mais ceci est tout autre chose.

le nom de loi Waldeck-Rousseau, du nom de l'homme d'Etat éminent qui en a pris l'initiative.

Le droit d'association avait été aboli en France depuis la Révolution Française, par un décret fameux de 1791, et pendant tout un siècle était resté interdit. Il nous paraît aujourd'hui fantastique que, pendant un siècle, les Français aient été privés du droit d'association; et pourtant ce qui est curieux c'est que les Français ne réclamaient pas ce droit avec une grande énergie. On était encore sous l'impression horrifiée des corporations, des congrégations, de la main-morte, et le mot d'association réveillait, bien à tort, dans l'esprit des Français, et même des Français libéraux, tous ces souvenirs. En sorte que quand Waldeck-Rousseau a rétabli le droit d'association ce fut considéré comme un acte hardi. Encore est-il à remarquer que ce droit fut rétabli uniquement au profit des associations professionnelles, mais que les autres Français ont dû attendre jusqu'à 1900, date à laquelle une nouvelle loi a reconnu ce droit pour tout le monde.

Le texte proposé tout d'abord indiquait que le droit d'association était restitué « pour la défense des intérêts économiques, industriels et commerciaux ». Quand on lut cette formule à la Chambre, personne ne remarqua qu'elle fut incomplète ni ne demanda qu'il y fût rien ajouté. Mais au Sénat, un sénateur du Doubs, M. Oudet, tout à coup s'écria : « intérêts économiques, industriels et commerciaux... pourquoi n'ajoute-t-on pas : et agricoles? » Sans doute ne fit-il cette remarque que par esprit de symétrie et sans prévoir que ce mot additionnel pourrait être gros de conséquence. Le rapporteur, qui était M. Tolain, aujourd'hui bien oublié mais qui a joué un rôle important parmi les républicains de cette génération, n'y fit pas d'objection; il répondit : « La Commission n'y met pas obstacle; elle estime au contraire que la loi qui vous est soumise est une loi très large dont se serviront un grand nombre de personnes auxquelles tout d'abord on n'avait pas pensé... pour les gens de bureau, par exemple, les comptables, les commis, les employés de toute espèce, en un mot *toute personne qui aura une profession* aura le droit de se servir de la nouvelle loi que vous allez voter. »

J'ouvre ici une parenthèse pour faire remarquer que

cette déclaration du rapporteur, généralement ignorée ou oubliée, a cependant une grande importance, notamment le membre de phrase que nous avons souligné. Vous n'ignorez pas, en effet, que depuis quinze ans les fonctionnaires réclament le droit de former des syndicats et que le gouvernement ne cesse de leur répondre : Non! la loi n'a pas prévu que les fonctionnaires pourraient former des syndicats (ce n'est qu'hier que le nouveau ministère a fini par céder et a reconnu aux fonctionnaires le droit de se syndiquer). Il est donc étonnant que les fonctionnaires n'aient pas pensé à invoquer ce texte du rapporteur de la loi de 1884, qui indiquait que cette loi servirait même à ceux à qui l'on ne pensait pas.

Le rapporteur conclut en disant : « La Commission accepte donc parfaitement les mots « et agricoles », qui sont relatifs aux ouvriers agricoles, car il n'est jamais entré dans sa pensée, je le répète, de les exclure du bénéfice de la loi. »

Mais ces syndicats agricoles devaient cependant prendre un tout autre caractère que les syndicats industriels et commerciaux et les dépasser en nombre. Cela apparaît dans les statistiques des syndicats. Voici celle de janvier 1925, la dernière qui ait paru à ce jour :

syndicats patronaux : 6.600, comptant 496.000 membres;

syndicats ouvriers : 7.000, comptant 1.846.000 membres (1);

syndicats agricoles : 9.000, comptant 1.222.000 membres.

§ 2. — Les Syndicats de propriétaires

On remarquera que dans cette statistique on ne classe pas séparément les syndicats industriels et ceux commerciaux, mais on inscrit d'un côté les syndicats patronaux; de l'autre les syndicats ouvriers. Et on fait une troisième catégorie pour les syndicats agricoles. Mais pourquoi en

____

(1) Les effectifs des syndicats ouvriers étaient beaucoup plus élevés avant la guerre. Mais, pendant et depuis la guerre, il y a eu une grande diminution : je ne parle pas des pertes sur les champs de bataille mais de celles résultant de la scission dans le mouvement syndicaliste. (Voir la brochure IV de notre Cours de 1924 : *Le Programme Syndicaliste et la Coopération*).

faire une catégorie à part? S'ils sont patronaux, qu'on les mette avec les syndicats patronaux; s'ils sont ouvriers, qu'on les mette avec les syndicats ouvriers. Ne sont-ils ni l'un ni l'autre? ou l'un et l'autre?

En fait, les syndicats agricoles sont des syndicats patronaux, au sens propre de ce mot, en ce sens qu'ils n'ont pour membres que des propriétaires et non des prolétaires. On peut dire que les 9.000 syndicats qui figurent sur la statistique avec leurs 1.200.000 membres sont tous des syndicats de propriétaires.

Cependant il y a, comme nous le verrons, un très petit nombre, peut-être une centaine, de syndicats agricoles ouvriers, c'est-à-dire composés de prolétaires, et, par conséquent, il serait plus exact dans les tableaux statistiques de dédoubler aussi les syndicats agricoles en syndicats patronaux et syndicats ouvriers. Si on n'a pas cru devoir procéder ainsi, c'est parce que le propriétaire n'est pas nécessairement un patron. Bon nombre de membres des syndicats agricoles sont des paysans, c'est-à-dire des travailleurs indépendants qui ne sont point salariés mais qui r'emploient pas non plus de salariés. Ils se trouvent donc dans une situation intermédiaire et on comprend qu'on en ait fait une catégorie à part. D'ailleurs, les protagonistes des syndicats agricoles, voulant en faire une organisation préventive contre la lutte de classes, protesteraient contre une présentation statistique qui les diviserait en classes.

Si nous devions étudier les caractères juridiques des syndicats, il faudrait plusieurs leçons, mais nous ne sommes pas à l'Ecole de Droit, et pour un auditoire comme celui-ci ce serait sans intérêt. Je me borne à dire :

1° que ce sont des associations professionnelles et que, par conséquent, pour en faire partie il faut être un agriculteur de métier, exerçant soi-même. Ce n'est point à dire qu'on soit tenu de labourer soi-même sa terre mais qu'il faut être propriétaire faisant valoir, s'intéressant professionnellement à la terre;

2° que ces syndicats ont tous les droits qu'ont les personnes civiles ordinaires; ils peuvent posséder, acquérir, même recevoir des legs, et, pour défendre les intérêts professionnels, intenter et soutenir des procès devant les tribunaux.

Mais laissant de côté ces questions juridiques, nous ne parlerons que du rôle économique de ces associations.

Ces attributions économiques sont de deux ordres différents : les unes sont inhérentes au rôle d'association professionnelle que j'exposais tout à l'heure; les autres impliquent les caractères d'une association coopérative. C'est pourquoi on peut dire que les syndicats agricoles ont une nature hybride.

La première catégorie d'attributions du syndicat professionnel c'est la défense de tous les intérêts professionnels (1) dont l'énumération serait très longue.

D'abord tout ce qui concerne les progrès de l'industrie agricole : créer des laboratoires, des pépinières, des expositions de produits ou d'animaux, qui prennent aujourd'hui de grandes proportions, des cours d'enseignement agricole, en dehors de ceux que crée l'Etat, des professeurs itinérants pour aller faire des conférences dans les villages, des bibliothèques, établir des concours. Les concours agricoles ont été parfois un peu ridiculisés (se rappeler la fameuse description de Flaubert dans *Madame Bovary*), ils stimulent un peu trop la vanité des propriétaires, ils fournissent prétexte à des distributions de médailles et de décorations; néanmoins, ils sont utiles pour secouer la routine par l'exemple des novateurs.

Les syndicats ont aussi pour rôle de défendre les intérêts des agriculteurs contre la concurrence étrangère. Naturellement, les syndicats agricoles sont très protectionnistes. Les viticulteurs eux-mêmes qui, autrefois, étaient libre échangistes, aujourd'hui sont devenus les plus ardents protectionnistes.

Les syndicats agricoles se préoccupent aussi, mais de façon très intermittente, des rapports entre propriétaires et ouvriers, soit au point de vue des salaires et éventuellement des grèves; soit au point de vue, extrêmement important aujourd'hui, de l'importation de la main-d'œuvre

____

(1) C'est une grave question juridique que celle de savoir s'ils ont qualité pour défendre en justice les droits de leurs membres, ou s'ils ne peuvent défendre que les intérêts collectifs. La jurisprudence et la loi, d'abord favorables à la dernière interprétation, la plus restrictive, tendent aujourd'hui à adopter la première, la plus large.

étrangère dans les campagnes de France; soit enfin pour résister à la propagande socialiste, mais je reviendrai sur ce point tout à l'heure.

Telles sont les fonctions professionnelles, à proprement parler, des syndicats agricoles.

Seulement, elles ne suffiraient pas à intéresser les agriculteurs; elles ont un caractère un peu trop académique. Elles sont plutôt faites pour ce qu'on appelle « les sociétés d'agriculture », sociétés d'études recrutées dans le monde instruit des agriculteurs pour discuter de haut les questions agricoles.

Pour attirer les paysans il fallait autre chose, il fallait leur donner un intérêt économique palpable, si je puis dire.

On a trouvé d'abord cet intérêt, comme je l'indiquais dans la première leçon de ce cours, dans la fourniture des engrais chimiques.

Mais les syndicats agricoles ne se bornent pas à acheter des engrais. Leur activité économique est très variée. Les services qu'ils rendent peuvent être classés sous ces cinq chapitres :

1° Celui que je viens d'indiquer : achats d'engrais chimiques de toute nature. Ç'a été, dans l'ordre chronologique, le premier et il reste le plus important. C'est celui auquel le mouvement syndical doit sa vitalité; tous les autres, si intéressants qu'ils soient, auraient été insuffisants pour rallier un million d'agriculteurs.

Je vous ai dit, dans la première leçon de ce cours, combien les agriculteurs avaient été victimes des marchands d'engrais chimiques, tellement qu'une série de lois spéciales ont dû être promulguées pour lutter contre la falsification des engrais chimiques.

Mais ces lois sont restées inefficaces. Elles disent que tout vendeur d'engrais chimique doit, sur la facture, indiquer les éléments constitutifs du produit qu'il vend et s'en porter garant (1). Or à quoi cela sert-il? Quand l'agriculteur a

---

(1) La dernière à cette date était celle du 4 février 1888; une nouvelle encore a été promulguée, celle du 19 mars 1925. Elle exige que le poids d'azote, d'acide phosphorique ou de potasse, par 100 kilos, soit indiqué à la fois sur la facture du prix et sur les sacs.

acheté un engrais chimique et que, sur la facture, le vendeur a garanti la teneur en phosphate, en azote ou en potasse, que peut faire 'agriculteur de cette déclaration? Il ne peut pas la vérifier; il faudrait pour cela qu'il fît faire une analyse. Et quand bien même la teneur en éléments fertilisants serait reconnue exacte, comment reconnaîtra-t-il si le prix n'est pas majoré? Le paysan sait bien quel est le prix du quintal de pommes de terre ou l'hectolitre de blé; mais comment voulez-vous qu'il connaisse le juste prix d'un gramme d'azote ou de phosphate? Le vendeur pourra mettre les chiffres qu'il voudra, sans que l'agriculteur ait la possibilité de les contrôler.

C'est pourquoi les agriculteurs ont senti le besoin de se grouper. Avant même la loi de 1884 sur les syndicats dont je viens de parler et qui marque la date de naissance des syndicats, dès 1883, un inspecteur agricole, professeur d'agriculture du Loir-et-Cher, dont le nom est passé à la postérité comme celui du véritable père des syndicats agricoles, M. Tanviray, avait groupé un certain nombre d'agriculteurs pour l'achat des engrais en commun.

2° Achat de tous les remèdes qui servent au traitement des végétaux.

Car les végétaux sont sujets à de nombreuses maladies, et tout particulièrement la vigne. Le traitement des maladies de la vigne est très coûteux. Pour soigner un vignoble, il faut du sulfate de cuivre contre le mildew, du soufre sublimé contre l'oïdium, et souvent bien d'autres drogues, telles que sulfate de fer, goudron, etc.

Le syndicat se charge de fournir ces produits à ses membres, et c'est un très grand service qu'il leur rend. Car là aussi toute vérification est impossible à des non-spécialistes.

3° Achat des semences, non seulement pour les grains, mais aussi pour les fourrages, plants pour les arbres fruitiers et surtout pour la vigne. Il a fallu renouveler complètement les espèces du vieux vignoble français et les remplacer par d'autres importées d'Amérique ou créées par l'hybridation. Le phylloxera a ouvert un champ d'activité immense aux syndicats. Tous ceux qui habitent le Midi de la France savent que, depuis quarante ans et plus, tous les journaux agricoles sont remplis d'annonces de plants de vignes américains et hybrides, chacun, naturellement, supérieur au précédent; il faut les expérimenter. Bien des vignobles ont été replantés trois ou quatre fois en peu d'années. Les syndicats agricoles ont eu pour rôle de diriger les viticulteurs dans le choix et l'achat de ces plants.

4° Procurer des aliments pour le bétail: fourrages, avoines, tourteaux, etc. Ce service est moins important que les précédents, parce que les paysans n'avaient pas besoin des syndicats pour trouver de quoi nourrir leur bétail. Cependant ici aussi les syndicats ont rendu service parce qu'ils ont permis de traiter à de meilleures conditions.

5° Emploi des instruments aratoires, depuis les plus simples jusqu'aux plus compliqués.

Par exemple, de tout temps, en France, le paysan, pour manier le fourrage se servait de la fourche en bois. Il y avait même certaines régions du Midi, telles que Sauve, dans le Gard, qui s'étaient spécialisées dans la culture des arbres avec lesquels sont faites ces fourches (le micocoulier). Mais depuis peu, on se sert de la fourche américaine en fer, qui est plus légère et plus maniable. L'emploi de cet instrument si simple est une petite révolution due en grande partie aux syndicats. Mais cette intervention des syndicats s'est étendue à des instruments plus compliqués que la fourche : le tracteur, qui permet de défoncer la terre plus profondément que la charrue tirée par des chevaux ou des bœufs; le semoir, qui économise beaucoup plus de grain que « le geste auguste du semeur »; la moissonneuse et la moissonneuse-lieuse qui fait les gerbes; la batteuse, pour séparer le grain et la paille, qui elle aussi est un singulier progrès sur l'antique système du blé battu sur l'aire avec le fléau ou avec des chevaux; les appareils à dos d'homme ou sur roues pour pulvériser les vignos malades, les pressoirs mécaniques, etc. Même quelques syndicats ont installé des batteries de canons paragrêle.

Il y a là tout un cycle d'opérations mécaniques, une industrialisation de l'agriculture, pour laquelle la France était très en retard et dont les récents progrès sont dus, dans une grande mesure, à l'action des syndicats agricoles.

Comment fonctionnent ces syndicats? Ils n'opèrent pas comme les sociétés de consommation, dont nous parlons souvent ici, qui ont des magasins approvisionnés de toutes marchandises, lesquelles restent à la disposition de leurs membres qui viennent les acheter au fur et à mesure de leurs besoins.

En principe, les syndicats ne peuvent pas, comme le font les commerçants ordinaires, acheter d'avance les marchandises ou les instruments pour les revendre à leurs membres. Ils se bornent à recueillir et à grouper les commandes de leurs membres. Ce sont des agents de transmission.

Au début de la saison, le syndicat avertit les sociétaires, par des circulaires, que c'est le moment d'acheter du soufre pour le traitement de la vigne, ou du sulfate de cuivre, ou des semences, et il les invite à indiquer les quantités dont ils ont besoin.

Et quand le syndicat a groupé toutes ces commandes, il les transmet aux fournisseurs.

Le syndicat ne répond donc pas à la définition juridique du commerçant qui est : acheter pour revendre. C'est ce qu'on appelle un groupement d'achats, semblable à ceux qui se sont formés dans les villes pendant la guerre, et même aujourd'hui, entre consommateurs, pour obtenir à meilleur marché ce qui était nécessaire à leurs besoins, épiceries, charbon, sucre ou viande; et qui, une fois ces commandes groupées, les transmettaient à un fournisseur pour obtenir de meilleures conditions.

Tel est le principe et qui d'ailleurs est imposé par la définition légale et les statuts du syndicat : il n'a pas le droit de faire acte de commerce. Mais il y a bon nombre de syndicats qui ne s'enferment pas rigoureusement dans leur rôle juridique et qui achètent sans attendre les commandes, par avance, pour revendre aux sociétaires au fur et à mesure de leurs besoins; et même dans lesquels le caractère syndical et le caractère coopératif sont tout à fait confondus.

Il y a même une certain nombre de syndicats qui s'étaient mis à vendre à leurs membres non seulement des engrais et instruments et tout ce qui servait à la culture, mais aussi tout ce qui pouvait servir aux besoins personnels de leurs membres, c'est-à-dire qui jouaient le rôle de sociétés de consommation. Ils disaient : Puisque nous vendons aux paysans ce qu'il faut pour nourrir leurs chevaux, pourquoi ne leur vendrions-nous pas ce qui est destiné à les nourrir eux-mêmes, ainsi que leurs femmes et les enfants? Si nous avons le droit de vendre des pommes de terre pour les porcs, pourquoi ne pourrions-nous en vendre pour les hommes?

Mais alors ces syndicats ont suscité une violente campagne de la part de tous les épiciers et autres marchands. Déjà les syndicats avaient provoqué bien des protestations quand ils se bornaient à vendre les denrées agricoles; mais ces protestations ne venaient que des gros fournisseurs qui n'habitent pas le village et dont les plaintes n'avaient pas eu grand écho. Tandis que lorsqu'ils se sont mis à concurrencer l'épicier de la localité, l'émoi a été grand et est venu jusqu'aux députés et sénateurs! On a intenté des procès aux syndicats agricoles en leur disant : Vous sortez de votre rôle; vous n'êtes plus des syndicats, vous devenez des maisons de commerce, ou tout au moins des coopératives, ce qui vous est absolument interdit.

En effet, successivement devant les Cours d'appel, puis devant la Cours de Cassation (1), les syndicats ont perdu leur procès et il a été décidé que les syndicats n'avaient pas le droit de sortir ainsi de leurs attributions.

Cependant, comme les syndicats représentaient déjà une certaine puissance, ils ont agi en haut lieu et le gouvernement d'abord a maintenu l'état de fait, puis a fait voter une loi spéciale, la loi de 1920, pour rendre légal ce qui n'avait été jusque-là qu'une tolérance, c'est-à-dire pour permettre aux syndicats de vendre à leurs membres non point pourtant les denrées nécessaires à la satisfaction de leurs besoins personnels, mais tous produits ou instruments utiles à l'agriculture.

Désormais donc, les syndicats peuvent exercer toutes les attributions que je viens d'énumérer, mais sans faire concurrence aux épiciers ou aux sociétés coopératives de consommation locales; toutefois, s'ils le jugent utile, rien ne les empêche de créer, à côté d'eux et comme filiale, une coopérative de consommation.

En tout cas, quoique n'ayant pas de magasins de vente, le syndicat a toujours un magasin d'échantillons, ou mieux une salle d'exposition. Ceux d'entre vous qui vont quelquefois dans des villes de province savent qu'il n'y a guère

---

(1) Arrêts célèbres de la Cour de Nancy (27 novembre 1907) puis de la Cour de Cassation (29 mai 1908).

aujourd'hui de ville qui ne possède un syndicat agricole. Vous voyez sur une place quelconque l'enseigne du syndicat et vous trouvez là un magasin qui est très fréquenté les jours de marché. On y vient, non pas toujours pour acheter, mais pour regarder et pour s'instruire : c'est une exposition : voici la machine pour semer, voici un modèle nouveau, etc. C'est une leçon de choses qu'on donne aux agriculteurs. Et quand ils se sont fait expliquer le mécanisme et qu'une machine les séduit, ils laissent au syndicat un ordre d'achat, c'est-à-dire une commande de l'article désiré.

La guerre, ou plutôt la dépréciation du franc à la suite de la guerre, par l'énorme hausse de tout ce qui sert à l'agriculture, a rendu d'autant plus tangibles les services rendus par les syndicats. Il suffira d'indiquer que le prix des moissonneuses a passé de 900 à 4.500 francs, celui des sacs de toile de 1 franc à 6 francs, celui des 100 kilos de superphosphates de 5 francs à 35 francs, etc.

Comme je le disais au début de cette leçon, on a singulièrement exalté les services rendus par les syndicats agricoles en France, et non seulement au point de vue économique, car on a vanté leurs vertus au point de vue social.

Je ne veux pas les déprécier, mais je dois dire cependant qu'il y a là une certaine exagération.

Au point de vue économique d'abord, on a dit qu'ils avaient reconstitué l'agriculture française. Ce n'est vrai qu'en partie. Il y a un domaine, celui que j'ai indiqué tout à l'heure, le domaine de la viticulture, dans lequel les services rendus par les syndicats agricoles ne sauraient être exagérés. C'est grâce à eux que le vignoble français a été reconstitué. Ils ont appris aux agriculteurs le moyen de lutter contre le phylloxéra, contre le mildiew, contre toutes les maladies de la vigne; les moyens de greffer les cépages d'Amérique, de bonifier les vins; les meilleurs procédés de vinification. On pourrait même dire qu'ils ont été trop loin dans cette voie, en ce sens que la France est plutôt menacée d'une surproduction de vin. Vous avez vu que cette année la récolte est de 70 millions d'hectolitres; pour 40 millions de Français, c'est beaucoup trop : la consommation ordinaire — je ne veux pas dire normale car elle est plutôt excessive — ne dépasse guère 50 millions. Aussi le vin ne se vend pas en ce moment; c'est une crise dans la viticulture qui sera peut-être d'aussi longue durée que celle de 1900 à 1910.

Mais si on prend l'agriculture dans son ensemble, les syndicats ne peuvent guère tirer gloire des progrès réalisés, attendu que ces progrès sont médiocres, ainsi que vous allez en juger par les chiffres sommaires que je vais placer sous vos yeux.

Comparons l'année 1884 — celle précisément où ont commencé les syndicats agricoles — avec l'année 1922, la dernière pour laquelle des statistiques aient été publiées.

Voici les quantités de blé produites à ces deux dates : je prends pour chaque date la moyenne de trois années, parce que les récoltes sont trop irrégulières pour prendre comme base une seule récolte.

La moyenne des trois années 1884, 1885 et 1886 a été 85 millions de quintaux de blé.

La moyenne des trois années 1920, 1921 et 1922 a été 71 millions de quintaux de blé.

Il n'y a donc pas augmentation, mais diminution de 1/6 (plus de 16 p. 100)!

Mais vous pourriez m'arrêter et me dire : Cela ne prouve rien, parce qu'il y a eu la guerre qui a amené un bouleversement formidable; un grand nombre de terres à blé ont été d'abord abandonnées puis transformées en pâturages, par suite de la cherté de la main-d'œuvre; la superficie emblavée a notablement diminué.

Prenons donc un autre terme de comparaison. Prenons le rendement à l'hectare.

Le rendement à l'hectare, en quintaux, c'est-à-dire 100 kilos, a été dans les trois mêmes années 1884, 1885 et 1886, en moyenne, 12 quintaux 2.

Et dans les trois dernières années, 1920, 1921 et 1922, il a été de 13 quintaux 8.

Il y a donc, il est vrai, une augmentation; mais pour une période de quarante années, cette augmentation n'est pas brillante; elle est à peine de 13 % (1).

----

(1) Il faut dire cependant que les trois dernières années 1923-1925 ont donné une augmentation notable — environ 17 quintaux pour 1925, mais c'est parce que cette année a été exceptionnelle.

Si nous comparons ces chiffres à ceux de l'Allemagne, en prenant exactement les mêmes dates, nous trouvons que le rendement moyen à l'hectare en Allemagne a été, en 1884, 1885, 1886, de 13 quintaux 1; et dans les trois dernières années, 1920, 1921, 1922, il a été de 17 quintaux. L'augmentation est de 30 %.

Pourquoi la France n'a-t-elle pas davantage augmenté sa production de céréales? Parce qu'elle se sert peu d'engrais chimiques (1). Je ne dis pas que ce soit la seule cause, mais c'est la principale. Voici les chiffres de la consommation d'engrais chimiques par hectare :

en France	58 kilos.
en Allemagne	168 —
en Belgique	274 —

Chose curieuse, ces chiffres correspondent à peu près à la densité de la population de chacun de ces pays. C'est une coïncidence impressionnante que la densité de la population de ces pays se trouve presque en raison de la quantité d'engrais chimiques employés en agriculture.

Vous voyez qu'au point de vue qui était particulièrement leur fonction — celui des engrais — les syndicats agricoles n'ont pas obtenu tout à fait les résultats qu'on aurait espérés. On peut dire, il est vrai, que sans eux le progrès eût été encore plus lent et qu'ils ont droit tout de même à la gratitude du pays. D'accord, et même nous préférons croire que ce progrès est dû aux syndicats plutôt qu'au protectionnisme, ainsi que l'affirme M. Méline, mais néanmoins il leur reste beaucoup à faire.

J'ai dit qu'on avait vanté les services rendus par les syn-

---

(1) Il y a pourtant progrès notable, si on compare la consommation avant la guerre et celle d'aujourd'hui.

	Nitrates	Phosphates
1913	437.000 T	1.935.000 T
1924	518.000 T	2.106.000 T

Mais l'augmentation est faible et nous laisse encore bien en arrière de l'étranger.

Quant aux engrais de potasse, ils étaient presque inconnus en France, mais les riches mines d'Alsace vont, sans doute, en propager l'emploi.

dicats non seulement au point de vue économique mais au point de vue social.

Quels sont ces services sociaux qu'ils auraient rendus? On attendait d'eux un rôle de conciliation dans la lutte pour la vie, prévenir les grèves, les conflits sociaux, mettre la population rurale à l'abri du tumulte des villes, maintenir la paix des campagnes et l'union des classes.

C'est ainsi que s'exprimait, il y a un quart de siècle, un apôtre des syndicats agricoles, M. Kergall. Ses paroles ont été presque littéralement reproduites par M. Paul Deschanel, dans un discours à la Chambre, en réponse à Jaurès, où il disait :

« A la formule irritante de l'ancienne économie politique, la lutte pour la vie, à la formule odieuse de la guerre de classe qui a été apportée à cette tribune, le syndicalisme répond : l'union pour la vie. »

Seulement, de quelle façon entend-on faire régner cette paix sociale?

Il y a deux façons de comprendre et d'appliquer cette politique syndicale.

L'une, c'est d'essayer de gagner les travailleurs ruraux, en instituant des sociétés de secours, des caisses de chômage, des caisses de retraites, en luttant contre l'émigration des campagnes, en tâchant de maintenir de bons rapports entre propriétaires et ouvriers, entre le maître, comme on l'appelle encore aujourd'hui à la campagne, et le domestique. Et grâce à ces institutions philanthropiques, essayer d'attirer les ouvriers dans les syndicats agricoles.

L'autre façon de comprendre la paix sociale — et qui a un caractère politique plus encore que social — c'est de se servir des syndicats agricoles pour les intérêts conservateurs. En principe, les syndicats agricoles excluent toute visée politique; ils pratiquent la neutralité politique. Mais en fait, il est certain qu'ils soutiennent — ce qui est leur droit, je ne les critique pas — les partis conservateurs.

Il y a notamment l'Union Centrale des Agriculteurs de France, rue d'Athènes, laquelle groupe les trois quarts des syndicats de France (3.000 syndicats, 800.000 membres), qui constitue une très grande puissance et met cette puissance au service des partis de droite. C'est certainement une des forces du parti conservateur en France.

L'Union des Syndicats des Agriculteurs de France pense que son rôle est de lutter contre le socialisme et d'empêcher son emprise sur les populations rurales. Il y a en ce moment une sorte de duel très passionnant entre les syndicats agricoles, représentés par l'Union Centrale dont je viens de parler, et d'autre part la Confédération Générale du Travail Unitaire, c'est-à-dire communiste, qui s'efforce de conquérir les campagnes en créant des syndicats ouvriers qui auront pour rôle de lutter contre les syndicats agricoles de propriétaires.

Reste à voir ce que sont ces syndicats agricoles ouvriers.

§ 3. — Les Syndicats de travailleurs ruraux

Les syndicats agricoles, avons-nous dit, sont composés presque uniquement de propriétaires ou fermiers. Mais il y a dans la population rurale plus de un million de travailleurs qui ne sont pas propriétaires, ni fermiers, ceux qu'on désigne généralement en France sous le beau nom de « travailleurs de terre » et que les socialistes appellent les prolétaires ruraux.

Or ceux-ci n'ont que faire des syndicats, ni même d'aucune des associations que je viens d'énumérer. Aucune d'elles ne les intéresse. Ils n'ont rien à vendre, puisqu'ils ne sont pas propriétaires. Ils n'ont rien à acheter, en dehors des articles de consommation personnelle. Ils n'ont pas à emprunter; qu'est-ce qu'ils feraient de l'argent emprunté? D'ailleurs, on ne leur prêterait pas. Et ils n'ont ni bâtiment, ni bétail à faire assurer.

Y a-t-il quelque autre forme d'association qui pourrait les intéresser? Oui, celle qui aurait pour objet le relèvement du salaire, la diminution de la journée de travail et les mêmes intérêts que ceux que défendent les ouvriers des villes dans leurs syndicats; c'est-à-dire qu'ils ne pourraient trouver avantage qu'à une association syndicale qui fut un vrai syndicat, pareil à ceux des ouvriers de l'industrie. Or, les syndicats agricoles tels qu'ils sont constitués ne peuvent leur servir puisqu'ils sont en fait des syndicats patronaux, ou du moins des syndicats de non-salariés.

Pourquoi alors ne créent-ils pas des syndicats de travailleurs, séparés, de même que dans l'industrie les syndicats ouvriers s'opposent aux syndicats patronaux?

Ceux-ci ne figurent même pas dans les statistiques officielles,

Si vous regardez les statistiques, vous verrez trois
colonnes avec les chiffres que j'ai déjà cités, p. 16. Les
deux premières concernent l'industrie et le commerce réu-
nis, et la séparation en deux colonnes correspond à la
séparation des patrons et ouvriers. Mais alors pourquoi n'y
a-t-il qu'un seul chiffre pour les syndicats agricoles? Là
aussi il devrait y avoir deux colonnes : syndicats agricoles
patronaux, syndicats agricoles ouvriers. Or, ceux-ci n'y
sont pas : on les ignore dans les statistiques officielles et
les propriétaires aussi aimeraient ignorer leur existence.

Cependant on sait par d'autres statistiques, non officielles,
qu'il y a tout de même un certain nombre de ces syndicats
agricoles ouvriers. A la veille de la guerre, en 1913, il y en
avait 628; mais ils n'étaient pas, il est vrai, très vivants
et ils n'ont pas survécu à la guerre. La guerre a fait des
ravages terribles même dans les syndicats ouvriers des
villes. Mais cependant ceux-ci ont revécu après la guerre,
En 1920, lors d'un nouveau Congrès dont je parlerai tout à
l'heure, on a relevé l'existence de 328 syndicats agricoles
ouvriers, travailleurs de terre, avec 30.000 membres en
chiffre rond. Ce n'est pas beaucoup, évidemment, si vous
vous rappelez les chiffres que j'ai indiqués pour les syndicats agricoles patronaux : 8.000 syndicats avec plus de un
million de membres. Evidemment les syndicats des travailleurs de terre ne représentent qu'une infime minorité. On
peut donc dire que c'est un mouvement qui est tout à fait
à ses débuts.

Pourquoi le mouvement syndical parmi les travailleurs
ruraux est-il si en retard sur celui des villes? Serait-ce
parce qu'ils étaient plus satisfaits de leur sort? Cependant avant la guerre, la condition des ouvriers agricoles
n'était pas brillante. L'ouvrier agricole français ne gagnait
jusqu'en 1914 que 3 à 4 francs par jour, ceci d'après une
statistique officielle qui a été faite à la veille de la guerre,
en 1913. Le salaire moyen de l'ouvrier agricole était de
3 fr. 43, avec une très légère différence entre la France du
Nord et la France du Midi. Pour les femmes, le salaire
moyen était de 2 francs par jour. Et cela pour 10 heures de
travail, ce qui représente donc à peu près 0 fr. 35 l'heure

pour l'homme et 0 fr. 20 l'heure pour la femme. D'ailleurs, vous avez pu voir dans les journaux, ces temps derniers, que les ouvrières qui font les conserves de sardines — lesquelles ne sont pas, il est vrai, des ouvrières agricoles, mais dont les salaires se règlent sur ceux des travailleurs ruraux ou pêcheurs au milieu desquels elles vivent — gagnaient avant la guerre 0 fr. 20 l'heure. C'est pourquoi quand les patrons les ont mises à 0 fr. 80 pendant la guerre, ils ont trouvé que c'était suffisant.

Il faut penser d'ailleurs que ces salaires, si minimes, représentaient non pas seulement, comme je viens de le dire, 10 heures de travail, mais quelquefois 12, parce qu'il fallait le temps de se rendre du village au domaine, à la ferme, et d'en revenir. J'ai vu, dans un domaine que je connais bien, les ouvriers agricoles faire 6 kilomètres le matin pour venir et autant le soir pour s'en retourner. A cette date aucun n'avait encore de bicyclette.

Ajoutez encore que ce salaire misérable ne s'appliquait qu'aux jours de travail et que, bien entendu, les jours de chômage n'étaient pas payés : chaque fois qu'il pleuvait ou qu'il y avait de la neige, le travail était interrompu et le salaire aussi. Il ne fallait donc compter tout au plus que 250 journées payées dans l'année: 250 journées multipliées par la moyenne de 3 fr. 43, cela ne représente que 857 francs. On peut dire que le revenu normal d'un ouvrier agricole avant la guerre était notablement au-dessous de 1.000 francs.

On ne s'expliquerait même pas comment cette population pouvait vivre dans ces conditions, s'il n'y avait ou çà et là quelques bonifications..

D'abord, de temps en temps, des journées avec des prix majorés pour la fenaison, pour la moisson, pour la vendange; ces journées étaient payées 5 francs pour les hommes. Cela faisait quelques semaines dans l'année qui grossissaient un peu le budget annuel.

En second lieu, les ouvriers travaillaient généralement avec leurs femmes, très souvent même avec leurs jeunes enfants, notamment durant les vendanges, ce qui fait qu'en additionnant les salaires de toute la famille, le budget total était notablement augmenté.

Ajoutez encore qu'un très grand nombre de ces ouvriers

étaient propriétaires d'un petit lopin de terre qu'ils cultivaient à leurs heures de loisir, lesquelles pourtant n'étaient pas nombreuses, mais du moins le dimanche. Cela leur permettait d'ajouter à leur salaire quelques revenus en nature, quelques légumes pour le pot-au-feu, une ou deux barriques de vin, quelques lapins.

Enfin il faut tenir compte de ce fait que le coût de la vie dans les campagnes de France, avant la guerre, était vraiment minime.

Ce qui fait que, somme toute, ces millions d'hommes de notre population rurale vivaient mal mais vivaient pourtant sans trop se plaindre.

Sans doute quand ils ont vu les ouvriers des villes faire grève et souvent réussir à faire augmenter leurs salaires, une certaine interrogation s'est posée parfois dans leur cerveau : Ne pourrions-nous pas améliorer notre condition, comme les ouvriers des villes, par l'association syndicale?

Mais ce n'était pas facile à réaliser. La formation de syndicats est beaucoup plus difficile pour les ouvriers des campagnes que pour les ouvriers des villes, et cela pour bien des raisons.

D'abord toute association syndicale exige un certain nombre de membres, même le plus grand nombre possible, s'il veut avoir quelque autorité. C'est pourquoi la formation d'un syndicat implique une certaine densité de la population et une certaine communauté dans le travail.

A ce point de vue, la grande industrie a été une bénédiction pour le syndicalisme et le socialisme; en forçant les ouvriers à vivre dans les mêmes usines, elle a préparé naturellement l'association. Les ouvriers d'usine sont ensemble toute la journée, ils travaillent ensemble, l'éducation syndicale se fait à l'usine.

Or il n'en est pas de même pour les travailleurs ruraux : ils vivent à l'état dispersé, dans des fermes souvent très distantes les unes des autres. Ils n'ont, pour ainsi dire, jamais l'occasion de se réunir, hormis les dimanches ou fêtes locales, mais dans ces cas ils y vont pour s'amuser et non pour agiter des questions sociales. Ils n'ont pas de lieu de réunion. Ils ne lisent pas les journaux ou, s'ils les lisent, ce ne sont pas les questions sociales qu'ils y cherchent mais les nouvelles locales. Ils n'ont pas de lieu de réunion; ils n'ont pas d'orateurs. On ne voit guère un ouvrier agricole allant faire de la propagande de ferme en ferme : on lui fermerait bientôt les portes! Il y a bien, de temps en temps, quelque orateur du parti socialiste qui vient faire une conférence à la ville, mais l'ouvrier rural n'a pas le temps d'y aller; il se lève de bonne heure et se couche tôt.

Une seconde raison, plus forte encore que la première, c'est que l'ouvrier des campagnes généralement n'a pas l'intention de rester ouvrier agricole. L'ouvrier des villes, lui, sait qu'il sera ouvrier toute sa vie et mourra ouvrier, à moins d'événements tout à fait invraisemblables, tandis que l'ouvrier agricole, non. C'est presque toujours un tout jeune homme, qui n'a pas encore fait son service militaire et qui nourrit l'une ou l'autre des trois ambitions que voici:

ou devenir propriétaire s'il en trouve les moyens; et, s'il ne peut devenir propriétaire, du moins devenir fermier ou métayer. Il sera tout de même un patron, car un fermier est un patron;

ou bien il aura l'ambition d'aller se fixer à la ville dès qu'il aura fini son service militaire;

ou, enfin, il a le désir de devenir fonctionnaire, d'obtenir ce qu'on appelle une bonne place.

Autrefois c'était le premier de ces trois buts qui attirait le plus grand nombre : malheureusement il semble de plus en plus abandonné. Plus tard ç'a été le second : aller à la ville.

Mais aujourd'hui avoir une place du gouvernement, chemins de fer ou dans les Grands Magasins, c'est là le désir le plus général.

Et ce sont ces deux derniers désirs cumulés, qui déterminent l'émigration des campagnes et en font un danger national.

Dans ces conditions, et puisque dans les trois cas l'ouvrier agricole compte bien ne plus rester ouvrier, quel intérêt pourrait-il bien trouver dans la constitution de syndicats ouvriers agricoles? Ceux-ci n'ont nullement pour ambition de changer les destinées de la population rurale salariée. Les socialistes, les communistes en particulier, font de grands efforts pour gagner cette population ouvrière des campagnes. Ils savent bien que la révolution ne pourra se réaliser aussi longtemps que la population agraire n'aura pas été gagnée à cette idée. Il n'y a pas de congrès du parti socialiste unifié ou du parti communiste où l'on ne cherche tous les moyens d'organiser la propagande dans les campagnes. Mais on n'y réussit pas. Et la preuve que ce n'est pas facile c'est que le gouvernement russe, lui-même s'étant attelé, lui aussi, à cette tâche, a dû à peu près y renoncer. Les soviets ont été obligés, en somme, de tolérer ce qui est le contraire de leur programme, c'est-à-dire la propriété individuelle dans les campagnes russes, sauf à y superposer un droit de propriété de l'Etat, plus ou moins théorique.

Voilà autant de causes qui expliquent pourquoi le mouvement syndical a été long à germer dans les populations rurales de France; mais tout de même on y est venu, et ce qu'il y a d'intéressant à noter c'est que ceux qui ont donné le signal ce ne sont pas les travailleurs les plus pauvres, mais ceux déjà travailleurs indépendants. Du reste, il en est toujours ainsi dans toutes les révolutions sociales. Ce n'est jamais de la part des misérables que part le mouvement; ceux-là ont bien assez de se préoccuper de vivre au jour le jour, sans se préoccuper de l'avenir : le présent absorbe tous leurs soucis. L'idée révolutionnaire ne vient que chez ceux qui sont relativement à leur aise et qui ont le temps et le loisir d'y méditer.

C'est pourquoi les premiers à se syndiquer ont été les ouvriers bûcherons des forêts du Centre de la France, du Nivernais et du Cher, qui sont des travailleurs presque autonomes; ils soumissionnent avec un entrepreneur, qui a acheté un lot de forêt, et prennent à tâche la coupe du bois; ce sont des tâcherons. Ce sont eux qui ont fondé, en 1892, le premier syndicat ouvrier agricole.

Ensuite, sont venus les métiers voisins : les feuillardiers, ce sont ceux qui débitent le bois pour faire des douilles des tonneaux ; les résiniers des Landes, ceux qui sont chargés de saigner les arbres pour en tirer la résine, comme font, de l'autre côté de la terre, dans l'Amérique du Sud, ceux qui exploitent les arbres à caoutchouc; c'est le même travail. Ceux-là aussi sont des ouvriers à la tâche.

Puis, beaucoup plus tard, sont venus les ouvriers vignerons du Sud-Est, dans le Gard, l'Aude et l'Hérault, qui ont un esprit plus développés et s'occupent de politique. Je disais, tout-à-l'heure, que les ouvriers agricoles, généralement, ne lisent pas les journaux; mais ceux-ci les lisent assidûment et surtout les journaux rouges. Je disais qu'ils ne sont pas faits pour faire des discours, ni même les entendre; mais tel n'est pas le cas des ouvriers vignerons du Midi : ils sont beaux parleurs et apprécient l'éloquence; ils fréquentent volontiers les réunions, quoique avec moins d'enthousiasme que les courses de taureaux. Ce sont là autant de caractéristiques qui les rapprochent des populations ouvrières des villes.

Ainsi, çà et là, de petits foyers se sont allumés, sur la vaste superficie rurale de la France, et un moment est venu où ces syndicats se sont vus assez fort pour parler haut. En 1905 ils ont lancé un manifeste, eux aussi. C'est le Syndicat des cultivateurs de Bourbon-l'Archambault, dans l'Allier, qui lança ce premier manifeste qui n'est pas mal tourné, comme style révolutionnaire.

Voici quelques citations :

« Qui produit le blé, c'est-à-dire le pain pour tous ? — Le paysan.

« Qui élève le bétail pour procurer la viande ? — Le paysan.

« Qui élève le mouton, pour procurer la laine ? — Le paysan.

« Qui produit le vin, le cidre ? — Le paysan.

« Qui nourrit le gibier ? — Le paysan.

« Que produit votre fermier général ou votre propriétaire ? — Rien.

« Et pourtant, qui mange le meilleur pain, la meilleure viande, qui porte les plus beaux habits, qui boit le Bordeaux et le Champagne, qui profite du gibier ? — Le bourgeois.

« Qui s'amuse et se repose à volonté ? Qui fait des voyages d'agrément ? Qui se met à l'ombre l'été, à côté d'un bon feu l'hiver ? — Le bourgeois.

« Et qui se nourrit mal ? Qui boit rarement du vin ? Qui travaille sans discontinuer ? Qui se brûle l'été et se gèle l'hiver ? Qui a bien des misères et bien des peines ? — Le paysan. »

C'est ainsi donc, que commença le syndicalisme rural. Naturellement, comme tout mouvement syndicaliste, il ne s'est pas borné à des manifestes mais n'a pas tardé à organiser des grèves.

Or, c'est une chose terrible que les grèves dans le domaine rural, tout autre chose que dans le domaine ouvrier. Quand il s'agit des grèves des villes, elles peuvent être désagréables, elles peuvent même interrompre la vie, mais il n'y a rien à craindre pour les patrons, ni pour les consommateurs. Ils sont protégés, non seulement par la police, tant que le Gouvernement a la force en main, mais par l'opinion publique, par une certaine urbanité, si l'on peut dire, même chez les révolutionnaire.

Dans la campagne les ouvriers qui veulent se mettre en grève et exercer une pression sur les propriétaires ont des moyens d'action que n'ont pas les ouvriers des villes. Il y a des moments, dans la vie de la campagne, où l'ouvrier est le maître de la situation parce qu'on ne peut rien lui refuser : quand les fourrages sont coupés et qu'il faut les rentrer dans les greniers, et que l'orage ou la pluie menace; quand les raisins sont mûrs et qu'il faut les vendanger et que chaque jour d'attente peut entraîner, par la chaleur ou par la pluie, la perte de tout ou partie de la récolte — dans ces conditions-là, si les ouvriers disent: nous ne marchons qu'à telles et telles conditions, le propriétaire est obligé de capituler. On a souvent dit que, dans les grèves ordinaires, ce qui faisait la supériorité du patronat sur le prolétariat c'est que le patronat pouvait toujours attendre; il a des capitaux, tandis que le prolétariat, qui a besoin de manger chaque jour, ne peut pas attendre. Mais dans les campagnes, c'est l'inverse : le propriétaire, dans les moments critiques, ne peut pas attendre; alors, il faut qu'il cède.

Il y a aussi cette différence que, à la campagne, toute espèce de mesure de répression est impossible. Qu'y a-t-il, comme police ? Une brigade de gendarmerie, c'est-à-dire 4 ou 5 gendarmes, au chef-lieu du village. Puis il y a un garde-champêtre, qui est généralement un vieillard ou un mutilé de la guerre et qui, d'ailleurs, même s'il était valide, se garderait bien de chercher noise aux camarades du village. Donc, si les ouvriers se mettent à saccager les campagnes, il est impossible de protéger les propriétaires. Le propriétaire aura beau écrire à la préfecture, à la mairie : Envoyez-moi des gendarmes! on lui répondra : Impossible : il n'y en a pas.

Et remarquez que c'est facile de faire des dégâts sans qu'on puisse saisir les coupables, ni même savoir quel en est l'auteur. Dans une des grèves du Midi, à Narbonne, les ouvriers se sont mis à couper les sarments des vignes, pendant la nuit, à arracher les plants des pépinières. C'est un capital énorme qui est ainsi détruit. Ou bien, on empoisonne le bétail, sans parler même de l'incendie des meules, qui est la chose la plus facile du monde, mais contre laquelle du moins il y a la ressource de l'assurance.

On a vu, aussi, des ouvriers ruraux recourir à des moyens de coercition inconnus dans les villes. Lors de la grande crise de mévente des vins dans le Midi, de 1902 à 1910, les propriétaires ayant cessé de cultiver, les ouvriers n'avaient pas de travail. Qu'ont-ils fait ? Ils ont dit : « Vous ne nous donnez pas de travail : nous le ferons, malgré vous ». Ils se divisaient par équipes, allaient travailler sur les lieux en faisant le travail qui leur paraissait opportun ou qui leur plaisait le mieux et, après avoir fait leur journée, allaient chercher leur salaire. On n'osait le leur refuser.

C'était le travail obligatoire, mais au profit de l'ouvrier contre le patron.

On a vu aussi des syndicats, ces pauvres petits syndicats qui, comme je viens de le dire, sont si peu de chose comme nombre dans l'immense population rurale, imposer leurs décisions aux propriétaires et les imposer non pas seulement à ceux des propriétaires qui les acceptaient, mais, chose tout à fait nouvelle dans notre droit ouvrier, aux propriétaires qui n'avaient pas traité avec ces syndicats.

Il y a eu un jugement du tribunal de Narbonne qui est quelque chose de tout à fait extraordinaire comme jurisprudence. Il faut savoir, d'abord, que c'est une des grosses questions que celle du syndicalisme obligatoire. Il y a un certain nombre de personnes — et non pas seulement d'ouvriers syndiqués mais d'économistes, comme notre regretté collègue de la Faculté de droit, M. Raoul Jay — qui pensent que, pour réaliser la paix sociale, il faudrait que les décisions des syndicats fussent obligatoires pour toute la profession, pour toute la corporation, tout au moins dans une même région. Mais la jurisprudence n'avait pas accepté cette règle, qui paraît violemment contraire au principe de la liberté individuelle et à la liberté des contrats.

Or, le tribunal de Narbonne l'a admise au profit d'un syndicat ouvrier agricole ! Il y avait eu, avant la guerre, en 1905, un contrat entre les syndicats ouvriers de Narbonne et un certain nombre de propriétaires pour fixer la journée à 8 heures et le prix de la journée à 4 fr. 50 pour les hommes et 2 fr. 25 pour les femmes, pendant les vendanges.

Qu'a dit le tribunal de Narbonne?

« Attendu que cette convention, acceptée par les syndicats de Narbonne, c'est-à-dire par la presque totalité des propriétaires et des ouvriers agricoles, doit faire la loi commune des parties, même à l'égard des personnes non syndiquées. »

C'est-à-dire que, même les propriétaires qui n'avaient pas eu affaire aux syndicats étaient obligés d'accepter les conditions imposées par ces syndicats !

Ce jugement marque une grande victoire pour le mouvement syndical agraire et même une date dans le mouvement social.

Si peu nombreux qu'ils soient, les syndicats ouvriers agricoles ont tout de même fait quelque chose, même en dehors du cas exceptionnel que je viens de citer.

D'abord ils ont fait relever les salaires et, surtout, ils ont diminué la longueur de la journée de travail. Naturellement, cette double action, qui ne s'était fait sentir que dans des proportions assez modestes jusqu'à la guerre, a été intensifiée énormément par la poussée des événements : néanmoins, il est probable que les travailleurs agricoles ruraux n'auraient pas la situation qu'ils ont actuellement sans l'action, si disséminée qu'elle soit, des syndicats agricoles d'ouvriers.

Les salaires, dis-je, ont été notablement élevés. Ils ont été élevés dans une proportion au moins égale à celle de la hausse des prix. Je vous ai dit qu'avant la guerre l'enquête officielle avait déterminé comme moyenne des salaires en France : 3 fr. 42. Actuellement, il n'y a guère de salaire agricole qui soit inférieur à 15 francs par jour et il y a certaines régions où cela va à 16 francs et même 17 francs. Le salaire a donc plus que quadruplé, parfois quintuplé, c'est-à-dire qu'il a augmenté au moins autant et même plus que le nombre indice des prix.

Pour les femmes, l'augmentation a été dans la même proportion. Avant la guerre, la femme ouvrière agricole gagnait 2 francs par jour. Maintenant, elle gagne 8 francs par jour, 1 franc l'heure : c'est le prix obtenu ces jours-ci par les sardinières de Douarnenez.

Notez que ces salaires quadruplés ou quintuplés s'appliquent à une journée qui est réduite de plus d'un cinquième. La journée, aujourd'hui, dans les campagnes, est de huit heures en principe, en fait beaucoup moins. La vieille coutume de laisser au compte de l'ouvrier le temps nécessaire pour aller de sa maison au domaine n'est plus appliqué universellement, ou tout au moins, on partage. On convient que l'ouvrier ne sera pas payé pour le temps aller mais qu'on lui payera le temps pour le retour, ou réciproquement. En fait, pour ce que je connais des campagnes du Sud-Est, les ouvriers journaliers ne travaillent jamais plus de 7 heures, souvent moins, si l'on déduit le repos des repas, ce qu'on appelle le goûter, et le temps de mise en train; et même la journée se réduit à 6 heures pendant l'hiver.

Si donc vous comptez par heure au lieu de compter par jour, vous verrez que, tandis que le prix de l'heure, avant la guerre, était de 0 fr. 35 pour un homme et 0 fr. 20 pour une femme, il est aujourd'hui de 2 francs au moins pour l'homme, c'est-à-dire sextuplé (1).

---

(1) Voici les résolutions qui ont été votées au Congrès de la C. G. T., relatives aux revendications des travailleurs agricoles ;

« Le Congrès affirme sa solidarité et son accord avec le programme de la Fédération Nationale des travailleurs de l'agriculture.

Il proclame que parmi les causes essentielles de la désertion du sol figure le manque de sécurité sociale et de bien-être pour les ouvriers terriens.

Il revendique donc le vote des lois :

1° étendant à l'agriculture le bénéfice de la prud'homie;

2° accordant aux fermiers et métayers le bénéfice de la plus-value acquise par les établissements agricoles ;

3° l'amélioration de la loi sur les accidents du travail;

4° un contrôle plus efficace de la fréquentation scolaire;

5° protection en faveur de l'hygiène des travailleurs de la terre. »

Je ne veux pourtant pas vous laisser l'illusion que c'est l'action du Syndicat qui est l'unique cause de ces améliorations dans la condition de l'ouvrier rural. Evidemment les lois économiques, la force des choses, comme on dit, y ont été pour beaucoup. Peut-être même aurait-elle suffi ; mais elle n'aurait agi que plus lentement.

La cause principale qui a agi avec le plus de force et qui aurait agi quand bien même il n'y aurait pas eu de syndicats, c'est la loi de l'offre et de la demande. C'est parce que la main-d'œuvre rurale devient de plus en plus rare depuis la guerre ; je vous ai déjà dit combien la guerre avait frappé la population rurale, et, si l'on tient compte aussi de tous ceux qui quittent la campagne pour devenir fonctionnaires, employés, il est certain qu'il y a une disette de main-d'œuvre dans la campagne, si bien que les propriétaires sont obligés, comme ils le disent eux-mêmes, « de ne faire aucune observation » à l'ouvrier, qu'il travaille bien ou mal. Si on lui fait le moindre reproche, il prend son paquet et part et il trouve à se placer dans la journée même, chez le voisin. C'est dire qu'il fait la loi, sans avoir besoin même de se syndiquer.

Il est vrai qu'il y a une grosse immigration de la main-d'œuvre étrangère qui pourra peut-être modifier un peu la situation et donner une certaine latitude aux propriétaires; mais il ne faut pas croire que cet appoint suffise à rétablir la situation. Cette main-d'œuvre étrangère n'est pas d'un emploi commode et elle est souvent très défectueuse. Ce sont des ouvriers qui ne parlent pas la langue, comme les Polonais, ou bien qui n'ont pas du tout les mêmes habitudes, comme les Kabyles, ou bien leur présence provoque des manifestations hostiles et des rixes de la part des ouvriers français. Les propriétaires n'aiment guère avoir affaire à eux. Ils le font, faute de mieux ; mais préfèrent subir les conditions de l'ouvrier français, si celles-ci ne sont pas exorbitantes.

Il y a une autre bonne raison pour que les salaires agricoles suivent la hausse des prix plus vite que les salaires de l'ouvrier industriel. C'est que l'ouvrier agricole connaît les prix de vente des produits de son travail beaucoup mieux que l'ouvrier industriel ne peut connaître, les prix des produits de la fabrique dans laquelle il travaille. L'ouvrier des industries textiles ne sait pas bien quel est le prix du mètre de tissu de cotonnades qui sont sortis de ses mains. L'ouvrier, qui travaille dans une fabrique d'autos, en admettant même qu'il connaisse le prix de vente de l'auto fini, serait bien en peine de savoir quel est le prix des pièces qu'il a fabriquées. Tandis que l'ouvrier des campagnes connaît parfaitement le prix du vin, des pommes de terre, du blé, puisque lui-même en achète, et souvent même, sur son petit lopin de terre, en produit et en vend. Quand il a vu le vin, qui se vendait 20 francs l'hectolitre avant la guerre, passer à 80 francs et 100 francs, il a bien vu que le prix du vin avait quintuplé et, tout naturellement, il s'est dit : On doit quintupler aussi mon salaire. Il y avait là un argument irrésistible.

Ce mouvement syndicaliste agraire est suivi avec une attention passionnée des deux côtés de la barricade — à la fois : du côté des propriétaires et syndicats patronaux, et du côté des socialistes.

Du côté des syndicats patronaux, on ne se fait pas d'illusion sur le danger de ce mouvement. La politique des syndicats patronaux, notamment de l'Union des Agriculteurs de France, dont j'ai parlé dans la précédente leçon, c'est d'essayer de l'enrayer, et, pour cela, on emploi la tactique que voici.

D'abord, on essaye d'attirer les ouvriers, afin de ne pas les laisser enrôler par les syndicats agricoles ouvriers et de les faire entrer dans les syndicats de propriétaires, afin de transformer ceux-ci en ce qu'on appelle dans l'industrie, « les syndicats mixtes », c'est-à-dire des syndicats composés à la fois de patrons et d'ouvriers. Mais, comment faire pour les attirer ? Comme je l'ai fait remarquer dans notre première leçon, ce ne sont pas les avantages que procure l'achat des engrais, des semences, des machines, qui peuvent intéresser les prolétaires ; cela n'intéresse que les chefs d'exploitation, propriétaires ou métayers. Il faut donc trouver d'autres attractions : des caisses de retraites, des caisses de chômage, des asiles ou des écoles pour les orphelins, des offices de placement pour les chômeurs, des récréations aussi. C'est ce que les syndicats patronaux s'efforcent de faire pour rattacher à eux le prolétariat agricole ; mais tout cela devient de moins en moins attrayant au fur et à mesure que l'Etat lui-même se charge de créer ces institu-tions d'amélioration sociale : caisses de retraite, assurances sociales. Alors, qu'est-ce qu'ils peuvent offrir, les syndicats patronaux à leurs ouvriers ? Relever leurs salaires ? Tant s'en faut. C'est pourquoi les ouvriers ruraux ne vont pas dans les syndicats agricoles (1).

Les syhdicats mixtes ne paraissent pas avoir d'avenir, pas plus dans le domaine rural que dans le domaine indus-triel. Mais, alors, ne réussirait-on pas mieux en créant des syndicats qui, tout en étant exclusivement ouvriers, se-raient animés d'un esprit conservateur, ou tout au moins antisocialiste? Il y en a, en effet, et qui grandissent, mais les socialistes les flétrissent sous le nom de syndicats jau-nes, par opposition aux syndicats rouges. Pour leur donner plus de force, on tâche de les grouper sous l'inspiration po-litique et religieuse. Et ce qui fait qu'il y a plus de chances de réussir dans cette voie que dans celle des syndicats mixtes c'est que pour le Français, et même pour le prolé-taire français, les passions politiques dominent les intérêts économiques et professionnels. Il n'en est pas de même dans tous les pays; mais on peut dire — et en un certain sens, c'est à l'honneur de l'idéalisme du peuple français — que chez nous, l'individu peut marcher même à l'encontre de ses intérêts de classe quand il suit un drapeau politique ou religieux. Ainsi, dans le Midi de la France, que je con-nais bien, la division ne se fait pas par couches horizon-tales entre classe ouvrière et classe patronale, mais bien plutôt par séparations verticales, entre les blancs et les rouges, c'est-à-dire entre conservateurs et socialistes, entre catholiques et libres-penseurs. Dans la ville de Nîmes il y a même deux quartiers distincts — celui des rouges et celui des blancs — de même qu'à Jérusalem il y en a quatre :

---

(1) Dans un rapport sur « le rôle éducatif des syndicats agri-coles », présenté à un Congrès d'Education sociale en 1899, par M. le professeur Rist, le nombre des ouvriers adhérents aux syn-dicats agricoles n'était évalué qu'à 25.000 sur 500.000, soit 5 %. Il ne semble pas que la proportion soit supérieure aujourd'hui. Quant aux œuvres éducatives, le rapporteur conclut, après une minutieuse enquête, qu'elles sont peu importantes et que celles existantes n'ont qu'un caractère de patronage.

musulmans, juifs, arméniens, catholiques. Voilà pourquoi il suffit qu'il se forme, dans un village ou dans le quartier d'une ville, un syndicat rouge, pour qu'un grand nombre, tous ceux qui ont des convictions catholiques, viennent aussitôt s'enrôler dans un syndicat blanc (que les autres disent jaune), sans se préoccuper de savoir s'ils feront le jeu de leurs patrons ou de leurs propriétaires.

On aurait grand tort de considérer comme négligeable ce mouvement du syndicalisme conservateur catholique. Il grandit, même dans le syndicalisme industriel des villes mais surtout dans les campagnes.

Il y a encore un troisième mode de défense contre le syndicalisme rouge ouvrier. C'est de supprimer les prolétaires ruraux en les transformant en petits propriétaires. Nous verrons dans les prochaines leçons qu'il y a une institution de crédit individuel à long terme pour prêter de l'argent presque gratuitement à des journaliers, afin de leur permettre d'acquérir un petit champ et une petite maison. Plus il y en aura qui passeront ainsi de la masse du prolétariat au rang de petits propriétaires, ou même simplement plus il y aura de candidats aspirant à cette promotion, et plus l'armée rouge des syndicats agraires sera diminuée. Ils ne trouveront plus à se recruter.

Il faut remarquer que ce n'est pas seulement en France mais dans toute l'Europe centrale et orientale que se réalise cette politique de « la propriétarisation » — permettez-moi ce barbarisme — du prolétariat agricole : seulement elle y est réalisée par un moyen qui ne serait pas du goût des grands propriétaires français, par l'expropriation légale des grands domaines et en les divisant en lots, pour créer une classe de paysans.

Passons, maintenant, de l'autre côté, du côté socialiste. Les socialistes ont, jusqu'à hier, négligé de s'occuper de la population rurale. Pas toujours, cependant, car si on remontait à l'antiquité on verrait que c'est au contraire par le socialisme agraire qu'a débuté l'histoire du socialisme dans le monde. Chez les Grecs, chez les Romains, c'était le partage des terres qui était la grande question sociale ; mais quand se sont formées les doctrines du socialisme moderne, et particulièrement du marxisme, c'est dans les milieux industriels qu'elles ont cherché et trouvé leur fondement et leurs espoirs. C'est là seulement que l'on pouvait montrer les grands faits sur lesquels s'est constitué le programme collectiviste, la lutte de classes, la concentration de la production, le profit engendré par le travail non payé. Les socialistes pensaient que du jour où la révolution aurait été accomplie par la classe ouvrière industrielle, les paysans suivraient d'eux-mêmes; on n'avait pas besoin de s'occuper d'eux, en tout cas ce n'était pas urgent.

Aujourd'hui, on est revenu de cette idée-là. Les socialistes de tous les pays — et surtout les plus avancés, les communistes, ont compris que la révolution ne pourra pas réussir tant qu'elle n'aura pas converti les populations ouvrières rurales. C'était l'idée de Lénine, qu'il n'a cessé d'exprimer de son vivant et qu'il a inscrite dans son testament : la nécessité de gagner à la révolution les classes agraires. Il est vrai qu'en Russie, où elles représentent 90 ou 95 % de la population, cette politique est plus indispensable que partout ailleurs. C'est pourquoi le gouvernement bolcheviste a d'abord essayé d'imposer aux paysans, par force, le communisme, puis ayant reconnu qu'il s'y briserait, il prend patience et peu à peu rétablit l'état de choses ancien, en attendant que la population rurale ait été convertie par l'éducation communiste. Mais ce n'est pas seulement en Russie, c'est dans tous les pays, et en France aussi, que les communistes dirigent leur attention vers la population agraire et s'efforcent de la gagner par une propagande méthodique.

Ils savent parfaitement que ce n'est pas facile et que le mot même de communisme est en horreur aux paysans de tous les pays, même à ceux de Russie. Comme exemple, je citerai ceci : en Russie, quand on a rendu la coopération de consommation obligatoire, on les avait baptisés dans chaque village du nom de « comités communistes pour la répartition des denrées », mais on a vu que ce nom faisait tellement peur aux paysans qu'on l'a changé pour les appeler simplement « comités de consommateurs ».

La tactique nouvelle c'est donc de montrer au paysan que le communisme n'est, en réalité, nullement effrayant, non seulement pour le prolétaire rural, mais même pour le petit propriétaire qu'il ne menace d'aucune expropriation. La propriété de la terre sera respectée autant qu'elle sera liée au travail personnel du propriétaire. La seule propriété foncière que vise le communisme c'est celle des propriétaires qui font cultiver la terre par des salariés, des fermiers, des métayers. Il s'agit donc simplement d'enlever la terre aux grands propriétaires pour mettre leurs domaines entre les mains de ceux qui la travaillent actuellement et qui, dorénavant, la cultiveront pour eux-mêmes et de la façon qu'ils voudront, soit en se la partageant individuellement, soit en l'exploitant collectivement ou coopérativement. C'est ce qu'a fait la Russie. Les communistes disent : il faut en faire autant dans tous les pays.

Il faut avouer que ce communisme, qui consiste à dire simplement aux paysans : vous aurez la terre des riches, rappelle singulièrement le vieux système du partage agraire qu'on croyait démodé depuis Lycurgue et les Gracches.

On a créé un journal qui s'appelle *La Voix Paysanne*, pour faire campagne contre le journal des grands syndicats propriétaires, qui est conservateur et catholique et qui s'appelle *La Voix du Paysan*. La confusion entre les deux sera facile et elle est certainement intentionnelle. *La Voix Paysanne* est dirigée par un député, Jean Renaud, qui s'occupe spécialement de la propagande socialiste dans les campagnes.

On a fait plus et on vient de créer — il y a huit jours — sous ce titre « Le Conseil paysan français », un comité qui sera chargé de représenter le socialisme agraire. Il a tenu, hier, sa première séance constitutive. Ce nom même de « paysan » est très intentionnel. On ne s'adresse pas aux prolétaires mais au paysan, en entendant par là celui qui est propriétaire. C'est celui-là qu'il faut convertir. Quant au prolétaire on suppose qu'il est déjà acquis. Le Conseil paysan français a pour but d'arracher à l'emprise bourgeoise, la masse paysanne, pour la grouper dans des syndicats, ou associations coopératives, dégagés de toute influence capitaliste, et de défendre, par tous les moyens pratiques, les intérêts des exploités de la terre. « La situation est favorable pour nous », dit-il. Pourquoi pense-t-on qu'elle est favorable ? « Parce que la période du bien-être apparent est terminée ».

La remarque est d'un psychologue averti. En effet, lorsque le paysan gagnait tout ce qu'il voulait, il n'était pas disposé à rechercher le socialisme. Mais les communistes lui disent :

« Prenez garde ! cela ne durera pas. Vous commencez à vous apercevoir que les économies que vous avez faites et que vous avez placées en bons de la Défense Nationale se fondent entre vos mains. » On pense que, quand le paysan s'apercevra que tout ce qu'il a gagné se volatilise par la dépréciation du franc, il se tournera vers le communisme.

Ce qui est amusant c'est que l'exemple de la Russie est invoqué en ce moment des deux côtés. D'une part, le communisme dit aux paysans : Regardez les moujiks russes! ils sont heureux : la terre n'appartient qu'à celui qui la cultive! D'autre part, les conservateurs et les syndicats patronaux disent également : Regardez du côté de la Russie; pour avoir goûté du communisme ils meurent de faim! Et aujourd'hui le gouvernement soviétique est contraint de revenir à la propriété!

Quoique nous ne nous occupions pas cette année des coopérations agricoles à l'étranger, je ne puis passer sous silence le mouvement agraire en Italie.

Déjà à l'époque où les syndicats ont été créés en France, par la loi dont j'ai parlé, la loi Waldeck-Rousseau, en 1884, déjà il y avait en Italie une Fédération des syndicats agricoles ouvriers. En 1886 déjà il y avait eu des poursuites et la Fédération avait été dissoute par un jugement ; mais elle a continué. On a vu des châteaux saccagés : hier encore, on annonçait qu'un château, en Sicile, avait été pris d'assaut par des ouvriers. C'est même, entre parenthèses, une des causes du succès du fascisme en Italie. C'est la frayeur qu'ont causé ces prises de possession, soit dans les grands domaines ruraux, soit dans les usines, qui a été une des causes principales du mouvement fasciste.

Mais pourquoi en Italie le syndicalisme agricole est-il bien plus ancien et bien plus fort qu'en France ? C'est parce que la condition du travailleur italien était une des pires en Europe, aussi bien pour ceux qui sont loués à la journée, qu'on appelle des *braccianti* et que nous appelons des journaliers — que pour les valets de ferme, logés à la ferme et payés au mois, qui, en italien, s'appellent *obligati*, c'est-à-dire des engagés.

Au début de ce siècle, il y a quelques vingt ans, un ouvrier italien ne gagnait pas plus de 60 à 100 lires par an en argent, plus sa nourriture, mais quelle nourriture ! Toute la population rurale italienne vivait de polenta, c'est-à-dire de bouillie de maïs. Elle était tellement pauvre qu'elle ne pouvait même mettre du sel, ou le moins de sel possible, dans cette polenta; nourriture tellement insuffisante qu'elle déterminait une maladie bien connue qu'on appelle la pellagre. Or, par un douloureux contraste, qui n'était, d'ailleurs, qu'une relation de cause à effet, ce misérable prolétariat se trouvait en présence de la forme de la propriété agraire la plus odieuse, celle des grands domaines appartenant à des nobles, dont bon nombre ne les faisaient pas cultiver, faute de capitaux. Il est naturel que le syndicalisme agraire, et sous la forme la plus révolutionnaire, ait trouvé en Italie un terrain beaucoup plus favorable qu'en France.

CHAPITRE III

LES ASSOCIATIONS DE CRÉDIT MUTUEL

§ 1. — L'évolution du crédit agricole

De tout temps, les propriétaires ont été à court d'argent et ont éprouvé le besoin de s'en procurer. Mais ils n'ont pu trouver des prêteurs qu'en leur donnant des garanties dont la plus simple et la plus solide était leur propre terre. Ce mode de prêt est extrêmement ancien. Il a existé sous deux formes principales :

Ou bien on donnait en gage la terre proprement dite, en la remettant au prêteur. C'était un contrat très fréquent pendant le Moyen-Age. On appelait cela le mort-gage. L'emprunteur, qui était souvent le seigneur partant pour la croisade, donnait sa terre au prêteur, lequel était très souvent un juif, ou aussi un monastère. En ce cas, le prêteur prenait possession de la terre et en percevait les fruits. L'emprunteur se réservait le droit de la racheter, plus tard, s'il le pouvait. S'il ne pouvait pas rembourser son emprunt, le prêteur gardait définitivement la terre.

Ou bien le prêt sur la terre se réalisait sous une forme plus subtile, que nous appelons l'hypothèque, c'est-à-dire une remise fictive de la terre, l'emprunteur gardant la terre mais la remettant en gage nominalement au prêteur. Ce système-là était connu, même chez les Grecs ; le mot d'hypothèque, comme on le voit par son étymologie, vient du grec. Comme signe de la mainmise, le planteur plantait un poteau, avec une inscription, sur la terre engagée. Ce signe matériel remplaçait nos registres des hypothèques.

C'est donc une très vieille histoire que celle-là ; mais je n'ai pas à la raconter et je la rappelle simplement comme introduction. Cette histoire a toujours très mal fini pour l'emprunteur. De tout temps, elle a eu pour résultat de le dépouiller de sa terre, d'autant plus que ce prêt-là, dans l'antiquité comme au Moyen-Age, avait toujours le caractère de ce que nous appelons un prêt de consommation, ce qui veut dire que quand on empruntait ce n'était pas du tout, comme aujourd'hui, pour améliorer la terre, pour développer les cultures, mais on empruntait simplement pour dépenser. J'ai parlé tout à l'heure des seigneurs partant pour la guerre : ils empruntaient pour acheter des armes, équiper leurs écuyers, payer les frais de ce long voyage. Et tous les rois de France aussi ont emprunté, mais ce n'était pas pour faire valoir l'argent emprunté. Or, tout emprunt de consommation doit aboutir à la ruine et à l'expropriation, puisque le capital se trouvant détruit, par définition même, l'emprunteur ne peut plus le restituer à l'échéance.

Ce n'est que beaucoup plus tard que l'emprunt de production est entré dans les mœurs. L'idée que l'on pouvait emprunter sur la terre pour améliorer cette terre, pour augmenter son revenu, qui nous paraît toute naturelle aujourd'hui, n'est cependant venue que très tard. Emprunter pour augmenter ses revenus, cela paraissait contradictoire et paradoxal. La première fois qu'on a vu l'argent emprunté non plus à titre d'argent de poche mais à titre de capital, c'est-à-dire comme instrument de production, ç'a été une ère nouvelle dans l'histoire économique.

Le paysan de Kabylie, autrefois et aujourd'hui encore, emprunte sous ces deux formes : ou bien arrivé à la fin de l'année, il a mangé tout son blé et il faut bien qu'il en emprunte pour faire son pain; ou bien il emprunte du blé pour semer et s'assurer la récolte de l'année prochaine. Il est évident que dans le premier cas, il n'y a guère de chance qu'il puisse rembourser ; dans le second cas, s'il a la chance d'une bonne récolte, il le pourra.

Toutefois, même sous cette seconde forme, évidemment supérieure à la précédente, le prêt sur terre est encore un prêt extrêmement dangereux : l'expérience de tous les siècles a montré que l'emprunteur foncier avait toutes les peines du monde même à payer l'intérêt et, en tout cas, presque jamais n'arrivait à rembourser le capital, en sorte que tôt ou tard sonnait pour lui l'heure de l'expropriation.

Alors, comment tourner cette difficulté et faciliter au propriétaire l'emprunt sur sa terre ? Il n'y a qu'un moyen : c'est de le dispenser de rembourser le capital, parce que s'il n'a plus qu'à payer l'intérêt, il pourra y arriver. Mais, direz-vous, comment peut-on arriver à le libérer du remboursement du capital? Ce ne sera donc plus un prêt?

On peut y arriver de deux façons différentes :

La façon la plus simple, très pratiquée autrefois, c'est le prêt à rente (ne pas faire une confusion grossière avec la rente sur l'Etat, quoique ce soit le même mot). Le prêt à rente c'est quand le prêteur se contente, en retour de la somme prêtée, d'un revenu perpétuel, fixé par le contrat. Quant au capital, il est considéré comme ayant été aliéné par le prêteur, et la rente est le prix de vente de ce capital. Le prêteur ne peut donc le redemander, pas plus qu'un vendeur ne peut réclamer la restitution de la chose vendue — à moins qu'il ne soit pas payé. Ce mode d'emprunt était très fréquent pendant le Moyen-Age. Il était d'autant plus usité que le droit canonique, qui défendait l'usure, permettait la rente, parce qu'il considérait que la rente n'est que le prix d'acquisition du capital; dès lors, on ne peut critiquer la rente, car l'Evangile lui-même, s'il commande de prêter gratuitement, ne commande pas de vendre gratuitement.

Aujourd'hui c'est un mode de prêt tout à fait suranné et que l'on ne pratique plus que dans les prêts faits à l'Etat, vous retrouvez ici le mot de rente, « la rente perpétuelle », ce qui veut dire que le souscripteur à l'emprunt, le prêteur, touchera un revenu perpétuel mais en renonçant à réclamer jamais le remboursement de la somme prêtée. C'est une survivance — et sur une échelle colossalle — de la rente médiévale.

Il y a un autre moyen de tourner l'obstacle : c'est non plus de supprimer le remboursement du capital, comme dans le cas précédent, mais de n'imposer ce remboursement que dans des conditions si faciles que l'emprunteur ne s'en doute même pas. Pour cela, il suffit que le prêt soit fait à très long terme, disons 30, 50, 75 ou 99 ans, et que l'intérêt annuel soit majoré d'une petite somme suffisante pour rembourser le capital par le jeu de l'intérêt composé. Or, l'arithmétique nous apprend qu'une très petite majoration suffit, par le jeu de l'intérêt composé, pour rembourser à la longue un gros capital. Pour rembourser un capital en 100 ans et même en 50 ans, il suffit d'une prime d'amortissement qui majore si peu le taux de l'intérêt que, même superposée à celui-ci, elle ne dépasse guère le taux normal et l'emprunteur ainsi, en payant tous les ans cet intérêt, se trouve, quand vient le terme, libéré du remboursement du capital, c'est-à-dire qu'il l'a remboursé à son insu et sans aucune espèce d'effort.

Ainsi, si vous voulez des chiffres, voilà, par exemple, une somme de 10.000 francs qui est prêté à 5 %, donc 500 francs par an d'intérêt. Eh bien, s'il est prêté pour une durée de 75 ans, il suffira d'ajouter 60 francs à cet intérêt annuel, ce qui portera donc l'intérêt à un peu plus de 5 1/2 % pour éteindre le capital.

C'est un procédé extrêmement ingénieux : il n'a été réalisé qu'à une date relativement récente. En France, le grand établissement qui s'appelle le Crédit Foncier n'a été fondé qu'en 1852. Il prête de la façon que je viens d'indiquer, c'est-à-dire à un intérêt relativement modique, ce qui fait que, même avec la majoration de l'amortissement, l'emprunteur ne paie pas plus qu'il ne paierait à un prêteur ordinaire — et à l'échéance il n'a plus rien à payer. Mais dans ce système de prêt, le prêteur prend aussi hypothèque. Je dois dire, entre parenthèses, que ce grand établissement du Crédit Foncier n'a pas du tout répondu à ce qu'on attendait de lui. Il a pris une grande extension ; il prête des milliards, mais ces milliards ne servent pas du tout à l'amélioration des cultures, sauf dans des cas très rares d'irrigation. Les gens qui empruntent au Crédit Foncier empruntent surtout pour acheter des terres ou des maisons ; car la plus grande partie des milliards du Crédit

Foncier est employée pour la propriété urbaine. Or c'est souvent aussi un moyen de se ruiner que d'acheter des terres. Ce qui nous intéresse c'est l'emprunt pour améliorer le rendement de la terre, mais non pour ajouter terre après terre.

On l'a bien compris et, peu de temps après, on a créé, en France, une grande institution qui répondait au but que je viens d'indiquer, qui s'appelait le Crédit Agricole. Celle-ci avait pour but de prêter aux agriculteurs; mais elle n'a pas réussi non plus. Pourquoi ? Parce que, comme nous allons le voir dans un instant, la seule solution du crédit agricole, tel que je viens de le définir, c'est le crédit personnel. Or, pour ce crédit-là il ne peut plus s'agir d'un grand établissement mais d'établissements locaux qui connaissent les besoins et la solvabilité des emprunteurs, des petites caisses, comme nous allons le voir.

Malgré ces perfectionnements considérables, nous n'en sommes pas encore au vrai crédit agricole. En effet, le prêt sur hypothèque ne mérite pas le nom de crédit qu'on lui donne. C'est déshonorer ce beau mot de crédit, qui signifie confiance, du verbe latin *credere*, la foi dans la solvabilité de l'emprunteur, que de l'appliquer au prêt sur hypothèque. Il n'y a plus de foi là où l'on touche, là où il y a un gage, ne fût-ce que ce gage indirect qui est l'hypothèque. L'apôtre Thomas, qui voulait toucher pour croire, n'avait pas la foi.

Il faut donc arriver à un système de prêt pour l'agriculteur, qui ne repose pas sur cette base matérielle de la terre mais uniquement sur la solvabilité de l'agriculteur. Je dis agriculteur ; je ne dis pas propriétaire, puisqu'il y a bien des personnes qui sont agriculteurs sans être propriétaires, le fermier, le métayer. Ceux-là ne peuvent pas donner hypothèque, puisque la terre ne leur appartient pas. S'il n'y a que l'emprunt hypothécaire, ils ne peuvent pas en profiter.

Tandis, au contraire, que l'emprunt fait pour augmenter le rendement de la terre, non seulement ne doit pas être une cause de ruine mais est une condition de prospérité pour lui et de progrès pour l'agriculture en général. L'agriculture ne peut pas se passer de crédit. Que d'exemples on pourrait citer!

Voici un pays de vignes. Très souvent les petits paysans

n'ont pas de quoi loger le vin, ni même de quoi le faire dans de bonnes conditions. Il faut des celliers, des pressoirs, bon nombre n'en ont pas. Quand la récolte est là, il leur faut de l'argent ; ils vendent le vin au prix qu'on vient leur offrir. Or s'ils pouvaient emprunter, ils attendraient le bon moment pour vendre.

S'il s'agit de l'élevage du bétail, on ne peut pas vendre le bétail à n'importe quel moment; il faut le vendre quand il est gras; il y a des époques déterminées pour cela. Si on le vend trop tôt, quand les bêtes sont encore maigres, on les vend mal. Il faudrait que le paysan pût attendre que le bétail fût à point pour pouvoir le vendre et pour cela il lui faut du crédit.

Qu'il s'agisse de la vente du blé, c'est la même chose. Si le paysan a besoin d'argent, il vendra la récolte à bas prix. S'il pouvait attendre, il la vendrait mieux,

Le crédit n'a pas pour unique utilité de permettre à l'agriculteur d'attendre le moment favorable : il y a aussi la question des engrais qui est une question tout à fait capitale. Le paysan n'a pas toujours d'argent disponible pour acheter des engrais. S'il peut en emprunter et si cet engrais lui permet d'augmenter sa récolte, il pourra facilement, l'année suivante, rembourser, par l'accroissement de sa récolte, l'argent qu'il emprunte.

L'utilité du crédit pour l'agriculteur est donc aussi certaine que pour le commerce ou l'industrie, et pourtant il n'y a pas d'instrument spécial organisé pour ce crédit agricole.

Quand il s'agit du commerce et de l'industrie il y a un instrument de crédit qui est bien connu depuis des siècles, qui a été porté aujourd'hui au dernier terme de la perfection : ce sont les banques. Vous savez comment on procède : le commerçant ou l'industriel qui vend ces produits, tire une lettre de change sur son acheteur, à trois mois; il présente cette lettre de change à une banque, qui lui avance le prix, déduction faite de l'intérêt — c'est ce qu'on appelle l'escompte — et ainsi il rentre tout de suite dans son argent et peut le faire valoir sans interruption.

Mais le paysan, lui, ne peut pas se servir des banques, parce que cet instrument n'est pas fait pour lui. Prenons pour exemple, la Banque de France, notre grand établissement de crédit, qui a des succursales aujourd'hui dans toutes les villes de France. Vous devez connaître quelles sont les conditions auxquelles la Banque prête. D'abord, elle ne prête jamais sous la forme que nous donnons vulgairement à ce mot « prêter » : la Banque ne prête jamais à ceux qui viendraient lui demander de l'argent, hormis le cas où on lui donne en gage certaines valeurs mobilières. Mais en règle générale, elle ne prête que sur la forme que j'ai indiquée, c'est-à-dire par l'escompte. Encore faut-il que la lettre porte trois signatures au moins et que l'échéance ne soit pas à plus de 90 jours.

Or, le paysan ne peut satisfaire à aucune de ces conditions : il n'est pas commerçant, il ne tire pas de lettres de change. Il a besoin d'un beaucoup plus long délai que trois mois. Il n'a guère de titre pour emprunter sur ce gage. Il est donc dans l'impossibilité d'user de cet admirable mécanisme bancaire.

Il est vrai qu'il y a certains moyens de tourner les difficultés que je viens d'indiquer. Au lieu de s'adresser à la Banque de France, on peut s'adresser à d'autres banques, qui consentent à prêter à un agriculteur, à long terme, s'il est connu comme solvable; ou du moins, tout en fixant l'échéance à trois mois, on convient que le prêt sera renouvelé deux, trois, quatre fois, jusqu'à ce que l'emprunteur soit en mesure de rembourser. Mais ce sont là des procédés dangereux pour les banques, parce que ce qui caractérise les banques c'est de ne faire les prêts qu'avec l'argent des dépôts, donc, par conséquent, il faut qu'elles rendent compte, à chaque instant, aux déposants. Elles ne peuvent donc pas s'en dessaisir pour longtemps.

D'autre part, pour les emprunts à court terme, notamment pour éviter la vente forcée et attendre le moment favorable, il y a un moyen de crédit dont on use rarement en France mais qui peut dispenser les agriculteurs de recourir aux sociétés de crédit mutuel : c'est ce qu'on appelle l'emprunt sur gage, ou, du nom anglais, le warrant: entre parenthèses, je ne sais pas pourquoi on a maintenu dans la langue française ce mot anglais qui effraie les emprunteurs. Quand on leur conseille d'emprunter par warrant ils ne savent pas ce qu'on veut dire.

Emprunter par warrant, c'est donner pour gage la récolte mais en la gardant chez soi.

Ainsi, le viticulteur qui veut emprunter, donne en gage sa récolte de vin, sans avoir besoin de l'envoyer chez son prêteur, ce qui serait un gros embarras pour l'un et pour l'autre. Il garde donc dans sa cave le vin qu'il donne en gage et dont il reste seulement dépositaire, ce qui lui interdit de le détourner sans s'exposer à des peines correctionnelles. Mais, je le répète, très peu d'agriculteurs connaissent ce mode de crédit; il n'y a guère que quelques viticulteurs pour les grands vins du Bordelais.

Voilà pourquoi il fallait créer, pour les agriculteurs, un instrument spécial : c'est précisément ce que l'on a fait par les sociétés dites Raiffeisen et par les sociétés dites Schulze Delitszch.

§ 2. — Les caisses rurales du type Raiffeisen

C'est ainsi que, pas à pas, par une évolution que je n'ai fait qu'esquisser, on est arrivé à l'organisation du crédit agricole sous forme de petites sociétés de caisses locales.

Bien que nous ne traitions, dans ce cours, que des associations en France, nous devons faire une exception pour les sociétés de crédit, car ici tout vient d'Allemagne.

Elles ont commencé en Allemagne. Au XVIIIe siècle déjà on signale l'existence d'associations entre grands propriétaires en Prusse pour se prêter mutuellement des capitaux afin de faire valoir leurs terres. Mais ce n'est qu'au milieu du siècle dernier, comme je le disais dans la première leçon, que dans la Prusse rhénane, un homme dont le nom restera inséparable de cette histoire, Raiffeisen, a créé, le premier, la forme-type qui, selon toutes apparences, sera définitive dans l'organisation du crédit agricole.

Raiffeisen était de religion protestante mais non pasteur, comme on l'a dit parfois. Il était bourgmestre, c'est-à-dire maire d'une petite ville de la Prusse rhénane; mais c'était un homme très pieux, en effet, et toute son œuvre porte l'empreinte des sentiments religieux de son fondateur.

Raiffeisen connaissait certainement l'existence de ces associations de grands propriétaires dont je viens de parler, mais elles n'étaient faites que pour les riches. Alors il a pensé qu'il fallait faire quelque chose pour les pauvres. Il voyait le paysan allemand rongé par l'usure dans des proportions effrayantes. Ce serait toute une histoire à faire que celle-ci : celle de l'usure dans l'Europe centrale et occidentale, non seulement celle sous forme de prêts d'argent mais celle de prêts en nature, en bétail particulièrement. C'était surtout là que l'usure pouvait dépasser toute mesure parce que lorsque le prêt est en nature on ne peut pas apprécier le taux de l'intérêt.

Raiffeisen fonda donc, en 1849, date mémorable qu'il faut retenir, dans un petit village de la Prusse rhénane, la première société, coopérative ou mutualiste comme on voudra, de crédit agricole. Il lui donna pour dot 6.000 marks. C'était donc une œuvre de charité, dans une certaine mesure, puisqu'elle est née d'un don.

Quelques autres sociétés se fondèrent çà et là, mais très lentement : une seconde en 1854, cinq ans après; une troisième en 1858, trois ans après; une quatrième en 1863, dix ans après. Ainsi quatre en vingt ans. Vous voyez que la marche fut lente et pénible. Mais au bout de quelques années, comme il arrive dans tous les mouvements sociaux, après une mise en train hésitante, peu à peu, par la vitesse acquise, le mouvement s'accéléra. Je donnerai des chiffres plus tard, mais peut-être y a-t-il dans l'Europe et les Indes 100.000 sociétés du type Raiffeisen.

Quels sont donc les caractères types de ces célèbres sociétés? Leurs statuts n'ont pas été écrits d'un premier jet, comme l'ont été ceux des *Pionniers de Rochdale*. Les statuts des caisses Raiffeisen se sont formés peu à peu; mais cependant au bout d'une dizaine d'années ils étaient à peu près définis et on n'a pas apporté depuis lors de grands changements. Je vais donc indiquer leurs caractères essentiels, je les résumerai en neuf articles.

1° Le premier caractère, et le plus important de tous, c'est la solidarité de tous les membres de l'association. C'est ce qu'on a appelé l'épine dorsale de la société. Que veut dire cette solidarité? C'est que chaque associé est responsable pour tous, de toutes les dettes de l'association. Pourquoi? Parce que Raiffeisen voulait venir au secours des petits paysans. S'ils étaient des riches, comme les gros propriétaires de la Prusse dont je parlais tout à l'heure, il ne serait pas besoin de solidarité : la garantie d'un seul suffît. Mais quand il s'agit de 20, 30, 50 paysans, aucun d'eux n'offrira une surface suffisante. On ne prête pas à des pauvres. Pourtant si chacun de ces pauvres répond pour tous, alors cette chétive solvabilité, multipliée par 50 ou par 100, devient aussi solide, et même plus, que la responsabilité d'un seul riche. L'expérience a prouvé, en effet, que c'était là une garantie qui, sans gage, sans hypothèque, sans capitaux même, comme nous allons le voir, suffisait pour permettre d'emprunter sur le marché des milliards.

Toutefois, pour fortifier encore cette garantie vis-à-vis du prêteur et en même temps pour l'alléger vis-à-vis des co-associés, il est de règle, dans ces caisses, que chaque emprunteur fournisse deux cautions, c'est-à-dire qu'il trouve parmi les membres de la société deux camarades qui consentent à répondre pour lui. Ainsi, d'une part, le prêteur est assuré par la garantie des cautions, puis par celle subsidiaire de tous les membres; et, d'autre part, les associés qui s'étaient engagés sont couverts dans une certaine mesure par ce paravent des deux cautions. Ce n'est qu'autant que celles-ci feraient à leur tour défaut qu'alors jouerait la solidarité illimitée de tous les membres.

Voilà donc une base de crédit de beaucoup supérieure à l'hypothèque.

2° La seconde règle, qui n'est qu'une conséquence de la précédente, c'est que l'admission des sociétaires est soumise à des conditions morales, à une enquête, à un contrôle. Il est évident, en effet, qu'étant donnée cette responsabilité qui pèsera sur tous les associés, chaque associé, quand il voit se présenter un nouveau venu, se dit : Prenons garde à ce nouveau camarade, car je vais être exposé à répondre pour lui! Il faut donc s'enquérir soigneusement de sa solvabilité et surtout de sa moralité, car il suffirait d'une seule brebis galeuse dans notre association pour ruiner tout le troupeau. Dans les clubs du grand monde, dans les cercles où l'on joue, on demande certaines garanties, la présentation de deux parrains, souvent même le vote de tous les membres, pour admettre le candidat. Et pourtant il n'y a pas de solidarité entre les membres du cercle tandis qu'ici il y a une solidarité de droit.

L'expérience a montré que ce contrôle était très efficace

et donnait à ces associations le caractère d'un véritable instrument de perfectionnement moral, de sélection. Oui, on a vu en Allemagne, en Italie, des hommes qu'on n'avait pas voulu recevoir parce qu'il étaient des ivrognes ou plus ou moins débauchés, ou mal dans leurs affaires, qui se sont convertis pour obtenir d'être admis dans ce petit cercle! N'est-ce pas un résultat admirable et qui prouve que Raiffeinsen ne s'était pas trompé en donnant pour but à l'institution qu'il créait non pas seulement le progrès économique mais le progrès moral?

3° Troisième caractère, qui est également une conséquence des deux premiers, car ils s'enchaînent tous avec une logique mathématique : on ne doit opérer que dans une petit cercle, un village d'un millier d'habitants tout au plus, parmi lesquels on pourra trouver peut-être une trentaine ou une cinquantaine de sociétaires. Pourquoi? Parce qu'il faut des gens qui se connaissent les uns les autres pour pouvoir se contrôler, pour savoir ce que chacun vaut pécuniairement et moralement. Ces associations seraient irréalisables dans une ville. Dans une ville comme Paris les locataires d'une même maison ne se connaissent pas entre eux! et à plus forte raison les habitants d'un quartier.

Toutefois, si le village est trop étendu, on aura la ressource de faire plusieurs caisses différentes qui pourront se fédérer entre elles; mais il faut que la cellule, pour employer un mot à la mode aujourd'hui, soit tout à fait restreinte. C'est une condition essentielle pour que le système puisse opérer.

4° Quatrième caractère, pas de capital; pas de souscription d'actions, par conséquent. On s'adresse à des paysans qui ne sont pas riches. Il ne faut pas que la qualité d'associé soit réservée seulement à ceux qui ont de l'argent en poche. Remarquez ceci : l'association, tout en étant très fermée au point de vue moral et triée sur le volet, est largement ouverte à tous au point de vue pécuniaire. On ne demandait qu'un droit d'entrée tout à fait minime, deux ou trois marks, simplement pour prouver qu'on fait partie de l'association.

Alors s'il n'y a pas de capital, pas d'actions, il n'y aura pas de dividende non plus, cela va sans dire. C'est donc une association placée absolument en dehors du monde capitaliste. Elle est sans esprit de lucre, un peu ce qu'est une société de secours mutuel. Et même, à la différence de celle-ci, il n'y avait pas de cotisations proprement dites, mais seulement un droit d'entrée.

5° D'après quelle règle sont faits les prêts? Ils ne sont faits qu'aux sociétaires, bien entendu; sans cela, ce ne serait plus une société coopérative, ni mutualiste. Mais il ne suffit pas d'être sociétaire pour avoir droit au prêt. Toute demande de prêt est soumise à une enquête minutieuse. On ne prêtera que si l'emprunt répond au but que j'ai indiqué tout à l'heure : améliorer la condition de l'emprunteur en lui prêtant pour produire, jamais pour dépenser. Un membre d'une association rurale qui voudrait emprunter pour faire un voyage, ou pour la toilette de sa femme, ou pour doter sa fille, n'obtiendrait pas un sou. Il le sait bien; aussi ne présentera-t-il pas de telles demandes. Mais on ne prêtera pas non plus, comme le fait le Crédit Foncier, pour acheter de la terre. On prête pour bonifier la terre qu'on a déjà, pour acheter des engrais ou des instruments qui permettent de la mieux cultiver, ou des animaux pour le travail.

Ce contrôle exercé sur l'emprunt permet en même temps à la société de jouer un rôle éducatif pour le progrès agricole. Je viens de parler de son rôle au point de vue moral; mais au point de vue de l'enseignement agricole il n'est pas moindre. Elle dira à l'emprunteur : « Qu'est-ce que vous voulez faire de cet argent? » S'il répond : « acheter des semences, des engrais, du bétail », la société lui donnera des conseils sur le choix à faire pour les uns ou les autres. Elle lui demandera s'il a fait analyser sa terre. Chaque emprunt fournit ainsi matière à une leçon technique.

Nous avons vu que nos syndicats agricoles remplissaient aussi cette fonction, mais avec moins d'efficacité parce qu'ils ne l'exercent pas dans un cercle assez intime.

Une seconde règle pour ces prêts c'est d'être faits à long terme. C'est là un caractère général des prêts agricoles, à la différence des prêts commerciaux qui doivent être faits à court terme. Les prêts agricoles sont faits à long terme parce que les améliorations agricoles qui sont le but de ce crédit, ne se réalisent qu'à la longue : une année au moins, mais il faut souvent plusieurs années pour que le capital investi dans la terre puisse donner des résultats, cinq ans pour un vignoble. On prêtera donc pour cinq, dix ans, selon la nature du prêt.

La troisième règle, c'est de ne pas prêter gratuitement : on fait payer un intérêt, mais modique, et qui profite naturellement à la société.

6° Je viens de dire que la société se constituait sans souscriptions d'actions et même sans cotisations, contrairement à tous les principes de droit; mais cependant il faut bien qu'elle ait de l'argent pour marcher? Eh bien, elle se constitue un petit capital progressivement par les droits d'entrée payés par ses membres, par les amendes infligées à ceux qui ne remplissent pas leurs devoirs de sociétaires, et surtout par l'intérêt des prêts. Ainsi se forme un petit capital qui, n'étant pas dépensé, grossit peu à peu et forme un capital social, lequel a pour caractère d'être inaliénable et indivisible. Il n'appartiendra jamais aux sociétaires à titre individuel. Même au cas de dissolution de la société, il est prévu par les statuts qu'alors ce capital sera attribué à une œuvre similaire, mais que jamais il ne sera partagé entre les sociétaires.

Raiffeisen comptait que, si petit que fût ce capital initial, s'accumulant de génération en génération, il ferait la boule de neige et finirait par constituer un gros capital collectif, qui servirait aux générations futures. C'est une idée qui n'était d'ailleurs pas spéciale à Raiffeisen. Buchez, un Français, quinze ans auparavant, dans sa société non point de crédit mais de production, avait également institué ce fonds perpétuel inaliénable, indivisible, fonds sacré destiné à pourvoir aux besoins de la postérité, sorte de mainmorte laïque. Raiffeisen a dû en avoir connaissance certainement quand il a reproduit cette institution dans ses caisses de crédit. Peut-être aussi s'est-il inspiré de cette parole de l'Evangile, de Jésus : « Ce que vous avez reçu gratuitement, donnez-le aussi gratuitement ». Eh bien! ce capital perpétuel, la société l'ayant reçu sans intérêt, gratuitement, devra le prêter un jour gratuitement à ceux qui en auront besoin.

Il vaudrait la peine de s'arrêter sur cette idée qui est moralement d'un ordre très élevé : cette idée que les géné-

rations d'aujourd'hui doivent travailler, se priver, en vue
des générations futures, idée si contraire à la pratique de
toutes nos organisations financières d'aujourd'hui et de
tous les Etats qui, au contraire, en accumulant des dettes,
lèguent aux générations futures le soin de payer les centaines de milliards dépensés par la génération actuelle!
C'est donc absolument l'inverse de la conception de Buchez
et de Raiffeisen. Mais je dois dire pourtant que si cette idée
de travailler et de se priver pour les générations futures
est très noble et généreuse, elle est peut-être critiquable
au point de vue économique, en ce sens que si l'on croit au
progrès on doit croire que les générations futures seront
plus riches que la nôtre et que, par conséquent, elles seront
plus à même que nous de pourvoir à leurs besoins. Si donc
nous nous sacrifiions pour elles, nous jouerions le rôle de
dupe : ce serait le pauvre se privant pour le riche.

7° La constitution de la société est démocratique, mais
ceci n'a rien de bien particulier; telle est la règle dans
toute société coopérative. Chaque membre n'a qu'une voix,
à la différence des sociétés capitalistes dans lesquelles le
nombre de voix est compté au prorata des actions possédées
et dans lesquelles, par conséquent, les gros actionnaires exercent seuls le gouvernement. Dans les assemblées générales
des grandes sociétés, il est même de règle d'exclure les actionnaires qui n'ont qu'un petit nombre d'actions. Le gouvernement des sociétés capitalistes est donc un gouvernement aristocratique, tandis que dans toutes les sociétés
coopératives, y comprises les sociétés de crédit dont
nous nous occupons en ce moment, c'est le gouvernement
populaire. Un homme, une voix.

8° Comment est fixé le taux de l'intérêt? Par les sociétaires eux-mêmes. C'est à eux-mêmes à décider à quel
taux d'intérêt ils se prêteront. Je dis que ceci est merveilleux tout simplement! merveilleux, car pensez un peu quelle
a été l'histoire de l'usure, symbolisée par le drame de Sha-
kespeare *Le Marchand de Venise* et réalisé dans tant d'autres drames plus tragiques, causés par l'usure homicide, et
dont le dénouement a été l'expropriation de pays entiers.
Et maintenant, je vous invite à vous transporter, par la
pensée dans une des salles de réunion d'une société coopé-

rative de crédit où l'on dit à ceux qui sont les emprunteurs :
« à quel taux voulez-vous qu'on vous prête? » et où ceux-ci
répondent probablement : « cela nous est indifférent! car
comme nous sommes tout à la fois prêteurs et emprunteurs,
ce que nous paierons en trop comme emprunteurs, nous
le retrouverons en bénéfices comme prêteurs. »

C'est comme dans les sociétés coopératives de consommation, dont nous avons parlé si souvent, celles où les consommateurs se font leurs propres marchands et se vendent à
eux-mêmes les marchandises dont ils ont besoin. Là le prix
de vente n'importe guère, car les sociétaires savent qu'ils
retrouveront sous forme de boni l'argent qu'ils auront pris
dans leurs poches comme acheteurs. De même dans la
société coopérative de crédit on est bien sûr qu'on ne prati-
quera pas l'usure, puisqu'il faudrait pour cela que les
emprunteurs se fissent leurs propres usuriers.

Cependant il faut distinguer selon que le prêt est fait
avec le capital propre de la société ou avec les capitaux
empruntés au dehors. Pour ceux-ci la société, étant obligée
de payer un intérêt aux capitalistes prêteurs, devra nécessairement faire payer un intérêt au moins équivalent —
et même un peu supérieur — à ses sociétaires emprunteurs.
Pour le capital social, elle pourrait le prêter gratis, ainsi
que nous l'avons fait remarquer tout à l'heure, mais elle
se garde de le faire puisqu'elle ne peut faire des conditions
différentes à ses membres emprunteurs, selon l'origine des
fonds; d'ailleurs, ce capital est insignifiant à côté du capital
emprunté.

9° Enfin, le dernier caractère que j'indiquerai c'est la
gratuité de toutes les fonctions. Je viens de parler de la
constitution d'un capital gratuit : on veut que le travail
aussi y soit gratuit. La caisse rurale ne veut pas avoir
de salariés. Elle ne veut avoir que des serviteurs de bonne
volonté. L'administrateur ne touche rien. Evidemment, ce
dernier caractère nous transporte hors de la sphère de la
coopération proprement dite dans celle de l'assistance,
parce que, pour que des administrateurs puissent faire
gratuitement leur service, il faut supposer qu'ils aient des
revenus par ailleurs. C'est, ne disons pas une aumône mais
enfin un don qu'ils font de leur temps, de leur peine, en

les mettant au service de leurs co-associés. On voit donc apparaître ici ce caractère religieux, cet esprit de sacrifice qui domine toute l'institution des caisses Raiffeisen.

Les règles que je viens de résumer sont celles des débuts — alors que la société Raiffeisen était à l'état naissant, à l'état pur — mais il faut dire maintenant que, précisément à raison de leurs caractères mystiques et religieux, elles n'ont pu résister intactes à l'épreuve de la réalisation. Au fur et à mesure que ces sociétés ont grandi et se sont multipliées dans tous les pays, tout en gardant leurs caractères distinctifs, elles ont, par une sorte de frottement, perdu un peu de la rigueur des caractères originaires.

Dès 1880, un des disciples de Raiffeisen, Haas, institua un nouveau type d'association coopérative agricole qui reproduisait les traits essentiels que je viens d'indiquer, mais avec des atténuations assez nombreuses qui faisaient descendre un peu l'association de la sphère supérieure pour la rapprocher de l'association capitaliste.

D'ailleurs, la loi elle-même n'a pas permis à Raiffeisen de conserver tout à fait son type originaire. En effet, en 1889, une loi a imposé pour la constitution légale de toutes les sociétés en Allemagne la souscription d'actions et l'attribution des bénéfices aux associés. Raiffeisen fut donc obligé de faire une première brèche à son système en transformant sa caisse en société par actions. Seulement ce furent des actions de valeur très minime, quelques marks, et sur lesquelles, suivant la latitude que lui laissait la loi, il ne demandait qu'un versement d'un dixième seulement, soit 4 ou 5 marks; c'est une somme absolument insignifiante. Ces sociétés doivent distribuer aussi des dividendes; mais vous comprenez qu'un dividende sur une action de quelques marks ne peut être qu'insignifiant; aussi les minimes dividendes de ces caisses rurales sont-ils employés simplement à payer les frais d'impression de quelque petit journal distribué aux sociétaires.

Donc, malgré ces déviations, le type Raiffeisen s'est conservé assez pur, non seulement en Allemagne mais dans tous les pays qui l'on adopté. Mais ce qui est beaucoup plus grave que ces modifications de forme c'est que l'esprit de dévouement du premier jour s'est notablement affaibli, et il semble même que ce soit en Allemagne que l'inspiration religieuse de son fondateur se soit le plus matérialisée; elle s'est mieux conservée, chose curieuse, dans les pays étrangers qui n'étaient pas la terre natale de ces sociétés (1).

§ 3. — Les sociétés du type Schulze-Delitzsch

Schulze Delitzsch, du nom de sa ville natale, était un contemporain de Raiffeisen. Il ne semble pas qu'aucun des deux ait imité l'autre, quoique leurs créations aient été quasi simultanées; mais il arrive souvent, dans l'histoire des sciences, non seulement des sciences sociales mais des sciences physiques, qu'il y ait simultanéité dans deux découvertes ou deux inventions. Vous savez que quand la planète Neptune a été découverte par Leverrier, en même temps un savant anglais l'avait aussi trouvée. Pour la fameuse théorie de l'utilité finale en économie politique, ce sont quatre ou cinq économistes à la fois, de quatre ou cinq pays différents, qui l'ont révélée à peu près à la même date et en tout cas sans se l'être communiquée : un Allemand, Gossen; un Anglais, Stanley Jevons; un Français, Walras; un Américain, John Clark; un Autrichien, Karl Menger.

Seulement Schulze appartenait à un tout autre monde que Raiffeisen. Il n'avait nullement un tempérament mys-

(1) Voici comment s'exprime le professeur Lulo Brentano, dans une enquête faite par le professeur Totomiantz. Nous reproduisons son appréciation quoiqu'elle nous paraisse d'une sévérité excessive:

« La coopération a été très profitable aux paysans allemands. Elle les a affranchi des usuriers et contribué considérablement à l'essor actuel de l'agriculture allemande en lui permettant de faire des économies sur la production. Mais, cela faisant, elle a complètement modifié le caractère de la classe des paysans. Basée sur des principes sociaux à l'origine, la coopérative agricole poursuit maintenant des tendances individualistes. Elle n'a pas réformé moralement le paysan ; au contraire, elle est animée de l'esprit paysan et poursuit des buts de lucre, à un tel point que les enfants des paysans en souffrent même parfois. La coopération agricole débuta en déclarant la guerre au commerce qu'elle se proposait d'éliminer. Elle a réussi en grande partie à réaliser cette suppression, mais les coopératives ont pris la place du commerçant et sont animées aujourd'hui du même esprit individualiste et de la même âpreté au gain. C'est ainsi que les coopératives ont rendu de grands services aux paysans, mais il ne saurait être question d'une réorganisation de l'agriculture sur la base des principes dont Raiffeisen s'était inspiré. Raiffeisen a été mis au rancart. »

tique, ni des convictions religieuses, et toutes ces idées de Raiffeisen sur l'esprit de sacrifice lui paraissaient des lubies qui devaient être absolument bannies de l'économie politique. En politique, il appartenait à peu près à ce que nous appelons aujourd'hui en France le parti radical. En économie politique il était un des fidèles de l'école libérale et, comme tel, il était détesté des socialistes. C'est contre lui que le fameux socialiste Lassalle engagea une violente campagne. Lassalle publia un pamphlet des plus injurieux sous le titre « Bastiat Schulze Delitzsch » dans lequel il s'appliquait à démontrer que Schulze était un pâle imitateur, une caricature, de l'économiste français Bastiat.

Donc, la conception que devait avoir Schulze d'une société coopérative agricole devait être tout à fait différente de celle que je vous ai exposée dans la dernière leçon.

En effet, si nous prenons un à un tous les caractères de l'association Schulze, nous allons voir pour presque tous un contraste complet :

1° Exclusion de tout contrôle sur la moralité des sociétaires, à plus forte raison sur leurs sentiments plus ou moins religieux ou leur esprit de dévouement, mais préoccupation uniquement de leur solvabilité.

2° Aucune restriction en ce qui concerne le nombre des sociétaires; au contraire, plus il y en aura, mieux cela vaudra, parce que la société sera ainsi plus puissante.

3° Aucun contrôle sur l'emploi des fonds prêtés. Nous avons dit que c'était une des caractéristiques de l'association Raiffeisen que la surveillance de l'emploi des fonds prêtés et qu'elle se développait en une sorte d'enseignement économique et agricole. Schulze, fidèle à l'esprit individualiste qui a horreur de tout contrôle exercé sur l'individu et admet comme un postulat que chacun est en état de se diriger lui-même, exclut toute espèce d'intervention de ce genre.

4° Schulze ne songe nullement à se passer de capital. Les associations qu'il crée sont des sociétés par actions et même avec d'assez fortes actions. Il ne s'agit plus d'actions de quelques marks, d'actions nominales, comme pour Raiffeisen : ce sont des actions de 300, 500, 800 marks qui, il est vrai, peuvent être payées par annuités, petit à petit,

Cette pratique des grosses actions répond à une idée propre aux associations de Schulze et qui n'existe pas dans l'association Raiffeisen : c'est de faire de ces associations non pas seulement des associations de prêts mais des sociétés d'épargne, d'épargne mutuelle. Schulze veut que ses associations ne soient pas seulement utiles à l'emprunteur mais qu'elles soient utiles aussi au prêteur, en lui fournissant le moyen ou, pour mieux dire, en lui imposant l'obligation d'épargner. Quand le prêteur a souscrit une action de 500 ou 800 marks et versé immédiatement un quart, par exemple, il se trouve obligé à verser chaque année une certaine somme jusqu'à complet paiement de l'action — ou bien, comme nous allons le voir, il doit abandonner sa part de bénéfices qui est versée à son crédit pour libérer les actions ; c'est donc bien, dans les deux cas, une épargne automatique qui joue d'elle-même.

5° Pas de prêts à long terme, comme dans les sociétés Raiffeisen, mais des prêts à court terme, comme dans les banques, pour quelques mois, pas plus d'une année en tout cas.

6° Dans la société Schulze la recherche du profit n'est nullement exclue. Puisqu'on a admis les actions on a admis aussi le dividende. Les dividendes peuvent être même très élevés dans ces sociétés ; ils vont jusqu'à 30 % ! plus que dans les sociétés capitalistes. Schulze voyait là un moyen excellent de faire fructifier l'épargne de ceux qui viennent apporter leur argent.

7° Enfin la conception d'une masse indivisible, inaliénable, d'une espèce de fonds perpétuel, de mainmorte laïque, destiné à servir aux générations futures, est absolument écartée par Schulze comme une ridicule utopie. Les dividendes ne sont donc nullement affectés à une telle destination, mais répartis entre les sociétaires au prorata de leurs actions, comme dans toutes les sociétés capitalistes. Toutefois, il y aura des prélèvements sur les bénéfices qui seront, comme dans toute société capitaliste, versés dans un fonds de réserve, et ce prélèvement sera assez élevé, généralement 15 %, mais c'est tout.

Donc, jusqu'ici, vous voyez que l'association Schulze présente les contrastes les plus frappants avec l'association Raiffeisen.

N'ont-elles donc rien de commun? Si. Il reste tout de même deux caractères qui établissent un certain lien de parenté entre les deux institutions.

Le premier, le plus important, c'est la règle de la solidarité entre tous les membres de l'association. Ceci peut surprendre, car il semble que ce soit en contradiction avec ce que nous avons dit du caractère de Schulze. Comment un individualiste comme lui a-t-il pu accepter cette idée de la solidarité qui, en somme, est une idée socialiste, ou tout au moins qui repose sur un fondement moral? Cela peut s'expliquer tout simplement parce que c'était une tradition en Allemagne. Raiffeisen lui-même n'avait pas inventé la solidarité : c'était la loi allemande qui, dans beaucoup de cas, imposait la solidarité dans les sociétés comme garantie vis-à-vis des tiers.

Mais si Schulze avait maintenu dans ses sociétés le caractère essentiel de la responsabilité solidaire de tous les membres pour les dettes de la société, nous verrons que ses disciples se débarrassèrent bientôt de ce lien.

L'autre caractère qui rapproche les deux institutions c'est que la société Schulze est organisée sur des bases vraiment démocratiques et par là elle se sépare tout à fait du régime des sociétés capitalistes. Chaque membre ne peut, en effet, posséder qu'une action, et par là on évite ce qui est la caractéristique des sociétés capitalistes par actions, c'est-à-dire la prépondérance des gros actionnaires. Dans la société Schulze, tout le monde est sur le pied d'égalité. Cette règle atténue ce qui a pu vous paraître un peu capitaliste dans le gros chiffre des actions et ces dividendes de 30 % dont je parlais tout à l'heure : c'est que ces dividendes, même s'ils atteignent ce taux élevé, ne sont touchés que pour une seule action; par conséquent, ils sont exactement les mêmes pour tous les sociétaires et ne peuvent jamais dépasser le très modeste revenu que représente un dividende, fût-il de 30 %, quand il ne porte que sur une seule action de 500 ou même de 1.000 marks.

Donc l'association Schulze, malgré ses divergences avec l'association Raiffeisen, reste tout de même une association populaire, dans le vrai sens du mot. Toutefois, elle semble mieux adaptée aux besoins des urbains qu'aux besoins des ruraux. La règle indiquée tout à l'heure des prêts à court terme ne va pas avec les besoins de l'agriculture. Aussi, bien que l'association Schulze ait débuté chez les agriculteurs, comme celle de Raiffeisen, peu à peu elle est devenue plutôt association de crédit pour les petits commerçants, pour les artisans, dans les villes. C'est pourquoi on les distingue par des noms différents : *caisses rurales* pour les sociétés Raiffeisen, et *banques populaires* pour les sociétés Schulze. Nous n'avons pas à nous occuper ici des banques populaires, puisque nous consacrons le cours de cette année uniquement aux associations agricoles. Pourtant il ne faudrait pas croire que les sociétés Schulze n'existent que dans les villes : en Allemagne il y en a un grand nombre dans les campagnes, elles y sont même presque aussi nombreuses que les sociétés Raiffeisen.

Voilà donc les origines de l'association coopérative de crédit : vous remarquerez que nous n'avons parlé que des Allemands jusqu'à présent. C'est justice puisque c'est vraiment à eux que revient la paternité de cette forme de la coopération, de même que les origines de la coopérative de consommation doivent être cherchées en Angleterre et celle des associations coopératives de production en France. On peut dire que ces trois grands types de l'association coopérative ont chacun une patrie spéciale, une terre natale parfaitement localisée.

Toutefois si elle est allemande dans ses origines, la société de crédit mutuel est devenue mondiale dans son développement. Elle s'est propagée dans l'Europe centrale surtout et dans l'Europe orientale, y compris la Russie, et jusqu'en Sibérie, au Japon, aux Indes, où se multiplient des coopératives de crédit appartenant soit à l'un, soit à l'autre, des types que je viens d'indiquer.

L'Europe occidentale n'a pas été aussi empressée à suivre ce mouvement. En Angleterre, même à cette heure, il est presque inexistant. Mais il y a cependant un pays de l'Europe occidentale et de civilisation latine, l'Italie, dans lequel les associations coopératives de crédit, sous leur double forme, ont pris un très grand développement.

Déjà en 1866, M. Luzzatti, bien connu comme homme d'Etat, et qui a été plusieurs fois ministre en Italie, créa à Milan la première société coopérative de crédit d'Italie. Il s'inspira des statuts Schulze Delitzsch, ce qui est bien naturel, puisque c'était dans une grande ville et non pas à la campagne et que, par conséquent, la statuts Schulze convenaient mieux pour ce milieu. Mais cependant il y apporta d'assez nombreuses modifications :

1°. Dans les coopératives de crédit italiennes on n'a pas conservé le système Schulze des grosses actions. On trouvait que ce n'était pas assez démocratique, même avec l'atténuation de versements échelonnés. On applique le système des petites actions.

2° On écarte la règle de la solidarité, parce qu'il est très difficile d'établir une solidarité, entre les habitants d'une grande ville : alors même qu'ils demeureraient dans le même quartier ils ne se connaissent pas.

3° Mais, d'autre part, ces associations de crédit italiennes maintiennent, comme les sociétés Raiffeisen, un certain contrôle sur les membres, non pas au point de vue religieux mais tout au moins au point de vue moral. On veut que l'association coopérative soit un milieu sélectionné. On pratique même, dans un grand nombre de ces sociétés de crédit italiennes, ce qui n'existe nulle part ailleurs, le prêt d'honneur, c'est-à-dire un prêt gratuit où l'on ne demande rien à l'emprunteur que sa parole d'honneur de rembourser quand il le pourra. C'est exactement ce qu'on vient d'instituer pour les étudiants des diverses Universités de France, sous le même nom de prêt d'honneur.

Mais le type Raiffeisen s'est développé aussi en Italie et d'une façon très remarquable. C'est en 1883, par conséquent plus tard que les banques Luzzatti, que, dans une petite ville célèbre pour d'autres raisons, Lorette, la première coopérative rurale, a été créée par Wollemborg, exactement sur le type Raiffeisen. Wollemborg est Juif, comme Luzzatti d'ailleurs : si je fais cette remarque c'est que, quoique les caisses rurales italiennes aient été fondées par un Juif, elles sont devenues aujourd'hui tout à fait catholiques. Presque toutes sont dirigées par des curés, et il faut reconnaître que par là elles s'inspirent mieux peut-être de l'esprit de Raiffeisen, puisque quand il s'agit de demander aux hommes le sacrifice de certains de leurs intérêts individuels, il n'est pas facile de trouver un facteur plus puissant que le sentiment religieux. Aussi n'est-ce pas seulement en Italie, mais, comme nous le verrons tout à l'heure, en France 'aussi que les sociétés Raiffeisen ont reçu le baptême catholique.

§ 4. — Les sociétés de crédit mutuel en France

J'arrive maintenant à la France. En France, le développement de la coopération de crédit a été pénible et très lent.

Mais cette indifférence ne pouvait-elle pas s'expliquer tout simplement par le fait que le besoin ne s'en faisait pas sentir? On comprend que dans des pays où le paysan est dévoré par l'usure, l'intervention du législateur s'impose à défaut de l'initiative individuelle, ou si celle-ci est insuffisante : mais dans un pays comme la France, où le paysan est assez à l'aise pour n'éprouver que rarement le besoin d'emprunter et où, d'ailleurs, quand il emprunte il n'est pas trop saigné par le prêteur, est-il vraiment bien utile de lui inoculer le désir d'emprunter? Et le législateur, en créant des institutions toutes spéciales pour faciliter l'emprunt à des paysans qui n'y songeaient guère, ne joue-t-il pas le rôle du serpent tendant la pomme. S'il ne sentent pas le besoin d'emprunter, tant mieux!

Mais la question ne se pose pas tout à fait de cette façon. Nous avons dit, il est vrai, dès la première leçon, que l'emprunt sur la terre était très souvent une cause de ruine, mais il faut distinguer : oui, toutes les fois que le propriétaire emprunte pour dépenser ou qu'il emprunte pour acheter d'autres terres, pour s'arrondir, comme on dit, alors il va à la ruine; mais il n'en est pas de même s'il emprunte pour améliorer sa terre et ses cultures. Or, cette amélioration est très nécessaire en France, plus que dans bon nombre d'autres pays, car nous avons vu, à propos des syndicats agricoles (p. 25) qu'elle est loin d'occuper un rang élevé. relativement aux autres pays, comme rendement.

Si donc en France la coopération de crédit a été fort en retard, ce n'est point qu'elle y fût moins désirable qu'ailleurs.

1° *Historique du mouvement du crédit agricole mutuel.*

Il a débuté en 1882, à Menton. Ce lieu de naissance indique assez que c'est sous l'influence italienne que cette première société a été créée. C'est un Français — mais il portait lui-même un nom italien, M. Rayneri — qui a fondé la première banque populaire de Menton, tout à fait à l'imitation des banques populaires Luzzatti, c'est-à-dire sur le type Schulze. A vrai dire cette banque, si elle pouvait mériter le titre de banque populaire parce qu'elle était faite pour les petites gens, pour les petites bourses, néanmoins ne différait pas essentiellement des banques capitalistes ordinaires. Ce mouvement s'est propagé dans quelques villes, mais ces banques, malgré les encouragements de l'Etat, ne sont pas très nombreuses, même aujourd'hui; nous les laissons de côté, cette organisation du crédit populaire ne rentrant pas dans notre cours de cette année.

De Menton le mouvement se propagea à Marseille, qui n'est pas loin, et trouva là un apôtre fervent, Eugène Rostand, le père d'Edmond Rostand, de l'auteur de *Cyrano*, le grand'père des deux Rostand qui sont bien connus en littérature; vous voyez que c'est toute une dynastie. Eugène Rostand, qui était très passionné pour les questions sociales, notamment pour les caisses d'épargne et les logements populaires, s'intéressa spécialement à cette question du crédit coopératif. Il créa donc tout un « Centre Fédératif du Crédit Populaire » qui comprit bientôt un assez grand nombre de sociétés coopératives de crédit, principalement agricoles, mais pour la plupart s'inspirant du type Schulze, ou, pour mieux dire, du type Luzzatti, en ce sens qu'elles n'imposaient pas la responsabilité solidaire entre leurs membres.

Ce centre se rattachait à la doctrine de l'école libérale, qui ne veut pas de l'intervention de l'Etat mais veut que la classe ouvrière s'émancipe elle-même par l'association et l'épargne. Il était donc tout à fait dans la tradition orthodoxe.

En 1803, un avocat de Lyon, M. Durand — qui, à cette date, s'était déjà séparé du Centre fédératif fondé par M. Rostand — créa une Fédération des caisses rurales. Celles-ci reproduisaient littéralement le type Raiffeisen, sous la règle de la solidarité et avec tous les caractères indiqués dans la précédente leçon. Pourquoi ce schisme? Parce que M. Durand, et les catholiques qui le suivaient, pensaient que le Centre Fédératif de Marseille était sinon anti-religieux, du moins trop laïque, trop neutre, pour pouvoir créer des sociétés de crédit conformes au type Raiffeisen.

Il est vrai qu'il y avait à la tête du Centre Fédératif des protestants et des juifs; pourtant il s'y trouvait aussi un capucin que j'ai eu l'honneur de connaître personnellement, le Père Ludovic de Besse, et c'était le plus ardent défenseur du principe de la neutralité. La polémique très vive qui s'engagea entre M. Durand, qui était un avocat, plaidant pour la thèse catholique, et le religieux se plaçant au point de vue laïque, était assez piquante et instructive en ce qui concerne l'action sociale de l'Eglise : elle vaudrait la peine d'être reproduite. Au P. Ludovic de Besse qui disait aux catholiques : « Vous faites fausse route complètement en donnant à vos associations un caractère confessionnel », M. Durand répondait : « Mais non! nous n'exigeons pas de nos membres le billet de confession, ni même qu'ils soient pratiquants, ni qu'ils aillent à l'église, mais simplement qu'ils aient des sentiments religieux ». Le P. De Besse répondait : « Même en admettant des catholiques non pratiquants, le fait seul que l'association aura un caractère catholique, et le plus souvent sera dirigée ou inspirée par le curé, suffira pour écarter tous ceux qui, par des raisons politiques ou autres, ne veulent pas être considérés comme catholiques; et il en résultera non seulement que la société sera réduite à une petite minorité, mais encore qu'elle suscitera l'hostilité de tous ceux qui resteront en dehors d'elle. » Même en se plaçant au point de vue catholique, disait le P. de Besse, il faut, au contraire, ouvrir la porte à tous parce que ce sera là un moyen de propagande extrêmement efficace. « Dans tel village où aucun homme n'allait à la messe et ne faisait ses Pâques, eh bien! disait le P. de Besse, il m'a suffi de créer une société de crédit pour rallier comme adhérents la plus grande partie des hommes de la commune et je puis exercer sur eux une influence que vous ne pourriez pas exercer en vous cantonnant dans un cercle religieux. » Le père L. de Besse ajoutait même : « Le franc-maçon jouait dans ce cas le rôle de ces oiseaux apprivoisés dont se servent les chasseurs pour attirer le gibier. » (1)

A cela, M. Durand et les siens répondaient, non d'ailleurs

---

(1) Cette polémique a été publiée dans une grosse brochure de 160 pages, sans doute introuvable aujourd'hui : *L'Apostolat et les Œuvres populaires libérales*, par le P. Ludovic de Besse, 1900.

sans quelque raison, que le nombre n'est pas tout : c'est la qualité qu'il faut chercher. Une association petite mais dévouée, comme celle des apôtres qui n'étaient que douze et qui tout de même ont exercé une certaine influence dans le monde, pourra avoir, au point de vue social, au point de vue moral, au point de vue religieux, un plus grand rayonnement que ces associations où entre qui veut et qui ne sont que des associations banales, comme ces bazars où l'on inscrit : « Entrée libre ».

M. Durand, qui a été le fondateur et, pendant de longues années, le directeur de ces sociétés, est mort aujourd'hui. Le mouvement est actuellement dirigé par un prêtre, le chanoine Thomas, à Nantes.

Ces sociétés sont au nombre de 1.200 environ, groupées en une Fédération qui porte le nom de « Union des caisses à responsabilité illimitée », marquant par là leur caractère essentiel. Elles sont localisées surtout dans les provinces de France où se sont maintenues les traditions religieuses, en Bretagne, en Vendée, dans les départements des Pyrénées. Voici, par exemple, « la Caisse rurale et urbaine des Enfants de Nantes », qui, fondée en 1901, par douze jardiniers, a fait, en 1924, un chiffre de 7 millions et demi de francs d'affaires; mais il faut dire que ce gros chiffre est unique dans la Fédération et tient à ce que cette association est située dans une grande ville. Situées généralement dans des villages, elles ne comptent qu'un petit nombre de sociétaires, parfois 20 à 30. Mais il ne faut pas les mépriser. Elles exercent une action bienfaisante dans l'ordre moral aussi bien que dans l'ordre économique.

Comment trouvent-elles les capitaux nécessaires? Par les souscriptions de parts de leurs membres? Non, certes, celles-ci seraient tout à fait insuffisantes, mais dans les prêts qui leur sont faits soit par les sociétaires eux-mêmes, soit par le public — la société fonctionnant comme une caisse d'épargne. Et les prêteurs ne leur font jamais défaut, rassurés qu'ils sont par la responsabilité solidaire de tous les sociétaires. Il y a même plus de prêteurs que d'emprunteurs. La société de crédit de Nantes que je viens de citer, comptait (en 1923) 834 prêteurs pour 135 emprunteurs! Et de même pour les années précédentes. Ces prêteurs ne sont pas de gros capitalistes : ce sont, de même que les emprunteurs d'ailleurs, de petites gens, paysans, artisans, ouvriers, domestiques — la même clientèle que celle des caisses d'épargne. Mais combien cette épargne est mieux utilisée, puisque celle. qui va dans les caisses d'épargne ne fait que s'enliser dans des achats de rentes sur l'Etat, tandis que celle qui va dans les sociétés de crédit agricole va vivifier la terre et produire du pain pour tous.

A côté de ces sociétés catholiques se trouvent en assez grand nombre — peut-être 7 à 800, en y comprenant celles d'Alsace-Lorraine, naguère allemandes — de sociétés qui peuvent être considérées comme les héritières du Centre Fédératif fondé par Eugène Rostand. Elles se distinguent des précédentes en ce qu'elles gardent la neutralité tant au point de vue religieux qu'au point de vue politique, et qu'elles n'observent pas toutes comme règle absolue le principe de la solidarité illimitée, mais elles s'en rapprochent, d'autre part, en ce qu'elles ne demandent pas l'appui de l'Etat et, fidèles au principe de l'école libérale, ne veulent agir que par leurs propres moyens.

On peut classer ces sociétés, tant celles catholiques que celles laïques, sous le titre de « sociétés indépendantes », se distinguant par là des sociétés à base syndicale, on pourrait même dire à caractère officiel, que nous allons vous présenter maintenant.

2° *De l'intervention de l'Etat dans le développement du crédit agricole.*

Parallèlement au mouvement coopératif dont nous venons de retracer l'histoire — mais dans un milieu différent — à à peu près à la même date, un autre mouvement commençait : il avait son origine dans le milieu syndicaliste.

Nous avons vu déjà l'histoire et l'organisation des syndicats. Nous avons vu qu'en 1884, par une loi célèbre, les syndicats agricoles ont été institués. A peine nés, ils ont éprouvé tout de suite le besoin d'organiser le crédit. L'année qui a suivi leur naissance, en 1885, un syndicat a organisé les premières coopératives de crédit vraiment agricoles et, depuis lors, un grand nombre de ces sociétés se sont fondées sous les auspices des syndicats. Je dis sous les auspices, parce que le syndicat, comme nous l'avons vu, ne se prête pas, par sa forme économique et encore moins par sa forme juridique, à fonctionner comme société coopérative de crédit; mais il peut toujours créer celle-ci comme filiale.

Ce mouvement se distingue des deux précédents par un double caractère.

Il se distingue des associations Durand ou Raiffeisen en ce qu'il est absolument laïque; il écarte toute préoccupation religieuse et même morale. Je ne veux pas dire qu'il soit contre la morale, mais il ne vise pas à faire de chaque société de crédit agricole une école de devoir social.

Il se distingue, d'autre part, de l'ex-Centre Fédératif et des sociétés indépendantes en ce qu'il ne se réclame pas exclusivement de l'école libérale anti-interventionniste; il ne repousse pas les faveurs de l'Etat et même, comme nous allons le voir, c'est à .l'appui de l'Etat surtout qu'il doit son succès.

Pourquoi l'Etat a-t-il jugé nécessaire d'intervenir? pourquoi n'a-t-il pas eu foi dans le développement spontané des sociétés déjà créées, de même que dans les autres pays?

Pour bien des motifs.

D'abord parce que lorsque l'Etat a commencé à s'en occuper pour la première fois, en 1894, le mouvement coopératif indépendant, tant celui catholique que celui laïque, ne semblait pas donner beaucoup de promesses d'avenir.

La masse des paysans français restait réfractaire à toute obligation de solidarité — en dehors des petits groupes sur lesquels la religion avait prise et dont le gouvernement, se plaçant au point de vue politique, ne souhaitait pas beaucoup le développement.

Quant aux sociétés libres et neutres qui ne pratiquaient pas la solidarité, celles-ci auraient pu trouver plus d'accueil auprès des agriculteurs et auraient pu recruter un nombre respectable d'adhérents, tout comme les syndicats agricoles, mais ce qu'elles ne trouvaient pas c'étaient des capitaux!

Comment les former, en effet? Ce n'était pas, assurément, par de modestes cotisations, comme celles qui suffisent aux syndicats, ni même par des souscriptions de petites actions, comme dans les société Raiffeisen. Il fallait les demander à l'emprunt; mais où trouver des capitalistes qui prêteraient sans garantie, puisque ces sociétés ne voulaient leur offrir ni celle de la responsabilité solidaire, ni celle de l'hypothèque? Et, d'autre part, nous avons expliqué (p. 51) qu'il ne fallait pas compter pour les prêts agricoles sur l'escompte de la Banque de France. Alors l'Etat s'est dit : Il faut que je m'en mêle; sans cela, on n'arrivera à rien! C'est pourquoi il a fait voter au Parlement toute une série de lois, à partir de 1894, pour tâcher d'infuser à la coopération agricole un peu de vitalité.

Ce n'est donc pas sans raison que le législateur français s'est préoccupé de cette question du crédit agricole. C'eut été certainement un laisser-aller regrettable de sa part s'il avait dit : puisque le paysan français n'a pas l'habitude du crédit, qu'il s'en passe! De même aujourd'hui on s'applique à créer chez les agriculteurs le besoin de tel ou tel engrais, par exemple, de la potasse, de même il fallait créer chez eux le besoin du crédit. L'Etat est dans son rôle quand il donne au producteur ou au consommateur des besoins dont celui-ci n'avait pas conscience — à la condition bien entendu, qu'il n'opère pas à la façon des agents de publicité ou des faiseurs de réclames qui ont pour but de donner au public des besoins le plus souvent inutiles ou même nuisibles, à seule fin d'y trouver profit.

Depuis une trentaine d'années, le gouvernement français s'est attelé à cette tâche et, comme vous allez le voir, il a, somme toute, assez bien résolu le problème.

Comment se posait ce problème?

Il s'agissait de trouver des capitaux pour instituer un crédit à bon marché; et, par conséquent, des capitaux qu'on pût se procurer sinon gratuitement, comme le fonds collectif des caisses Raiffeisen, du moins qui ne coûtent pour ainsi dire rien.

Où les trouver? L'Etat aurait pu les prendre sur son budget. Mais ce budget était déjà assez chargé — que serait-ce de celui d'aujourd'hui — et puis ceci aurait provoqué de vives protestations. Dans les villages, quand on aurait su que l'Etat puisait dans le budget, c'est-à-dire faisait payer par les contribuables l'argent destiné à certains groupes d'agriculteurs, leurs voisins auraient vu là des faveurs injustifiées et auraient dit que le budget de l'Etat, qui est alimenté par l'argent de tous, ne devait pas être employé à favoriser telle ou telle catégorie, si intéressante qu'elle puisse être.

Alors, le gouvernement a eu l'idée de demander lui-même ces capitaux à la Banque de France, non sous la forme ordinaire de prêts à court terme ou d'avances sur titre — mais sous forme de prêt sans intérêt et même par une cession définitive. Comment cela?

Il s'est trouvé une occasion favorable. C'était en 1897.

Ici une petite digression est nécessaire. Vous savez ce qu'on entend par le privilège de la Banque de France : ce n'est pas le droit exclusif de faire l'escompte ou toutes autres opérations de banque — tous les établissements de crédit font librement ces opérations — c'est le droit d'émettre des billets de banque. La Banque de France est le seul établissement qui, en France, ait le droit d'émettre des billets, ceux que tout le monde connaît sous le nom de « billets de banque ».

Ce privilège n'est pas perpétuel; il est consenti pour des périodes généralement d'une trentaine d'années, et quand ces périodes arrivent à terme il faut que la Banque de France obtienne de l'Etat le renouvellement de ce privilège.

Mais ce privilège, l'Etat le fait payer. Chaque fois qu'il arrive à terme, l'Etat dit à la Banque de France : Je ne le renouvellerai qu'à telles et telles conditions.

Ce sont alors des discussions interminables devant les Chambres; et de tous les côtés, dans tous les partis, on demande à l'Etat d'imposer à la Banque de nouvelles charges. Si la Banque de France devait payer tout ce qu'on lui réclame, elle trouverait beaucoup plus avantageux de renoncer à son privilège.

C'est à un de ces moments critiques, en 1897, que l'Etat a eu l'idée de demander à la Banque les capitaux nécessaires pour instituer le crédit rural.

Il a commencé par lui demander un capital de 40 millions, sans intérêt : il faut noter que 40 millions en 1897 c'était plus qu'aujourd'hui.

En outre, l'Etat a demandé à la Banque une part des bénéfices. Jusqu'à cette date l'Etat n'avait aucune part dans les bénéfices de la Banque de France (1).

---

(1) Il n'y a pas lieu d'indiquer ici, comment on calcule ce bénéfice : c'est très compliqué. Il faudrait, pour l'expliquer, faire une leçon entière sur l'organisation des banques. Je renvoie aux traités d'Economie politique spéciaux.

Mais cette part de bénéfices ne devait pas être versée dans le budget, elle devait l'être dans une caisse spéciale affectée au Crédit rural.

Ainsi se trouva constitué un premier fonds de 40 millions qui, chaque année, devait s'accroître de la part de l'Etat dans les bénéfices.

Pendant les premières années, la part de bénéfices de l'Etat a été relativement modeste. En 1897, la première année, elle a été de 2.742.000 francs. Pendant les années suivantes, elle a un peu augmenté, mais lentement, 3 millions, 4 millions. En 1910, treize ans après le début, le chiffre atteignait un total un peu plus gros, 5.733.000 francs.

Puis, l'augmentation a été plus rapide. En 1913, à la veille de la guerre, la part de l'Etat était de 13.625.000 francs. Mais c'est surtout depuis la guerre que cette participation a pris un essor inattendu. En 1921, la part de l'Etat a été de 47.225.000 francs; et en 1924, l'année qui vient de finir, le total a dû dépasser 100 millions.

Vous pensez combien ces annuités, versées successivement dans la caisse, ont grossi le capital initial de 40 millions! Aujourd'hui, fin décembre 1924, ce capital s'élève, en chiffre rond, à près de 550 millions, qui, il est vrai, ne représentent guère que 130 millions de francs anciens. Si le montant des revenus de la Banque ne diminue pas, le fonds pourra atteindre 1 milliard d'ici à cinq ou six ans, d'autant plus qu'on le grossit sans cesse de quelques nouveaux affluents — par exemple du solde restant inemployé sur les crédits alloués durant la guerre pour la mise en culture des terres abandonnées, etc. (1).

Vous voyez de quelle belle dot se trouve bénéficier le crédit rural!

Ai-je besoin de dire pourquoi la participation aux bénéfices de l'Etat a tellement grossi dans ces dernières années? Il n'y a pas lieu, à vrai dire, de s'en féliciter, car si le chiffre grossit c'est parce que le chiffre des bénéfices de la Banque est proportionnel au chiffre de ses affaires et que le chiffre de ses affaires est proportionnel au chiffre des billets qu'elle émet. Or, comme le chiffre des billets de

____

(1) En outre, un crédit spécial de 600 millions de francs a été voté pour avances aux sociétés d'électrification dans les campagnes, dont nous parlerons plus loin.

Banque a passé de 5 milliards 800 millions avant la guerre à plus de 40 milliards aujourd'hui (1), le chiffre d'affaires de la Banque de France a augmenté dans les mêmes proportions. Ce n'est point à dire que les bénéfices aient augmenté tout à fait dans la même proportion, et encore moins les dividendes, parce que toutes les fois que le dividende dépasse 240 francs l'Etat prélève la moitié du surplus.

Pour les 40 millions originaires, l'Etat ne paie pas d'intérêts; pour la part de bénéfices, il ne paie pas d'intérêts non plus puisque c'est son revenu. C'est donc un capital qui lui est donné gratuitement, comme celui que Raiffeisen rêvait de constituer par les sacrifices des adhérents. Il aurait été bien surpris de voir cet énorme capital constitué rapidement et sans sacrifice pour personne.

L'Etat pourrait donc, s'il le voulait, prêter aux agriculteurs sans intérêt cet énorme capital puisque lui-même l'a reçu gratuitement.

Voilà comment le problème du crédit rural se trouve résolu sans qu'il soit besoin de recourir à la solidarité; les agriculteurs ont donc toute satisfaction et ils peuvent former sans crainte leurs sociétés.

Les demandes de prêt de la part des agriculteurs ont-elles suivi le même mouvement ascensionnel? Se sont-elles développées d'une façon aussi rapide?

Non, pas au début. Elles sont restées même un assez long temps sans se manifester; les agriculteurs ne se sont pas décidés tout de suite à utiliser ce don gracieux qu'on leur offrait.

Pendant les premières années, les demandes ont été insignifiantes. En 1900 seulement, trois ans après la constitution du fonds, on a commencé à en avoir connaissance et à se dire qu'il y avait peut-être là quelque chose de bon à prendre. Il y a eu cette année 684.000 francs de demandes d'emprunt.

Les années suivantes, les professeurs d'agriculture, les journaux spéciaux, ont fait savoir dans les campagnes qu'il y avait quelque part une caisse inépuisable, un Pactole, où l'on n'avait qu'à puiser. L'attention a commencé à s'éveil-

---

(1) A la date où ces pages s'impriment, le chiffre est de plus de 50 milliards.

ler un peu et les demandes arrivaient, mais lentement. En 1910 seulement les demandes ont dépassé 100 millions de francs. A cette date la caisse contenait déjà près d'une centaine de millions.

Puis est venue la **guerre** : elle n'a pas ralenti le mouvement, au contraire.

En 1919, les demandes se sont élevées à 13 millions, en 1920 à 28 millions. C'était encore un chiffre bien inférieur au montant de l'annuité dont l'Etat pouvait disposer.

Il vaut la peine de signaler ce fait, unique dans l'histoire des œuvres d'économie sociale, d'un fonds mis à la disposition de qui voudrait en user et qui n'a pas été absorbé, l'Etat offrant de l'argent et ne trouvant pas amateur !

Mais aujourd'hui cette période va être close.

En 1921, le chiffre des demandes fit un bond énorme et atteignit 87 millions; en 1922, 89 millions; en 1923, 124 millions (1).

Cette fois le mouvement est déclanché et vous voyez même que les demandes de prêt dépassent le montant de l'annuité, puisque je vous ai dit qu'elle était de 70 millions environ. Si je représentais ces chiffres par un graphique, vous verriez pour la première fois, depuis 1897, la courbe ascensionnelle des demandes d'emprunt dépasser la courbe ascensionnelle des participations de l'Etat.

Ce n'est point à dire que l'argent disponible soit déjà épuisé, puisqu'il restait en caisse un gros excédent des années précédentes, mais d'ici à quelques années, si le nombre des emprunteurs s'accroît suivant la même progression que les dernières années, la caisse pourra se trouver vide. Car si les fonds prêtés à court terme rentrent rapidement, il n'en est pas de même de ceux prêtés à long terme. Sur les 650 millions d'avances il n'est rentré jusqu'à ce jour que 123 millions.

Et la presque totalité du fonds ayant été prêtée, il ne

_____

(1) Le succès de l'institution apparaît plus clairement si on groupe les chiffres annuels en deux périodes :

de 1901 (début de la mise en pratique du système) à 1921, en 20 ans, les avances ont été de 156 millions, soit moins de 8 millions par an, en moyenne;

de 1921 à 1925, 4 années, le total des avances s'est élevé à 500 millions, soit 125 millions en moyenne par an.

restait disponible (fin 1924) qu'une cinquantaine de millions. Aussi a-t-il fallu procéder à des réductions sur les demandes d'emprunt, près de 30 % sur le total des demandes. Aussi l'Office National de Crédit jette-t-il un cri d'alarme et réclame-t-il une augmentation de la dotation, tout en reconnaissant cependant que les sociétés pourraient bien faire un effort supplémentaire pour grossir leur capital.

On peut donc dire qu'en somme le crédit rural est installé en France et, à la différence des autres pays, qu'il a été créé par l'Etat. L'expérience étatiste a réussi. Le nombre des sociétés subventionnées dépasse 5.000, groupant plus de 300.000 membres, et le chiffre de leurs affaires atteint presque 600 millions. Ces chiffres dépassent de beaucoup ceux des coopératives indépendantes.

On peut objecter qu'il n'y a rien là de bien admirable puisque c'est un mouvement créé par des libéralités de l'Etat; on peut critiquer le système des subventions en toute matière comme favorisant une minorité aux dépens de tout le monde. Nos paysans, sans avoir besoin de méditer sur les répercussions économiques, ne se gênent pas pour protester et dire qu'il est injuste que l'Etat prête de l'argent presque gratis à la société de crédit agricole : pourquoi, disent-ils, ne nous en prête-t-il pas, à nous?

Il est vrai qu'on pourrait leur répondre : Ce n'est pas l'argent de l'Etat ni votre argent qui est prêté à la société : c'est l'argent de la Banque de France. Néanmoins nous ne nous faisons pas illusion sur la valeur de cette réponse, car si les paysans qui se plaignent étaient un peu plus avisés ils ne manqueraient pas de répliquer d'abord que cet argent de la Banque pourrait leur être prêté aussi, et en outre que si les 70 millions versés par la Banque de France étaient versés dans le budget, au lieu de l'être dans la caisse des sociétés, ce serait autant de moins à demander aux contribuables.

Mais il faut voir les choses de plus haut et se demander si l'Etat n'a pas le droit, je dirai même le devoir, d'encourager tout ce qui a un intérêt public général.

Il y a dans le budget bien d'autres subventions que celles pour les sociétés coopératives et qui n'intéressent directement que de bien petits groupes de personnes : il y en a pour les théâtres, pour les laboratoires, pour mille petites sociétés d'instruction, de bienfaisance, de sports, de courses de chevaux et, depuis peu, pour une institution de Coopération Intellectuelle Internationale, dont l'utilité n'est pas bien démontrée. Il n'y a pas de conseil général dans le département, pas de conseil municipal dans les grandes villes, qui ne soit assailli par des demandes de subventions et qui, généralement, n'y fasse droit. Pourtant les contribuables ne protestent-ils que faiblement. Pourquoi protesteraient-ils quand il s'agit d'une organisation qui peut, probablement mieux que les droits de douane ou les primes à la production, stimuler les progrès de l'agriculture française?

Je ne prétends pas que le système pratiqué en Allemagne et dans d'autres pays, fondé sur l'association libre et la solidarité, ne représente quelque chose de supérieur, économiquement et moralement, au système de crédit rural français, mais je dis que néanmoins l'œuvre française est intéressante en ce qu'elle montre combien est exagérée la thèse de l'école économique libérale, à savoir que l'Etat était impuissant à rien créer et qu'aucune institution née d'une intervention de l'Etat n'est viable.

On peut même se demander si, sans cette intervention, le crédit rural aurait pu se développer en France? Je ne veux pas déprécier les efforts généreux des deux groupements dont j'ai parlé tout à l'heure, soit ceux du Centre du Crédit Populaire, fondé par des économistes individualistes, soit ceux de l'Union des caisses rurales, fondé par des hommes religieux, mais je doute qu'ils eussent réussi à trouver les centaines de millions qui sont aujourd'hui à la disposition des agriculteurs français.

Ce serait mieux encore évidemment si l'intervention de l'Etat devait avoir un caractère éducatif, c'est-à-dire avoir pour résultat de permettre aux sociétés subventionnées de voler de leurs propres ailes. C'est bien à ce but que l'on vise. Les leaders de la coopération agricole demandent à ces sociétés de ne pas se contenter du rôle passif de dispensatrices des deniers fournis par l'Etat, mais de faire les efforts nécessaires pour se créer des capitaux propres par le moyen d'emprunts ou dépôts demandés à leurs membres ou au public. Non seulement à l'étranger mais même en France les sociétés indépendantes le font bien! Pourquoi les sociétés subventionnées ne le feraient-elles pas? — Sans doute parce que la subvention leur a été longtemps un oreiller de paresse. Mais aujourd'hui elles commencent à se réveiller. C'est ainsi que tandis qu'il y a quinze ans, en 1909, la moitié des sociétés n'avaient point de comptes de dépôts et celles même qui en avaient ne réunissaient, entre elles toutes, que la misérable somme de 16 millions, aujourd'hui (en 1923) le total des dépôts s'élève à 233 millions. Le progrès est notable quoique encore bien peu de chose en regard des autres pays, ou même pour la France en comparaison des dépôts dans les Caisses d'Epargne : ceux-ci cependant seraient beaucoup mieux utilisés en allant au crédit agricole.

On a proposé même de contraindre les sociétés à entrer dans la voie du *self help* (s'aider soi-même) en leur refusant toutes avances de l'Etat pour les prêts à court terme et en réservant celles-ci exclusivement aux prêts à long terme; nous expliquerons plus loin cette distinction.

3° *De l'organisation du crédit agricole mutuel.*

Ces notions générales sur le crédit coopératif agricole étant connues, il faut maintenant donner quelques renseignements sur l'organisation et le fonctionnement de ces sociétés de crédit, quoique ce soient là des détails un peu techniques pour un cours comme celui-ci. Les lois nombreuses qui se sont succédées ont été codifiées par la loi du 5 avril 1920. Je les résumerai en sept paragraphes.

1° Comment est organisé le crédit agricole?

Il se présente sous la forme d'un édifice assez compliqué, à trois étages.

Vous pensez bien que l'Etat ne peut pas prêter directement cet argent à ceux qui en ont besoin, c'est-à-dire aux agriculteurs, et même il lui serait impossible de prêter directement aux petites sociétés de village. Il faut des intermédiaires : ces prêts ne peuvent être faits que par des organisations locales ou régionales.

a) L'organe essentiel, l'organe distributeur de ce crédit, ce sont d'abord « les sociétés locales de crédit mutuel rural », comme on les appelle.

Nous avons dit que ces sociétés sont au nombre de plus

de 5.000, exactement 5.202 d'après la dernière statistique qui remonte à un an.

Leur personnel est de 284.286 membres. Ce n'est pas beaucoup, ni relativement aux autres pays, ni relativement au chiffre de la population agricole en France qui est de 8 millions : il y a donc encore un long chemin à faire. Mais enfin, pour une institution de date récente et qui est une création un peu artificielle, c'est déjà quelque chose.

b) Ces sociétés locales de crédit se groupent par département autour d'une « caisse régionale ». Il y a autant de caisses régionales que de départements, il y en a même un peu plus, parce qu'il y a quelques départements en France qui, en raison de la différence des cultures, comprennent deux centres et, par suite, deux caisses régionales. C'est ainsi que pour les 89 départements il y a 98 caisses régionales, chiffre de 1823.

L'État ignore les sociétés locales. Ce sont les caisses régionales qui servent d'intermédiaires pour la répartition des fonds aux intéressés.

c) Enfin, comme, malgré ce rouage intermédiaire des caisses régionales, c'était un grand embarras pour l'État de s'occuper de ce service, étant données les vastes proportions qu'il prenait, et qu'on ne savait trop dans quel ministère le placer, agriculture, travail, finances — on a créé un Office autonome, absolument distinct de l'État, qui est « l'Office National du Crédit agricole » (5, rue Casimir-Périer), dont le directeur est M. Tardy (1). L'État n'a rien à voir avec l'Office, sinon à lui verser tous les ans sa participation aux bénéfices de la Banque de France.

C'est donc, peut-on dire, la Banque Centrale du crédit agricole.

2° Quelles sont les conditions pour constituer la Société?

Je n'ai pas à entrer dans les détails sur la constitution des sociétés locales ou des caisses régionales. Elles sont constituées, comme toutes les sociétés, par des souscriptions d'actions, avec cette différence essentielle cependant

---

(1) Le directeur publie tous les ans un rapport général, auquel nous devons la plupart des chiffres et renseignements donnés dans ce chapitre.

que ces actions ne s'appellent pas des actions, ce sont des
« parts ». On n'a pas voulu leur donner le nom d'actions
et même on leur a défendu de le prendre, parce que ces
parts n'ont pas le caractère des actions ordinaires. Elles ne
doivent, en effet, jamais toucher de dividendes mais seulement un intérêt qui ne doit pas dépasser 6 %.

Non seulement ces parts ne sont pas cotées en Bourse mais
elles ne peuvent être aliénées qu'avec le consentement de
la société elle-même. On ne veut pas qu'elles passent entre
les mains de n'importe qui. Il faut, pour en posséder, être
agriculteur et faire partie déjà d'une association agricole,
syndicat ou autre.

C'est donc dans un domaine fermé que peuvent se négo-
cier ces parts, et elles ne sont jamais vendues à un prix
supérieur au prix payé par le souscripteur.

C'est là une grosse différence avec l'action, car vous
n'ignorez pas que les actions ont une valeur qui varie selon
la prospérité de l'entreprise. C'est ainsi que l'action de Suez,
souscrite à 500 francs, vaut aujourd'hui 10.000 francs et,
comme elle a été dédoublée, elle vaut en réalité 20.000
francs. Sa valeur est donc de 40 fois la valeur d'émission. Il y
en a beaucoup d'autres qui sont dans le même cas. Mais tel
ne sera jamais le cas pour les parts des sociétés de crédit
mutuel, puisque ce qui fait monter les actions c'est l'accroissement du dividende ou la perspective de cet accroissement. Ici, pas de dividende mais seulement un intérêt
fixe; la valeur de la part est donc relativement stabilisée.

Pour avoir droit aux avances de l'Etat il faut que un quart
au moins de la part ait été effectivement versé.

Non seulement la société de crédit mutuel ne doit pas
distribuer de dividende aux actionnaires, mais elle ne doit
pas même en distribuer à ses emprunteurs. Ici nous tou-
chons à un point vital de l'organisation coopérative.

Nos sociétés coopératives de consommation, par exemple, font des bénéfices. Seulement ces bénéfices, elles ne les
répartissent pas aux actionnaires comme dans les sociétés
capitalistes ordinaires, elles les répartissent entre les acheteurs au prorata de leurs achats. Ce ne sont pas des bénéfices, c'est une restitution, c'est une ristourne, comme nous
disons, ou un trop perçu. On a dit au sociétaire qui est venu
acheter : Vous avez acheté cette année 1.000 francs à la

société coopérative; nous avons fait 10 % de bénéfices, c'est-à-dire 100 francs, les voilà! C'est la différence entre la coopérative et le marchand. Le marchand garde le profit; nous le restituons. C'est la règle fameuse qui a fait la fortune et la gloire des *Pionniers de Rochdale*.

Il semble qu'on aurait pu procéder de même dans les sociétés de crédit mutuel. Il n'y aurait eu aucun inconvénient à ce qu'elles réalisent des bénéfices, au contraire, si elles avaient dit aux emprunteurs : nous avons réalisé un profit sur les prêts que nous avons vous faits, mais comme nous sommes des coopérateurs et que nous ne voulons rien gagner sur vous, tout ce que nous avons gagné, nous vous le restituerons à la fin de l'année.

Plusieurs fois, dans des congrès du Crédit agricole français, on a demandé que cet emploi des bénéfices fut prévu par une loi et entrât dans la pratique, mais jusqu'à présent ce système n'a pas prévalu. Les sociétés coopératives agricoles n'appliquent pas la règle que nous pratiquons dans les sociétés coopératives de consommation et ne répartissent pas entre leurs membres les bénéfices réalisés.

Elles peuvent dire que la loi organique de ces sociétés le leur défend, car celle-ci exclut toute réalisation de profit — et s'il y a un excédent, exige qu'il soit affecté à quelque œuvre sociale — mais elles disent aussi que ce serait une complication dans les comptes s'il fallait calculer quelle est la part de bénéfice réalisée sur chaque prêt.

Ces raisons ne me paraissent pas très solides : c'est uniquement une question de routine. On n'est pas familiarisé avec cette idée de la ristourne des bénéfices.

Ajoutez que toutes les fonctions doivent être gratuites.

3° Quelles sont les conditions à remplir pour obtenir les prêts ?

Il faut d'abord être sociétaire puisqu'il s'agit d'une société de crédit mutuel. Mais comme tout sociétaire doit être agriculteur, il s'ensuit que l'emprunteur ne peut être qu'un agriculteur, un professionnel.

Il ne suffit pas que le sociétaire soit agriculteur : il faut qu'il soit déjà membre d'une société agricole, soit d'un syndicat, soit d'une des nombreuses catégories de sociétés agricoles de vente ou de production que nous étudierons plus tard. Pourquoi cette exigence-là? Parce que l'agriculteur qui fait déjà partie d'une société agricole sait ce que c'est que l'association; il a, pour ainsi dire, un certain diplôme qui lui est conféré par l'expérience.

Mais il n'est pas nécessaire d'être propriétaire : un fermier ou un métayer, par exemple, peut très bien emprunter à une société de crédit mutuel.

Seulement, il y a ici une petite difficulté. Si le bail du fermier emprunteur doit venir à expiration dans trois ans, il ne peut pas emprunter pour une durée de quatre ans. Il faut qu'il emprunte pour une durée qui concorde avec celle de son bail et même qui finisse trois mois auparavant.

4° Pour combien de temps l'argent est-il prêté?

Ici il faut distinguer trois catégories de prêts :

le prêt à court terme;
le prêt à long terme;
le prêt à moyen terme.

a) **Le prêt à court terme** est celui qui est consenti pour une durée d'une année au plus et qui par conséquent ne peut comporter qu'un emploi de courte durée, qui ne dépasse pas le cycle des saisons. Ce sera, par exemple, pour acheter des engrais, ou des semences, ou des drogues propres au traitement des maladies de la vigne. Ce sera, encore plus simplement, pour payer les salaires, les frais de culture, en attendant la vente de la récolte. Il y a, dans le cycle annuel de toute exploitation agricole des mois d'attente où les recettes font défaut et où, néanmoins, les frais et les dépenses continuent. Tandis que les dépenses s'échelonnent plus ou moins sur tous les jours de l'année, au contraire les recettes sont intermittentes et quelquefois, comme dans la viticulture, concentrées sur un seul mois et même une seule semaine de l'année.

Donc, pour établir ce qu'on appelle, dans le langage grandiose de l'Etat, « le service de la trésorerie », c'est-à-dire pour équilibrer l'argent qui sort de la caisse et celui qui y entre, le crédit à court terme est extrêmement utile et précieux. Nous avons expliqué pourquoi l'agriculteur 'ne pouvait utiliser, sinon par des procédés détournés, le puissant crédit de la Banque de France, mais il le peut mieux quand il devient membre d'une société de crédit, parce que la société peut lui fournir la troisième signature qui lui manque et parce que, servant de tampon entre la banque et l'agriculteur, la société peut prêter à long terme à celui-ci, tout en empruntant à court terme à celle-là.

b) Le prêt à moyen terme est celui qui est destiné à des opérations agricoles qui dépassent le cycle d'une année jusqu'au terme maximum de 5 ans.

Citons, par exemple, l'élevage du bétail, industrie très importante. Il faut plus d'une année pour faire un bœuf gras. On ne peut pas demander aux agriculteurs de rembourser au bout de quelques mois ni même au bout d'un an ; il faut leur donner plusieurs années.

De même pour l'achat des machines. On ne peut pas amortir en peu de temps le capital représenté par une batteuse ou une moissonneuse.

Le prêt à moyen terme convient également pour la plantation de vignes, qui ne commencent à donner fruit qu'à la quatrième ou cinquième année, pour la construction et l'installations des celliers dans les vignobles.

c) La dernière catégorie est celle des prêts à long terme qui, comme son nom l'indique, comporte une beaucoup plus longue durée. Elle ne doit pas, en principe, dépasser 25 ans. Mais elle peut, cependant, atteindre 50 ans dans un cas unique, celui d'emprunt pour planter une forêt. En effet, quand on plante une forêt il faut plus d'une vie d'homme pour que les arbres deviennent grands.

Les prêts à long terme se divisent en deux catégories. Il y a ceux dits *collectifs*, c'est-à-dire qui sont faits à des sociétés de production agricoles, comme les associations de laiterie, ou pour la distribution de forces hydro-électrique dans les campagnes. Nous y reviendrons quand nous parlerons de ces associations.

Il y a aussi les prêts à long terme dit *individuels*. Ceux-ci ont un caractère tout à fait différent des précédents. Ils n'ont pas précisément pour but de faciliter l'amélioration du rendement agricole, de faire produire davantage à la terre, de la faire mieux cultiver. Ils ont pour but de permettre au travailleur rural de sortir du prolétariat rural pour devenir propriétaire. Ceci est un but d'un ordre tout différent, tellement différent qu'à vrai dire nous sortons ici du domaine de la coopération. Il s'agit moins ici de crédit agricole que de crédit foncier.

Et même il ne s'agit plus ici de production mais de répartition des richesses : faire disparaître la classe des salariés ruraux pour augmenter la classe de propriétaires-paysans. C'est pourquoi la loi n'accorde ces prêts qu'à ceux qui s'engagent à cultiver la terre par leur propre travail ou celui des membres de leur famille ; ce crédit est donc refusé à ceux qui voudraient acheter de la terre pour la donner à ferme. Il est assez piquant de noter que telle est la règle dans la Russie bolcheviste. Il faut, cependant, indiquer un autre but : c'est de maintenir la propriété dans la même famille, là où elle existe déjà, en permettant d'éviter le partage au décès du chef de la famille.

Vous savez quelle crise c'est dans la petite propriété que la mort du père. Quand il a plusieurs enfants et que ces enfants réclament le bénéfice de la loi, il faut attribuer une part égale à chaque enfant, c'est-à-dire : ou bien partager en trois ou quatre parts cette petite terre, ce qui est souvent presque impossible; ou bien la vendre, et s'il y a des mineurs on ne peut les vendre qu'aux enchères, dans des conditions qui sont généralement désastreuses.

Or, il y a un moyen d'éviter cette faillite de la propriété familiale à la mort du père : c'est justement le prêt à long terme. Celui des enfants qui veut conserver le domaine paternel et l'exploiter, peut emprunter une somme suffisante pour dédommager ses frères et sœurs en leur payant leur part. Grâce à ce prêt, il peut, sans léser ses frères et sœurs, maintenir l'unité du patrimoine familial.

5° A quel taux d'intérêt les prêts sont-ils faits?

Pour les prêts à court terme ou à moyen terme, c'est-à-dire d'un an ou de cinq ans au plus, il n'y a pas de règle obligatoire : c'est la société qui fixe elle-même le taux de l'intérêt qu'elle demandera à ses membres.

Une double limite est cependant imposée :

a) La société ne peut pas fixer un taux d'intérêt supérieur à celui que fait payer la Banque de France. Vous savez que la Banque de France fixe un taux d'intérêt qui varie suivant les circonstances ; avant la guerre, il était généralement de 3 %; il est aujourd'hui de 7 %.

b) D'autre part, le taux de l'intérêt demandé par la

société de crédit agricole ne doit pas descendre au-dessous de celui qui est alloué aux sociétaires. Nous avons dit que les sociétaires, s'ils n'ont pas le droit de toucher de dividendes, ont le droit de toucher un intérêt. Or, si dans une société où les porteurs de parts ont stipulé en leur faveur un intérêt, par exemple, de 6 %, les prêts étaient consentis à 4 %, la société serait nécessairement en perte, et c'est l'Etat qui devrait payer la différence. Si donc les sociétaires veulent être généreux et ne faire payer aux emprunteurs qu'un très petit intérêt, libre à eux, mais alors ils ne doivent pas s'attribuer d'intérêt à eux-mêmes.

Quand il s'agit de prêts à long terme, la loi intervient et fixe elle-même le taux de l'intérêt. Et s'il s'agit des prêts à long terme individuels, la loi, pour faciliter le passage du prolétariat à la petite propriété, fixe un taux extrêmement bas, 2 %.

Ce n'est pas tout. Si l'emprunteur est une des victimes de la guerre, victime civile ou militaire, un réformé pour blessures ou un sinistré des régions envahies, dans ce cas l'intérêt se trouve ramené à 1 %.

Ce n'est pas encore tout! Si cet emprunteur, mutilé ou sinistré, a des enfants de moins de 13 ans, on lui déduira 1/2 % du taux de l'intérêt pour chaque enfant. Ainsi, il paye 1 % s'il n'a pas d'enfant; s'il a un enfant, il paye 1/2 % ; et s'il a 2 enfants il ne paye rien comme intérêt.

Mais, allez-vous dire, s'il a trois ou quatre enfants ou davantage? Eh bien, dans ce cas, non seulement il ne paye rien, comme intérêt, mais il bénéficie d'une remise sur le capital de la dette : c'est en quelque sorte un intérêt négatif. Ainsi, voilà un mutilé de guerre qui a emprunté 10.000 francs, pour une période de 10 ans. Il devrait payer chaque année 1.000 francs comme remboursement du capital et en outre, au taux de 1 % sur 10.000 francs, 100 francs d'intérêt par an. Il lui naît un enfant; alors on lui déduit 1/2 %, c'est-à-dire que l'intérêt se trouvera ramené à 50 francs. S'il y a deux enfants, il ne payera plus d'intérêt et n'aura à verser à l'échéance que les 1.000 francs de capital. Et s'il a la chance d'avoir, par exemple, six enfants, il aura droit à quatre fois le remboursement de 1/2 %, c'est-à-dire 200 francs à valoir sur le remboursement du capital : en sorte que, finalement, il se trouvera libéré en

remboursant 800 francs par an — et sans avoir payé d'intérêt à partir du troisième enfant.

Pourquoi cette espèce de don gratuit ? Est-ce pour favoriser la natalité? On ne se représente pas très bien un
ménage se donnant volontairement la charge d'un grand
nombre d'enfants à seule fin de réduire l'intérêt ou même
le principal de sa dette.

Mais on peut dire que si cette institution ne peut guère
avoir pour résultat d'augmenter la natalité, du moins peut-
elle faciliter au père d'une famille nombreuse l'acquisition
d'un domaine familial.

Toutefois si on se place à ce point de vue, on peut se demander pourquoi la même faveur n'est pas accordée à tous
les emprunteurs, sans imposer la condition qu'ils soient
mutilés ou réformés, ou que leur maison ait été détruite
pendant la guerre? Il semble que cette préoccupation de
venir en aide aux familles nombreuses pourrait profiter
aussi bien à ceux qui n'ont pas souffert de la guerre ou qui
en sont sortis indemnes. Mais par un sentiment de recon-
naissance patriotique, il est entendu que toutes les lois
sociales, systématiquement, accordent des faveurs spéciales
à ceux qui sont pensionnés ou sinistrés de guerre;

6° Quel est le montant du capital que l'on peut prêter?

En ce qui concerne les prêts à court terme ou à moyen
terme, il n'y a pas de chiffre fixé : on s'en remet à la dis-
crétion des sociétés de crédit locales. C'est à elle à voir,
selon les ressources dont elles disposent, ce qu'elles peuvent
prêter.

Mais pour les prêts à long terme, il y a une limite. L'Etat
n'entend pas faire de pareils sacrifices pour constituer de
grandes propriétés rurales; il ne les consent qu'en faveur
des petits.

Avant la guerre, le maximum était de 8.000 francs. C'était
bien peu, et on a pensé, à la suite de la dépréciation de
l'argent, qu'il serait ridicule de maintenir ce chiffre; aussi
l'a-t-on porté à 40.000 francs. Mais le prêt est limité aux
4/5 de la valeur : le demandeur doit fournir le restant.

Mais ne faut-il pas établir aussi une limitation du côté
du prêteur?

Il faut distinguer. L'Office National de crédit examine le

montant des prêts qui lui sont demandés par les caisses régionales et les accorde, les refuse ou les réduit, selon les ressources dont il dispose. Mais il est soumis à certaines règles quant à la répartition des fonds entre les diverses catégories de prêts : prêt à court terme, prêt à long terme et prêt à long terme, soit individuel, soit collectif.

La proportion qui doit être observée est la suivante :

30 % pour les prêts individuels à court terme ou à moyen terme;

25 % pour les prêts aux associations agricoles de production ou de vente, que nous verrons plus tard;

45 % pour les prêts à long terme, destinés à l'acquisition de propriétés.

Vous voyez que l'Etat fait la plus grosse part aux prêts pour l'acquisition de la propriété, 45 %, près de la moitié. Et encore est-il question de l'augmenter des 30 % affectés aux prêts à court terme ou moyen terme, pour lesquels on laisserait aux sociétés le soin d'y pourvoir par leurs propres moyens. Cette préférence pour les prêts à long terme individuels nous paraît peu fondée, car la petite propriété s'est déjà assez multipliée en France sans avoir besoin de subventions : ce qui nous paraîtrait le plus urgent c'est le prêt à court terme pour l'amélioration de la culture.

7° Quelles sont les garanties pour le prêteur? car encore que cet argent ne sorte pas directement de la poche de l'Etat, celui-ci ne peut pas se désintéresser du remboursement.

Il faut distinguer entre les garanties que l'Etat demande aux caisses régionales, organes de distribution entre les mains desquels passent ces centaines de millions, et les garanties qui sont demandées par les caisses locales aux emprunteurs.

En ce qui concerne les premières, l'Etat exige des caisses régionales qu'elles aient un certain capital, constitué par ces caisses elles-mêmes, par leur propre effort. En cette matière comme dans presque tous les cas où l'Etat intervient, il applique le vieux proverbe : Aide-toi, Dieu t'aidera.

L'Etat avance un capital égal au capital réuni par les caisses régionales et provenant de souscriptions privées.

Voilà la première garantie qu'exige l'Etat. Il en demande

une autre. Il faut que les membres du Conseil d'Administration de ces caisses régionales s'engagent solidairement vis-à-vis de l'Etat. Remarquez qu'il ne demande pas que tous les membres de la société s'engagent solidairement. S'ils pratiquent cette règle de la solidarité illimitée, comme le font les caisses indépendantes du type Raiffeisen, c'est parfait; la solidarité fonctionnera pour les emprunts faits à l'Etat comme pour tous les autres, mais ce n'est pas indispensable. Ce qui est indispensable, c'est que les membres du comité de direction s'engagent solidairement vis-à-vis de l'Etat. C'est une responsabilité qui implique un certain dévouement de la part des administrateurs, d'autant plus que leur service est purement gratuit. Il faut donc rendre hommage aux personnes de bonne volonté qui acceptent d'assumer la charge d'administrateur de caisse régionale.

En ce qui concerne les garanties que les caisses locales demandent à leurs membres, la loi ne fixe pas de règles spéciales. Elle s'en remet aux Comités de direction des caisses locales. En fait ceux-ci demandent : ou une caution, ce qui est plus fréquent; ou, plus rarement, un dépôt de titres, de valeurs; ou, plus rarement encore, une hypothèque; parfois même rien du tout, quand l'emprunteur est solvable et parfaitement connu des administrateurs de la société locale.

Quant à la responsabilité solidaire des membres, ce qui est la caractéristique des coopératives de l'Union de Nantes, nous savons qu'elle n'est pas pratiquée en général dans les sociétés à base syndicale. Il y a cependant quelques-unes de ces caisses qui acceptent la solidarité, mais c'est très rare.

Ce qui est un peu plus fréquent c'est qu'on demande aux sociétaires de s'engager pour une part supérieure au montant de leur action. Vous savez que ce qui caractérise les sociétés par actions c'est que chaque sociétaire n'est tenu que du montant des actions qu'il a souscrites, jamais davantage. Si même la société fait faillite il n'y a rien à réclamer à l'actionnaire, à moins que le montant de son action n'ait pas été entièrement versé. Eh bien, dans les sociétés de crédit mutuel, afin d'élargir la base, on met parfois dans les statuts que chaque sociétaire sera responsable pour un chiffre d'actions double de celui qu'il a réellement souscrit : s'il a souscrit une part de 100 francs, il devra s'engager, en cas de mauvaises affaires, à payer jusqu'à concurrence de 200 francs.

On demande souvent une autre garantie à l'emprunteur des caisses locales : une assurance sur la vie. En effet, là où il n'y a pas de garantie réelle sous forme d'hypothèque mais seulement celle résultant de la solvabilité personnelle de l'emprunteur, s'il meurt, la créance risque de périr aussi.

Ce risque est évité si l'emprunteur s'est assuré à une Compagnie pour un capital égal à celui qu'il a emprunté, puisque la Compagnie devra le verser en cas de mort. De cette façon, la société est absolument couverte, soit qu'il vive, soit qu'il meure.

C'est un procédé qui commence à être usité même dans les prêts privés. J'ai connu des personnes bienfaisantes qui étaient disposés à aider un travailleur et lui avancer la somme nécessaire pour s'établir, en achetant un magasin ou une terre, mais qui tenaient cependant à ne pas perdre leur argent : eh bien! elles faisaient contracter à leur protégé une assurance sur la vie de façon à être sûres d'être remboursées en tout cas.

Il faut prévoir une difficulté. Il se peut que la Compagnie d'assurance refuse d'assurer l'emprunteur, parce qu'il est malade. Là encore il y a un moyen de salut. Il suffira que l'emprunteur trouve un ami ou un membre de sa famille qui se portera caution pour lui et qui s'assurera à sa place.

En fait, ces garanties se sont montrées, à l'expérience, parfaitement efficaces. La preuve c'est que l'argent rentre fort bien. Voilà déjà 24 ans que fonctionnent ces prêts de l'Etat pour des sommes considérables, car, sur près de 500 millions prêtés, les remboursements se font normalement et jusqu'à présent on ne signale pas de pertes.

Mais il reste une dernière question, et la plus importante, c'est de savoir quels sont les services que le crédit agricole a pu rendre au pays?

Or, en ce qui concerne l'amélioration de l'agriculture, qui est le but unique des prêts à court terme et à moyen terme, les résultats ne sont encore pas très visibles : il est vrai qu'il n'est pas facile de les apprécier. Ces prêts paraissent surtout avoir rendu des services au point de vue de l'acquisition de la propriété : c'est, du reste, comme nous l'avons dit, la principale préoccupation du législateur.

A l'heure actuelle et depuis qu'elle fonctionne, cette institution a créé à peu près 15.000 petits propriétaires : donc 15.000 prolétaires ont été émancipés du salariat. Ce n'est pas beaucoup mais c'est quelque chose.

Leur nombre va probablement s'accroître rapidement, car il y a deux catégories de candidats que des lois spéciales dirigent dans cette voie :

1° « les pupilles de la Nation », c'est-à-dire les orphelins de la guerre; au nombre de près de 400.000;

2° les engagés et réengagés volontaires dans l'armée.

Aux uns et aux autres la loi facilite le recours au crédit agricole.

Le crédit agricole a rendu aussi des services à ceux qui, sans viser à la propriété, moins ambitieux, se contentent de devenir fermiers.

Le fermage, à certains points de vue, offre des avantages sur la propriété, car pour acquérir la propriété il faut nécessairement aliéner définitivement le capital, représenté par le prix d'achat, tandis que pour prendre une ferme le capital nécessaire est bien moindre. Sans doute il faut du bétail ou des instruments pour la culture : on ne peut pas entrer dans une ferme rien qu'avec ses bras, il faut ce qu'on appelle un certain cheptel, mais il le faudrait aussi au cas d'achat de la terre, et ce serait autant en plus du prix d'achat.

Il sera beaucoup plus facile au fermier de se procurer le capital d'exploitation, par l'emprunt à moyen terme, pour deux, trois, quatre ou cinq ans.

Et même au cas où le demandeur posséderait le capital nécessaire à l'acquisition de la propriété, il peut être plus sage de sa part de l'employer à améliorer une terre affermée que de le dépenser à l'achat de cette même terre, après quoi il ne lui resterait plus rien pour la faire valoir.

Enfin ces avances de l'Etat ont rendu de plus grands services encore pour la création de sociétés agricoles de production, sociétés qui, sans ces avances, auraient eu beaucoup de peine à se constituer.

§ 5. — Le crédit agricole en Algérie

Je ne peux passer en revue la coopération de crédit dans les différents pays : mais je voudrais dire quelques mots des sociétés de crédit agricole dans un pays qui touche de près à la France, l'Afrique du Nord.

Nous nous trouvons là en présence d'une population indigène musulmane. Il est intéressant de voir quels sont les caractères qu'a pris le prêt mutuel dans cette civilisation tout à fait spéciale.

Il y a, en Algérie, deux catégories de sociétés de crédit coopératif ou mutuel.

La première n'est autre que celle que nous venons d'étudier. Ce sont les mêmes règles, c'est le même mécanisme. Elles ont été transportées telles quelles en Algérie, par une loi spéciale.

Seulement, ces sociétés ne servent guère qu'aux colons français. Cela tient à ce que ce mécanisme est un peu compliqué pour la mentalité indigène.

Toutefois, les indigènes sont admis dans les coopératives de crédit algériennes, non seulement en principe mais en fait; il y a une certaine proportion, peut-être 10 % d'indigènes, plus ou moins francisés, plus ou moins riches aussi, qui en font partie.

Mais à côté de ces sociétés de crédit, importées de France, il y a en Algérie, comme dans tous les pays musulmans, une forme spéciale d'associations de crédit, de date beaucoup plus ancienne.

Elle s'est réalisée de tout temps sous la forme de prêts en nature. A vrai dire, elles ont pour objet, non comme les nôtres, d'améliorer la culture, mais de parer à l'imprévoyance des indigènes en leur avançant le blé nécessaire pour les semailles, lorsqu'ils ont consommé tout celui de la récolte précédente. Aussi leur nom officiel est-il « société de prévoyance et de prêt mutuel ». Le gouvernement français s'est borné à régulariser leur situation.

Ces sociétés ont, je viens de le dire, une double utilité : ou bien de parer aux années de famine en emmagasinant le blé dans des silos pour aller l'y chercher quand vient la disette, exactement comme fit Joseph chez Pharaon;

ou bien elles fonctionnent plus simplement dans le cycle d'une année, recevant le grain à la récolte et le gardant pour le restituer ou le prêter au moment des semailles.

Car ce qui fait la gravité de la situation des indigènes, c'est leur imprévoyance. Les choses se passent, à peu près, de la façon suivante.

L'indigène qui a une petite terre, quand vient la récolte, vend son blé. Il garde parfois ce qu'il faut pour manger, quoique pas toujours, mais il est rare qu'il garde assez pour les semailles de l'année prochaine.

Il aura vendu, par exemple, cette année sa récolte de blé à raison de 60 francs l'hectolitre.

Quand vient le moment des semailles, au mois d'octobre, l'indigène, n'ayant rien pour semer, est obligé d'acheter; mais pendant ce temps, généralement, le prix a monté. Au moment de la récolte, quand tout le monde vend, le prix du blé est bas; au moment des semailles, quand tout le monde achète, le prix est élevé — ce qui fait que quand il faut acheter en octobre ce blé qui a été vendu 60 francs, il doit le payer peut-être 100 francs.

A ce moment-là, l'indigène, n'ayant pas d'argent pour l'acheter, va chez l'usurier et lui dit : prête-moi 100 fr. pour acheter du blé. L'usurier lui dit : oui, mais à la récolte, tu me rembourseras 120 francs.

Il en résulte que l'indigène paye 120 francs le blé qu'il a vendu 60 francs.

Les caisses de prévoyance indigènes permettent d'éviter cette exploitation. Elles avancent le blé pour les semailles, et elles ne prennent pas d'intérêt. Le Coran défend absolument le prêt à intérêt — comme la plupart des religions d'ailleurs, comme l'Eglise catholique qui, pendant des siècles, a condamné l'usure; comme l'avait fait le législateur hébreu Moïse, qui avait dit : tu prêteras à intérêt à l'étranger mais jamais à ton frère.

Seulement, ni la religion chrétienne, ni la religion juive, ne sont restées fidèles à cette loi primitive; seule la religion musulmane a conservé la tradition : le musulman ne prête pas à intérêt. Et les juifs ou les chrétiens, qui le savent, en profitent! il y a des banques au Caire, par exemple, où les musulmans déposent de l'argent et où les banquiers sont très heureux de n'avoir pas d'intérêt à payer aux déposants.

Mais ce beau geste du crédit gratuit ne s'est pas maintenu dans les sociétés de prévoyance et de prêt indigènes, parce que le système du prêt en nature est lui-même tombé en désuétude. Ce prêt de grain en nature avait un caractère très touchant et fraternel : seulement c'était un système compliqué et onéreux. Il n'est pas commode de conserver du blé dans des silos, le blé se gâte s'il n'est pas surveillé, ventilé, nettoyé. Les Américains, qui ont des « élévateurs » extrêmement perfectionnés, ont à faire de grosses dépenses pour soigner le blé et le conserver. C'est pourquoi, dans les sociétés de prévoyance musulmanes d'Algérie, comme partout, les dépôts et les prêts se font sous forme de monnaie. Et elles ont introduit l'intérêt, qui est généralement de 5 %, ce qui était très modéré relativement au taux pratiqué en Algérie.

Ces sociétés sont, à l'heure actuelle, assez nombreuses en Algérie et surtout comptent un nombre de membres surprenant. A la fin de 1920, je n'ai pas de statistique plus récente, il y avait 219 sociétés de prêt et de prévoyance, avec 580.000 adhérents.

Je m'arrête sur ce chiffre pour vous faire remarquer qu'il est stupéfiant. En effet, si vous vous rappelez le chiffre que nous avons donné pour la France, vous savez que les sociétés de crédit mutuel ne comptent que 280.000 membres. Alors, comment se fait-il qu'en Algérie, où la population indigène représente 5 ou 6 millions d'habitants, au lieu de 40 millions en France, il y ait deux fois plus de membres ? Et comment se fait-il que, tandis que les sociétés de crédit françaises comptent en moyenne 50 membres, les sociétés indigènes comprennent en moyenne 3.500 membres? Il y a là une énigme.

L'explication est bien simple. C'est que ces sociétés de crédit et de prévoyance indigène sont devenues obligatoires. Dans toute ville, dans tout douar indigène, où l'administration juge à propos de créer une société de prévoyance et de prêt mutuel, bon gré mal gré, tous les indigènes du douar sont obligés d'en faire partie et on leur fait payer la cotisation en même temps que l'impôt. C'est le même chaouch qui perçoit l'impôt et la cotisation pour la société.

C'est devenu, comme nous dirions en France, une espèce
de centime additionnel. Il varie, d'ailleurs, suivant la situation du contribuable, comme tous les impôts, mais il n'est
jamais inférieur à 6 francs, c'est-à-dire 0 fr. 50 par mois.
Ce n'est pas beaucoup à nos yeux, six francs par an; mais
pour un indigène c'est quelque chose d'appréciable. D'ailleurs, quand il a du bétail, des chameaux, la cotisation peut
s'élever à une vingtaine de francs.

C'est donc la prévoyance sous forme d'obligation. On
pense que l'indigène n'est pas prévoyant, ce qui est vrai,
et qu'il ne le deviendrait jamais si on ne l'y contraignait.

Ces sociétés doivent, en principe, sauver l'indigène de
l'usure, cet abominable fléau qui l'a rançonné depuis des
siècles; mais il faut dire, d'autre part, qu'elles ont donné
lieu à de très nombreuses critiques et qu'il semble bien
qu'il y ait un certain nombre d'abus.

Quand un indigène qui fait partie de ces sociétés veut
demander un emprunt, il faut qu'il passe par les mains
d'un garde champêtre indigène : s'il demande un prêt de
100 francs, il faudra, par exemple, qu'il paie un pourboire
de 5 francs à ce premier intermédiaire. Ce n'est pas tout :
il faut qu'il aille trouver l'administrateur de la société et
cet administrateur, qui est un indigène comme lui, ne lui
consentira de prêt que s'il consent à lui payer une commission de 10 %.

Si bien que l'indigène, ayant à payer 5 francs au garde
champêtre, 10 francs à l'administrateur de la société, plus
l'intérêt à 5 %, soit 5 francs, aura déjà à débourser 20 fr.
Ajoutez à cela sa cotisation qui est au moins de 6 francs,
cela fait 25 ou 26 francs pour ce prêt de 100 francs. Autant
eut valu qu'il allât chez l'usurier; cela ne lui aurait pas
coûté beaucoup plus cher.

Même si l'indigène a affaire à un administrateur absolument honnête et scrupuleux, cela peut arriver, le résultat
ne sera guère plus satisfaisant. Le caïd lui dira : « Tu
demandes un prêt de 500 francs, mais tu demandes trop;
on ne prête 500 francs qu'à ceux qui paient 20 francs de
cotisation; or tu ne payes que 6 francs de contribution, tu
n'as droit qu'à un prêt de 100 francs. »

Remarquez qu'il croit faire œuvre de justice, mais le

résultat c'est que les prêts sont distribués non pas en proportion des besoins agricoles mais au prorata des cotisations versées. Et la conséquence c'est que chaque indigène croit qu'il a droit à un prêt, simplement pour se rembourser de l'argent qu'il a versé.

En somme, c'est une cagnotte où chacun cherche à reprendre sa mise : alors à quoi sert ce va-et-vient d'argent?

Malgré tous ces abus, il ne faut pas en conclure que ces sociétés indigènes de prévoyance et de prêt doivent être abandonnées; mais il faut faire l'éducation de l'indigène. Cela montre une fois de plus que le crédit est un instrument dangereux quand il est placé dans des mains inexpérimentées; c'est comme un revolver donné à un enfant.

CHAPITRE IV

LES COOPÉRATIVES DE VENTE

Nous avons déjà vu l'association agricole pour l'achat de tout ce qui peut servir à l'agriculture : c'est le syndicat agricole. Mais je vous ai fait observer que le syndicat en se faisant acheteur d'engrais, de semences, d'instruments, pour les répartir entre ses membres, sortait de son rôle syndical qui est, comme pour le syndicat ouvrier ou patronal, de défendre simplement les intérêts professionnels et non de se constituer en entreprise économique. Sa constitution légale ne s'y prête pas : il est facile de comprendre en effet qu'une société qui veut faire des entreprises d'un genre économique doit offrir certaines garanties aux tiers. Or, quelles sécurités offre un syndicat? Il n'a pas de capital. Il n'a que les modiques cotisations de ses membres : ce n'est pas une garantie.

Cependant on a admis que le syndicat peut faire des opérations d'achat quand il ne prétend pas jouer le rôle de commerçant, achetant pour revendre, mais qu'il se borne à grouper les commandes de ses membres, faisant simplement acte de distributeur et qu'il s'agit exclusivement des produits nécessaires à la culture.

Au reste, il est à noter que les leaders du mouvement

syndical ne poussent guère les syndicats à se transformer en coopératives de vente ou d'achat. Non seulement ils n'aiment pas cette transformation, mais ils n'aiment pas voir se créer, à côté du syndicat, sous le même drapeau, avec le même siège social, une coopérative de vente ou d'achat. Ils trouvent que c'est une espèce de déchéance des syndicats.

Voici d'ailleurs comment s'exprimait un directeur de Syndicat agricole au Congrès de Lyon, en 1894 :

« Vouloir substituer la coopérative au syndicat agricole serait une œuvre déplorable et néfaste.

« Les syndicats ont plus et mieux à faire que d'acheter et de vendre. Ils le firent et le font encore; mais leur action s'étend bien au delà. Ils sont une œuvre d'union, de charité, de fraternité. Ils sont la synthèse de tous les dévouements. »

Et ils ajoutaient : « Si vous voulez entrer dans cette voie, créez des coopératives à côté des syndicats, mais tout à fait distinctes. » (1)

D'ailleurs, il en est de même quand il s'agit des syndicats ouvriers. Les chefs des syndicats ouvriers redoutent de voir les syndicats ouvriers dégénérer — c'est leur expression — en coopératives de production, industrielles ou commerciales. A un tel point que lorsque le législateur a offert aux syndicats ouvriers de les libérer des restrictions de la loi de 1884 et d'étendre leur capacité en leur conférant la faculté de vendre ou fabriquer les produits de leur métier — car il paraîtrait assez naturel, s'il s'agit d'un syndicat d'imprimeurs, par exemple, de lui dire : si vous voulez ouvrir une imprimerie, vous le pouvez — ils

---

(1) Rapport de M. Guinand au Congrès des Syndicats agricoles de Lyon, 1894.

Le Congrès a adopté le vœu suivant : « Le service des ventes directes des denrées agricoles ne peut être assuré que par la création de sociétés coopératives de production. Ces sociétés doivent avoir un capital et une organisation différente des syndicats agricoles. »

Et comme conclusion du même rapport : « Le rôle des coopératives agricoles doit être d'aider les syndicats agricoles sans jamais pouvoir les supplanter. »

Et encore, dans le même rapport : « La coopérative doit être aux syndicats ce que l'intendance est à l'armée : une pourvoyeuse dévouée et soumise. »

ent dit au Conseil Supérieur du Travail, où je les ai entendus : « Nous n'en voulons pas! Nous refusons absolument cette faculté que vous voulez nous donner parce que nos syndiqués ne s'occuperaient plus que des intérêts coopératifs et perdraient de vue le caractère désintéressé et militant du syndicat; du jour où ils auraient à s'occuper de constituer et d'augmenter leur capital, de faire de bonnes affaires, de sauver la caisse, ils ne voudraient plus entendre parler de grèves : ils perdraient tout caractère militant. Ce serait perdre nos syndicats. »

Il est exact, en effet, que plus d'une fois, quand un syndicat ouvrier s'est transformé plus ou moins en coopérative, ç'a été sa perte parce que ses directeurs s'intéressaient beaucoup plus à la coopérative de production qu'au syndicat lui-même.

Si donc il y a hésitation et même opposition à laisser le syndicat fonctionner comme association d'achat, il y en aurait bien plus encore s'il voulait s'occuper de la vente des produits agricoles.

En effet, tant que le syndicat ne fonctionne que comme coopérative d'achat pour répartir entre ses membres des semences, des engrais, des instruments, il n'a pas de contact avec le public. Il agit, pour ainsi dire, comme une mère de famille qui va acheter des provisions au marché et qui les répartit ensuite entre les membres de la famille. C'est une entreprise domestique, pour employer son véritable mot. Mais quand le syndicat veut fonctionner comme entreprise de vente, alors c'est différent. A qui vendra-t-il les produits? Ce n'est pas à ses membres assurément, puisque ce sont eux qui sont les producteurs. Le syndicat ne peut les vendre qu'au public et alors il y a véritablement une entreprise commerciale, non au sens juridique du mot, parce que les agriculteurs ne sont jamais considérés légalement comme des commerçants — ils ne paient pas la patente ni l'impôt sur le chiffre d'affaires — mais au point de vue économique.

C'est pourquoi cette fonction est refusée aux syndicats en tant que syndicats. Il faut donc ici, sans hésitation, constituer à côté du syndicat, mais tout à fait distincte, une coopérative de vente.

Sans doute, il peut arriver, en fait, que tous les membres du syndicat s'inscrivent comme actionnaires de la coopérative de vente, ce qui fait que les deux associations comprendront les mêmes membres; mais deux associations peuvent se composer des mêmes personnes et être néanmoins tout à fait différentes. Ce serait le cas ici, mais ce ne sera pas très fréquent.

Cette coopérative de vente, est-il besoin d'en montrer les avantages au point de vue agricole, quels que soient les produits, légumes, blé, vin, n'importe quoi? Énumérons-les sommairement. J'en vois au moins cinq.

Le premier avantage c'est que l'association pourra, mieux qu'un producteur isolé, choisir les marchés favorables et les moments opportuns pour la vente. L'association sera mieux renseignée. Elle suit les cours; elle lit les journaux; elle peut prévoir la hausse ou la baisse; elle sait sur quel lieu et à quel moment de l'année les cours du vin ou du blé ou des fleurs, seront plus avantageux.

Un second avantage considérable c'est au point de vue des transports. Le transport est un des gros écueils de la vente des produits agricoles. Il faut pouvoir traiter avec les Compagnies de chemins de fer. Dans certains cas, par exemple, pour les coopératives de vente des primeurs ou des fruits, si on manque le train la marchandise est perdue. Il y a des trains spéciaux pour certains produits, pour les denrées périssables. Il y en a sur la ligne de Nice à Paris, pour le transport des fleurs, et pour le transport des légumes du département de Vaucluse. Il y a des wagons aménagés pour le transport du lait dans les Charentes. Pour les vins, il y a des « wagons-réservoirs » en tôle, qui sont beaucoup plus économiques que l'envoi par futailles, mais ces wagons-réservoirs ont une contenance de 2 à 3.000 litres; il faut donc être plusieurs producteurs pour pouvoir les utiliser. Voilà des cas où la coopérative de vente s'impose absolument; on ne peut pas s'en passer.

Il y a même des syndicats qui ont construit des chemins de fer pour le transport de leurs produits. J'en puis citer tout au moins un, dans la Seine-et-Marne, qui, après s'être transformé en coopérative de vente, a établi un chemin de fer à voie étroite, un Decauville, pour transporter les récolte de ses membres à la station la plus proche. Nous avons précédemment cité un autre cas, en Italie, d'un chemin de fer construit et exploité par une association coopérative de travailleurs de terre : mais c'était pour le public, ce n'était pas pour la vente de leurs produits.

Troisième avantage que procure la coopérative de vente à ses membres : enseigner les procédés techniques d'expédition et d'emballage. Ceci peut paraître d'importance secondaire, mais c'est de tout premier ordre. Il y a, dans l'emballage une science, un art et, j'oserais même dire, une morale.

Il y a une science, car pour faire bien l'emballage il faut connaître les propriétés de l'objet. Le mode d'emballage n'est évidemment pas le même pour les fruits, les légumes, le poisson.

Prenons comme exemple le poisson. Je ne parle pas du poisson de mer, car ici il ne s'agit plus de produits agricoles, mais la pisciculture dans les étangs rentre dans l'agriculture au même titre que l'aviculture ou l'apiculture. Ainsi dans le département de l'Ain, près du Jura, il y a une région qu'on appelle les Dombes : ce sont des étangs qui ne sont remplis d'eau que deux ans sur trois; la troisième année, on les vide et on sème du blé ou de l'avoine. Tout le monde sait ce qu'on appelle la rotation des cultures, où on change la récolte chaque année, généralement par cycle de trois ans, mais le fait que je viens d'indiquer, d'une culture alternée de poisson et de grains est moins connu.

Or, pour expédier ce poisson, il faut des wagons spéciaux. Ce ne sont pas précisément des wagons-piscines qui coûteraient trop cher, mais des wagons dans lesquels on entretient une humidité suffisante pour que le poisson arrive encore en vie. Ce sont des procédés qui, évidemment, ne peuvent être utilisés que par des sociétés puissamment organisées.

Le transport n'est pas tout : pour emballer ces produits, il faut savoir s'y prendre. Il faut envoyer des fruits de façon à ce qu'ils ne se gâtent pas; il faut qu'ils soient assez serrés pour ne pas balloter, mais pas trop pour ne pas les meurtrir. Il faut savoir aussi les matériaux dans lesquels

Il faut les envelopper : papier, coton, sciure ou copeaux de bois, suivant la nature du produit.

Je disais aussi un art. Il faut que l'emballage plaise à la vue, comme dans les magasins où l'on met la marchandise dans des boîtes de carton qui ont bonne façon. Les produits agricoles doivent aussi être présentés sous une forme moins artistique mais qui du moins en indique le contenu et le lieu de provenance; il faut que le colis de fruits, de beurre, de volaille, qui arrive tous les huit ou quinze jours, offre au client une physionomie familière qui le fasse reconnaître, comme on reconnaît la figure d'un ami.

J'ai même dit : une morale. Assurément, une morale! Il ne faut pas que la société agricole de vente pratique les procédés que nous avons tous connus, celui des boîtes de dattes ou de raisins secs, à la surface desquelles il y a de magnifiques grappes de Grèce ou de Smyrne ou de grosses dattes, et en-dessous de petits grains secs ou des dattes pourries.

Il y a là une véritable falsification de produits, qui est courante d'ailleurs chez tous les petits marchands mais que toute société agricole de ventes doit avoir pour règle d'éviter. Et pour cela, il faut qu'elle-même fasse l'éducation morale de ses membres.

Car tout ce que je viens de dire, il ne faut pas croire que la coopérative de vente puisse l'exécuter elle-même : son rôle c'est plutôt d'enseigner aux producteurs les moyens de le faire. Il y a souvent plusieurs kilomètres pour le transport de la ferme ou du domaine jusqu'au siège social, en sorte que les fruits, les légumes, les œufs arriveraient gâtés ou cassés, s'ils n'étaient déjà emballés par les producteurs.

Un quatrième avantage, et peut-être le plus important, c'est la suppression des intermédiaires qui sont si onéreux. Car là où il n'y a pas de société coopérative de vente, que fait le propriétaire? Il vend à un courtier, et le produit passe ainsi par toute une série d'intermédiaires.

Il y a d'abord celui qui va à bicyclette dans les campagnes, dans les fermes, qui achète les produits pour le

compte d'un marchand en gros; le marchand en gros revend
à un autre marchand en détail. Il y a aussi les commission-
naires, les facteurs des Halles, toute une chaîne qui comprend 4, 5, 6 personnes, dont chacune dit : il faut bien que
je vive! La société coopérative de vente a pour but de les
supprimer tous, en servant directement le consommateur,
par exemple. par colis postaux. Malheureusement, comme
nous allons le voir, c'est extrêmement difficile d'atteindre
directement le consommateur; mais enfin si on ne peut pas
supprimer tous les intermédiaires, on peut en supprimer un
certain nombre et c'est autant de gagné pour le producteur, ou autant d'économie pour le consommateur.

Un dernier avantage, c'est la garantie morale que ces
sociétés donnent au client et qui est généralement supérieure à celle que peut offrir un individu isolé. Car toute
association, par le fait même qu'elle existe. qu'elle est
connue, assume une certaine responsabilité. Elle a un nom à
garder, comme une grande maison qu'elle est, et s'il arrive
qu'un de ses membres soit malhonnête — par exemple,
comme je l'ai exposé tout à l'heure dans la confection des
colis de fruits ou de légumes — la société de consommation interviendra et le frappera d'une amende.

Au Danemark où, comme je le dirai tout à l'heure, les
associations agricoles pour la vente des œufs ont pris un
développement prodigieux, elles imposent à leurs membres
une discipline des plus rigoureuses. Chaque œuf est frappé
d'un timbre qui indique la date à laquelle l'œuf a été
pondu. La société reçoit ces œufs; elle les examine et
l'agriculteur qui aurait envoyé ses œufs avec une fausse
date serait absolument disqualifié, frappé d'une amende
et exclu de la société.

Ces œufs sont triés ensuite. On fait passer ces œufs à
travers des anneaux de diamètres déterminés, afin de les
séparer par catégories selon leur grosseur. Les Anglais
aiment les œufs gros; on ne leur envoie que les œufs qui
ne peuvent passer par un anneau de 38 m/m. Ils préfèrent
aussi ceux dont les coquilles sont jaunes; on trie à part
les œufs qui ont cette nuance. On fait ainsi une sélection
des produits qui serait absolument impraticable pour un

producteur isolé, et qui donne à la société coopérative de
vente une autorité, une respectabilité, un nom (1).

Il faut remarquer que cette utilité de la société agricole
de ventes s'affirme de plus en plus, au fur et à mesure que
le rayon du marché s'étend. Dans l'ancien commerce, alors
que le producteur et le consommateur étaient voisins, et
encore aujourd'hui quand les produits du paysan sont
consommés par l'habitant de la ville la plus proche, au
chef-lieu du canton ou de l'arrondissement, dans ces conditions-là l'utilité de la société de vente est peut-être
moins urgente; mais aujourd'hui que les produits agricoles vont sur des marchés de plus en plus éloignés, que les
primeurs du sud de la France ont pour marché Paris et
parfois Londres, que toutes les fleurs de la Côte d'Azur
ont pour marchés toutes les grandes villes d'Europe et
que, comme je viens de l'indiquer, les caisses d'œufs du
Danemark vont en Angleterre, alors ce n'est plus un particulier qui peut prétendre s'engager dans un commerce
d'une aussi grande étendue.

Toutes ces supériorités de la vente collective sur la
vente individuelle se traduisent en pratique soit par une
économie de frais, soit par une majoration de prix qui,
conformément au principe coopératif, est restituée au
sociétaire au prorata des quantités fournies (et non au
prorata des actions souscrites).

Ces avantages ont suffi pour susciter un assez grand développement de ces coopératives de vente dans bon nombre
de pays; en Danemark, dont je viens de parler, et qui vient
au premier rang pour la vente des œufs et du beurre
(mais pour le beurre il ne faut pas seulement une société
de vente mais une société de production : nous aurons à
y revenir).

En Angleterre, il y a un grand nombre de sociétés de
vente pour le lait, pour les légumes et les fruits; en Hollande pour la volaille.

______

(1) Aux États-Unis, en 1924, 156 coopératives agricoles ont
vendu au total 2.400.000 caisses contenant 70 millions de dou-
zaines d'œufs et représentant une valeur de 22 millions de dollars
(110 millions de francs or)

Signalons aussi des coopératives de vente non plus simplement pour des produits d'alimentation mais pour des matières premières. Au Canada, tandis que les propriétaires de grands troupeaux de 5.000, 10.000 bêtes, ce qui n'est pas énorme, vendaient la laine 13 cents — le cent est la centième partie du dollar — par livre, les petits éleveurs ne touchaient que 10 à 11 cents. Ils se sont demandés pourquoi? Ils ont trouvé tout naturellement l'explication. C'est parce que les propriétaires de grands troupeaux bénéficiaient des avantages que je viens d'énumérer, parce qu'ils envoyaient leur laine par wagons, c'est parce qu'ils avaient des machines spéciales pour confectionner les ballots de laine qu'il faut soumettre à une compression énorme jusqu'à ce qu'ils deviennent durs comme le fer; c'est parce qu'ils avaient des procédés techniques pour trier la laine, pour la laver, etc. Alors les petits propriétaires se sont dits: nous pourrons en faire autant, en formant des coopératives. C'est ce qu'ils ont fait.

Aux Etats-Unis il y a, pour le coton, des coopératives de vente plus grandes encore. Il y a une fédération qui comprend 15 sociétés coopératives de planteurs de coton dans les Etats-Unis du sud et qui expédient (en 1924) 1.124.000 balles de coton dans le monde entier.

Mais à côté de ces grandes organisations, on peut en citer de beaucoup plus humbles : par exemple les coopératives pour la vente des lapins, en Italie; l'élevage des lapins peut procurer des bénéfices qui ne sont pas négligeables, à raison de la prolification de cet animal. Je pourrais citer encore des coopératives pour la vente du miel.

Mais si, laissant de côté les pays étrangers, nous en venons à la France, nous voyons qu'en fait de coopératives agricoles de vente nous sommes très en retard.

Cependant la France se trouve dans des conditions particulièrement favorables pour l'éclosion de ces sociétés parce que la monoculture y est très pratiquée. Il y a, dans tous les pays, mais plus particulièrement en France, des régions qui sont spécialisées dans la production de tel ou tel produit. On voit dans tous les atlas des cartes agricoles où sont marquées en couleurs différentes les régions spécialisées dans telle ou telle culture. Pour celle du vin, tout le monde sait que ce sont les départements du Sud-Est de la France, notamment Aude, Hérault, Gard; mais il y a aussi le département de Vaucluse pour les légumes, celui des Alpes-Maritimes pour les fleurs, les Dombes, dont j'ai parlé tout à l'heure, pour le poisson de rivière, la Bresse pour la volaille. Il y a dans les environs de Paris des régions tout entières spécialisées dans la production horticole : Argenteuil pour la production des asperges; les environs de Fontainebleau pour le raisin dit chasselas, d'autres régions pour. les petits pois, pour les oignons, pour les truffes, pour les graines et les semences, et ainsi de suite. Ces milieux spécialisés semblaient tout prêts pour la naissance et le développement des sociétés coopératives de vente.

En effet, on en a vu naître un assez grand nombre à la fin du siècle précédent, peu après la date à laquelle se sont constitués les premiers syndicats (1884); mais ce premier mouvement avait été un faux départ. Le plus grand nombre de ces sociétés a disparu.

Pourquoi? Il n'est pas facile de le dire. On peut cependant indiquer les causes suivantes.

Il faut d'abord réunir un capital suffisant, car il faut ouvrir un magasin un peu important, construire des greniers ou des celliers, pour emmagasiner les récoltes. Il faut entretenir un personnel très important pour le « ramassage », comme on dit, c'est-à-dire pour aller de ferme en ferme soit avec une bicyclette, soit — ce qui permet d'opérer dans un cercle beaucoup plus vaste — avec une auto, pour chercher, tous les matins, le lait, les œufs, les fruits, les fleurs ou la volaille. Tout cela exige un capital de premier établissement, disons 50.000 francs au minimum, et un capital de roulement assez important, disons une vingtaine de mille francs. Il faut donc que les propriétaires se résignent à fournir ce capital, sous forme de souscriptions d'actions. Or, on ne trouve pas facilement des paysans disposés à verser par avance de l'argent pour une entreprise dont l'utilité ne leur apparaît pas bien clairement, car à celui qui cherchera à les convertir, ils répondront qu'ils sont très capables de vendre eux-mêmes et n'éprouvent nullement le besoin ni le désir de renoncer à cet attribut essentiel de la propriété.

En outre de ces obstacles financiers qui peuvent faire

avorter la société avant que de naître, il y en a d'autres
ultérieurs, résultant des rapports entre les membres de
la société, ou entre ses membres et la société elle-même.

Voici un seul exemple : la société va-t-elle imposer à
ses membres l'obligation de lui réserver la totalité de leurs
récoltes? C'est un gros problème. Si vous répondez oui, si
la société interdit à ses membres de vendre au public leurs
récoltes, légumes, fruits, vin, de les porter sur le marché,
de les refuser à qui les demandera, dans ce cas, d'abord
on risque de froisser le sentiment d'indépendance du propriétaire, qui ne voudra pas aliéner sa liberté. Et si même
il se trouve des propriétaires disposés à accepter cette
servitude, il s'agit de savoir si la société ne se trouvera
pas dans l'embarras, car du moment qu'elle impose à ses
membres l'obligation de livrer toutes leurs récoltes, elle
s'impose par là même l'obligation de les recevoir, de les
loger, de les conserver. Or, s'il y a une grande récolte de
vins ou de céréales, elle peut n'avoir pas de locaux suffisants et ne pouvoir remplir ses engagements.

Certaines sociétés, il est vrai, limitent la quantité de
récolte dont elles se chargent, selon le nombre d'actions
souscrites. Par exemple, s'il s'agit d'une société de vente
de vins, chaque propriétaire ne pourra fournir qu'une
quantité de vin proportionnelle au nombre d'actions souscrites. Mais le risque pour la société de ne pouvoir tout
loger n'est pas écarté tout à fait.

Si, d'autre part, pour éviter ce double écueil, la société
dit à ses membres : Je ne vous impose pas l'obligation
de livrer à la société tout ce que vous produisez; vous
livrerez ce que vous voudrez — alors voici un autre danger
et plus grave : c'est que, dans ce cas, le propriétaire ne
livrera ses produits à la société qu'autant qu'il ne pourra
pas trouver mieux ailleurs. Il cherchera à écouler sa marchandise sur le marché et ce n'est que lorsqu'il n'y réussira
pas, ou qu'il lui en restera en trop, qu'il dira à la société :
prenez-la! Dans ces conditions, la société serait toujours en
perte.

Il y a aussi l'obstacle psychologique que j'ai indiqué
dans la première leçon de ce cours : c'est le sentiment du
propriétaire qui n'aime pas à s'effacer derrière la société.
Il faut avoir été propriétaire soi-même, ou du moins avoir

au des propriétaires parmi ses amis, pour savoir que la principale joie du propriétaire — après celle de récolter évidemment — c'est de vendre. C'est de voir arriver chez lui le courtier ou le gros marchand; c'est de lui montrer ses produits; c'est de verser le vin dans la coupe d'argent qu'ont tous les propriétaires de vignobles, toute bosselée de creux et de relief, de façon à faire miroiter le vin comme un rubis ou comme une topaze. Ce sont là les grandes joies de la vie rurale. Et quand on vient leur dire : il faut y renoncer, c'est la société de vente qui fera cela pour vous; vous, votre rôle c'est de travailler, labourer, moissonner, vendanger, après quoi halte là! nous nous chargeons du reste — c'est pour lui un crève-cœur.

Cependant, ceci dit pour expliquer la pauvreté de notre pays en fait de coopératives de vente, il y en a tout de même quelques-unes.

Pour la vente du lait et des œufs, qu'avons-nous à mettre en regard des milliers de sociétés du petit Danemark? Bien peu de chose.

En Lorraine, il y a un certain nombre de coopératives de vente de lait qui marchent bien, mais peut-être, comme nous le verrons dans une autre leçon, par suite de circonstances assez rares, grâce à l'appui des sociétés de consommation urbaines.

Dans l'Aisne il y a aussi une grande société de vente de lait, entreprise considérable qui réunit 843 propriétaires et vend 21.000 litres de lait par jour. Elle approvisionne, en partie, une région très populeuse.

Dans les Charentes, il y a une grande — peut-être plusieurs, mais je n'en connais qu'une — coopérative de vente des œufs.

Sur le littoral de la Méditerranée, il y a un assez grand nombre de sociétés pour la vente des fleurs.

Pour le vin, il s'en est formé un assez grand nombre et il y en a encore aujourd'hui quelques-unes; mais elles n'ont guère réussi non plus, tandis qu'au contraire nous verrons que les coopératives pour la fabrication du vin, c'est-à-dire de vinification, comme on les appelle, se sont beaucoup multipliées.

Tous les ans, à chaque Congrès des coopératives de mutualité agricole, on ne manque pas de dire qu'il faut créer des sociétés agricoles de vente. On a demandé la création d'une société coopérative de ventes pour le poisson de la Dombe, dont j'ai parlé tout à l'heure, mais qui n'existe pas encore. On a demandé la création de coopératives de vente pour les volailles de la Bresse, mais tout cela est à l'état de projet.

La vente coopérative du bétail paraît aussi indiquée : toutefois pour procurer de grands avantages il faut qu'elle ne se limite pas seulement à la vente sur pied mais qu'elle soit organisée sous forme d'élevage, ou d'abattoirs industriels, c'est-à-dire qu'elle devienne association coopérative de production : nous la retrouverons dans ce chapitre.

Mais que dire de la plus importante de toutes les sociétés coopératives de vente, celle pour la vente du blé?

La France est le pays d'Europe qui est le plus grand producteur, après la Russie, et le plus grand consommateur de blé : il semble donc que la coopérative de vente du blé devrait y trouver sa terre natale. Or c'est à peine si on peut citer deux ou trois coopératives de vente de blé en France.

Il y en a une dans l'Yonne, de date récente (1921); elle s'appelle « Coopérative de vente de céréales de l'Union des paysans de l'Yonne ».

Nous en avons une autre très belle, mais elle est en Alsace près de Strasbourg, à Hochfelden et a été créée par les Allemands en 1903; nous l'avons recueillie en héritage quand nous avons repris l'Alsace. Elle groupe environ 27.000 quintaux de blé et fait bénéficier ses sociétaires, sous forme de ristourne, de 2 francs environ par quintal.

Il y a longtemps, en effet, qu'en Allemagne il existe des coopératives de vente du blé, par centaines. Elles sont subventionnées par l'Etat. Elles ont élevé de véritables palais qu'on appelle des maisons de blé (*kornhaüser*) dans lesquelles ces sociétés reçoivent, emmagasinent et soignent le blé des membres de leur société en attendant la vente.

Car il ne faut pas croire que parce que le blé n'est pas une denrée dite périssable, comme les fruits, les fleurs, le poisson, ni même aussi fragile que des œufs, ou aussi prompte à tourner que le lait, il n'ait pas besoin d'être soigné quand on veut le garder. Sans doute le blé doit son rôle historique et préhistorique d'aliment de la race blanche à cette qualité d'être la denrée qui se conserve et se transporte le plus facilement, à la différence de tous les autres produits agricoles. Tout le monde a entendu parler des grains de blé trouvés dans un tombeau de Pharaon et qui mis en terre auraient très bien germé. Ce n'est, paraît-il, qu'une légende; et en admettant même que quelques grains aient pu se conserver durant 3.000 à 4.000 ans dans un asile comme les Pyramides, il n'en faudrait pas conclure qu'il pourra se conserver de même dans le grenier d'un paysan. Il y sera rapidement rongé par les rats, détruit par la vermine, moisi par l'humidité, échauffé par la fermentation.

Il y a beaucoup de soins à donner, surtout si on veut le conserver en grandes masses et pour un temps assez long. Je ne sais pas comment s'y prit Joseph chez Pharaon pour conserver le blé durant les sept années des vaches grasses pour attendre les sept années des vaches maigres; mais il faut croire que les Egyptiens avaient déjà des procédés de conservation assez perfectionnés. Eh bien! les sociétés de vente ont aujourd'hui à remplir cette tâche; elles logent le blé dans des salles ventilées et maintenues à une température constante, elles le remuent, elles le trient.

Aux Etats-Unis, on opère sur une échelle encore plus grandiose. Depuis longtemps, dans ce pays de grande culture, les producteurs des immenses domaines du bassin du Mississipi envoyaient leur blé par trains spéciaux dans des entrepôts spéciaux où il était logé dans ce qu'on appelle des *elevators*. Le blé était précipité par wagons entiers dans des fosses; là, des machines élévatoires à godets l'y puisaient pour le monter au 6ᵉ ou 10ᵉ étage du grand bâtiment, là il est criblé, vanné, ventilé, trié, puis précipité à nouveau dans d'immenses puits de 10, 15, 20 mètres de profondeur. Jamais on ne se sert d'un sac, ce sac qui, en France, est l'instrument classique dans la production et le commerce du blé.

Un des *elevators* à Chicago peut contenir 800.000 quintaux, c'est-à-dire la récolte de 80.000 hectares.

Mais ces *elevators* étaient aux mains de grandes sociétés capitalistes qui exerçaient ainsi un véritable monopole et imposaient aux agriculteurs le prix qu'ils voulaient donner pour leur blé. Les propriétaires ne peuvent vendre autrement que par l'intermédiaire de ces *elevators*. Alors,

●omme les propriétaires de laine au Canada, ils se sont dit :
« Nous allons nous libérer de ce joug en formant des coopératives. » Et c'est ainsi qu'ont été établies, aux Etats-Unis,
des, *elevators* coopératifs.

Les premiers ont apparu dès 1890; mais, là aussi, il y
a eu un faux départ, et c'est seulement depuis 1900 qu'ont
fonctionné les premiers *elevators* coopératifs. En 1913, à
la veille de la guerre, il y en avait déjà près de 2.000 aux
Etats-Unis. Je ne sais quel est le chiffre actuel.

CHAPITRE V

LES ASSOCIATIONS COOPÉRATIVES
DE PRODUCTION

Nous avons vu successivement les associations de crédit,
qui sont plutôt des mutualités que des coopératives, puis
les associations pour l'achat de tout ce qui sert à l'agriculture, lesquelles sont plutôt des associations professionnelles, puis les véritables coopératives pour la vente de
produits agricoles. Arrivons maintenant aux coopératives
de production proprement dites, c'est-à-dire celles qui
avant la mise en vente du produit, lui font subir certaines
transformations.

La transformation est l'acte caractéristique de l'industrie humaine. L'homme ne peut pas créer, mais il peut
modifier la forme, les qualités physiques et chimiques, des
éléments dont il dispose, et, par là, créer des utilités nouvelles, comme dit l'économiste, ou des corps nouveaux,
comme diraient le physicien et le chimiste. Quand, avec le
lait, l'homme produit du beurre ou du fromage, il fait un
corps nouveau pour tous nos sens, au point du toucher,
de la vue, de l'odorat, de la saveur. La transformation
est encore plus frappante quand, avec le raisin, l'homme
fait du vin ou de l'alcool.

Cette opération se prête à la coopération tout aussi bien
que la vente ou le crédit, et en France cette forme de
coopération a eu plus de succès que les précédentes. Il y

a, actuellement, en France, 3.800 de ces associations agricoles de transformation, ou plutôt de production, comme
on dit. Combien de sociétaires? Il n'y a de statistiques que
pour celles de ces associations qui ont recours à l'État
pour recevoir de lui des avances : celles-ci sont au nombre
de 1.100 et comptent 180.000 membres. Sans doute sont-elles
les plus importantes et il serait excessif de calculer le
nombre total d'après le rapport entre 1.100 et 3.800 qui donnerait plus de 600.000 adhérents, mais il ne sera pas exagéré
d'évaluer à 300.000 le total des membres pour l'ensemble
des coopératives de production agricoles.

Sans passer en revue toutes ces associations, contentons-
nous de donner quelques renseignements sur les plus importantes.

Les principaux produits agricoles sont le blé, la viande,
le lait et, en France surtout, le vin. Chacun d'eux, mais
à des degrés très inégaux, a donné lieu à une catégorie
d'association coopérative.

§ 1. — Les Coopératives pour le beurre et les fromages.

Les plus nombreuses, par tous pays, et celles parvenues
au plus haut degré d'organisation, sont les associations qui
ont pour objet la transformation du lait.

Vous savez que le lait a le défaut de ne pouvoir se conserver, à moins de recourir à des opérations scientifiques,
telles que la préparation du lait condensé, qui suppose
l'installation de grandes industries.

Aussi de tout temps, déjà chez les peuples pasteurs, il
a fallu apprendre à conserver le lait pour utiliser ce qui
ne peut être consommé tout de suite.

Le lait se conserve sous deux formes bien connues, le
beurre et le fromage.

Les procédés pour la fabrication de l'un et de l'autre
ont dû être connus de tout temps chez les peuples pasteurs:
la nature elle-même, sans qu'il fût besoin d'invention, a
dû les révéler, de même que la fermentation qui fait le vin.

1° *Les fruitières.*

C'est pour la production du fromage que se sont formées
les premières coopératives, associations connues dans l'histoire sous un nom sur l'origine duquel on n'est pas très

fixé : les fruitières. Cela vient peut-être du mot latin *fructus*, mot qui s'appliquait à tout produit agricole, quel qu'il fût, et qui sans doute était usité dans les domaines relevant des monastères.

Ces associations coopératives fromagères ont passé par diverses étapes que j'indique très sommairement, mais qui valent la peine d'être signalées parce qu'elles nous montrent un cas d'évolution régressive assez rare, peut-être unique.

Première étape : chaque paysan apportait son lait chez l'un des camarades qui était chargé, à tour de rôle, de faire le fromage.

Nous pouvons dire cependant, en ce qui concerne les associations coopératives, que ce fut pour la production du fromage que furent créées les premières de ces associations. Elles sont beaucoup plus anciennes que celles qui s'occupent du beurre et remontent au moyen âge, ou du moins au XVI° siècle, notamment dans les montagnes du Jura et de la Savoie.

Pourquoi la coopération pour la fabrication du fromage a-t-elle précédé la coopération pour le beurre? Je l'ai expliqué dans la première leçon de ce cours : c'est parce que, tandis que le beurre peut se faire par petites quantités, même dans une petite ferme où il n'y a que deux ou trois vaches, il est au contraire impossible de faire du fromage, surtout de grands fromages comme les « gruyères », avec une demi-douzaine de vaches; vous avez vu ces fromages de gruyère, énormes disques qui peuvent peser 30 à 60 kilos, pour la fabrication desquels il faut le lait de tout un troupeau.

C'était une espèce de mutualité. Chacun disait à l'autre : apportez-moi votre lait pour faire le fromage; je vous apporterai le mien. Mais chacun gardait le fromage fait chez lui.

Je n'ai pas besoin de dire quel était l'inconvénient d'un semblable système. D'abord, ces fromages étaient très inégaux en qualité, parce que certains savaient bien les faire, alors que d'autres le savaient mal; ou plutôt faut-il dire que tous ces fromages étaient faits dans les conditions les plus défectueuses au point de vue technique. C'était un procédé de sauvages.

On a passé à une seconde étape qui a consisté à charger
l'un des associés de la fabrication des fromages, à titre
permanent. Mais tout de même l'ancien système était maintenu en ce sens que le « fromager », comme on le nommait, devait aller tour à tour dans la maison de chacun
des sociétaires et faire le fromage chez lui. Il y restait
un, deux, trois jours, une semaine même, suivant la quantité de lait qu'il y trouvait.

C'était un progrès sur le système précédent, en ce sens
qu'on avait un spécialiste qui certainement faisait mieux
le fromage. Mais il n'y avait pas de progrès au point de
technique; les instruments pour la préparation du fromage
étaient dispersés dans toutes les maisons; ils restaient par
conséquent tout à fait embryonnaires. Quelquefois, c'était
le fromager qui apportait avec lui son matériel, un chaudron et quelques outils, et les misérables cabanes ou se
faisait cette cuisine étaient toujours sales.

Il y avait d'autres inconvénients, quelquefois assez co-
miques. Le fromager était nourri chez le cultivateur pour
lequel il faisait le fromage. Or, quand il était chez un
sociétaire riche, étant bien nourri, il soignait les fromages;
mais, quand le tour de rôle l'amenait chez un pauvre paysan
où il mangeait du pain sec ou du lait caillé, il était d'assez
mauvaise humeur et les fromages s'en ressentaient : il
bâclait son travail pour aller ailleurs.

On a donc passé par une troisième étape. On a installé
un local spécial, une usine, pour faire des fromages, et
où résidait le fromager. Chacun des sociétaires y portait
son lait pour le chaudron collectif. Quand les fromages
étaient prêts ils étaient vendus, sans distinction de
qui venait le lait, et le prix en était réparti entre les
sociétaires, selon la quantité de lait fournie par chacun.
C'était enfin la vraie coopération.

Mais — et nous arrivons ici à la 4ᵉ étape qui est plutôt
imprévue — dans un grand nombre de cas, ces coopératives
pour la fabrication du fromage sont devenues simplement
des coopératives de vente de lait. Les sociétaires se sont
contentés d'apporter leur lait dans la fromagerie et se sont
désintéressés de l'opération de transformation proprement
dite, c'est-à-dire de la fabrication du fromage. Ou bien
c'est le fromager qui, s'émancipant de ses co-associés, est

devenu peu à peu entrepreneur, c'est-à-dire opérant pour son compte et payant simplement à ses co-associés le prix de leur lait.

Il est humiliant, alors que nous voyons dans d'autres domaines l'entreprise coopérative éliminer l'entreprise capitaliste et se substituer à elle comme un mode supérieur, de voir au contraire ici la coopérative reculer et céder la place à l'entreprise capitaliste, sous la forme de l'entrepreneur qui prend la production du fromager à son compte.

L'explication de cette anomalie, car c'est véritablement une anomalie au point de vue économique, est pourtant assez simple.

D'une part, le fromager étant devenu simplement un salarié de la société a cessé de se considérer comme associé et a perdu peu à peu tout sentiment de solidarité. Il a trouvé qu'il ne gagnait pas assez et a cherché à s'établir pour son propre compte; il n'a pu le faire qu'en éliminant la coopérative pour se substituer à elle comme fabricant et comme marchand.

Dans bien des cas, il y a réussi facilement et sans rencontrer de vives résistances de la part des sociétaires, car ceux-ci aussi étaient las de ce régime. Ils étaient impatients d'attendre la vente du fromage pour en toucher le prix, ils trouvaient qu'on les faisait attendre trop longtemps. La vente du fromage n'est pas aussi régulière, en effet, que celle du beurre, et surtout les prix sont infiniment plus variables; les sociétaires étaient souvent désappointés et certaines années très mécontents. De sorte que, dans beaucoup de cas, ils ont préféré renoncer à la coopération, vendre simplement leur lait au fromager et en toucher le prix comptant. Ainsi, ils ont capitulé facilement devant le fromager.

Heureusement, ce n'est pas le cas pour toutes les coopératives de fromagerie, il y a encore un bon nombre d'associations coopératives pour la production du fromage, notamment en Savoie. Il semble même qu'elles aient pris ces temps derniers un certain essor à la suite de la hausse énorme des prix des fromages. Le fromage, en effet, est un des produits dont le prix a le plus monté depuis la guerre. Néanmoins, l'avenir des associations coopératives de fromagerie n'apparaît pas très brillant.

2° *Les Laiteries coopératives.*

Il en est tout autrement de l'association pour la transformation du lait en beurre : celle-ci, au contraire, est
le plus brillant succès du mouvement coopératif agricole.

Dans le monde entier, c'est par dizaine de milliers que
se comptent les sociétés coopératives de laiterie pour la
production du beurre.

Elles remontent moins haut dans l'histoire que les fro-
mageries; les plus anciennes dont on ait gardé le souvenir
sont celles du canton de Vaud, en Suisse, qui existaient
dès le commencement du siècle dernier.

Elles se sont développées en Suisse au milieu du
XIX° siècle; puis on les a vues se propager en Italie. On
signale, en 1867, celle de Baveno, qui fut parmi les premières.

On en trouve en Danemark vers 1880, et c'est dans ce
pays qu'elles devaient prendre leur plus brillant essor.

Enfin, elles sont nées en France, mais dans des conditions
un peu spéciales. Le lieu et la date de leur naissance
sont parfaitement déterminés; on connaît même celui qui
le premier eut l'idée de leur fondation.

C'est dans les Charentes, que rien ne désignait spécialement pour la naissance des coopératives — elle eût
semblé mieux indiquée dans les régions montagneuses,
telles que l'Auvergne, la Savoie, le Jura ou les Pyrénées.
Pourquoi donc dans les Charentes? C'est à cause du phylloxéra! Et nous trouvons là un enchaînement curieux de
faits économiques.

Les Charentes étaient une région de production vinicole;
elles produisaient d'excellents vins et c'est là que se trouvaient les vignes qui produisaient le fameux cognac.

Or, ces vignobles furent complètement détruits par le
phylloxéra, de 1870 à 1880, comme tous les vignobles de
France. Mais tandis que dans les autres parties de la France,
comme dans le Midi, on reconstituait le vignoble au moyen
de plants américains, dans les Charentes, faute d'argent,
et par suite aussi du découragement qui s'était emparé
des populations, on ne reconstituait pas le vignoble.

Les agriculteurs charentais se trouvèrent donc en présence de terres qui, bonnes pour la culture de la vigne,

n'étaient guère propres à d'autres cultures; ils étaient complètement ruinés.

C'est alors qu'un homme, dont le nom mérite d'être conservé, sinon dans la grande histoire tout au moins dans la petite, un nommé Biraud, instituteur modeste dans le petit village de Chailly, près de Rochefort, eut l'idée de rendre à ce pays ruiné une source de revenus, par la production du beurre et par l'association coopérative.

Il ne semble pas que ce modeste initiateur ait connu les coopératives de Danemark. On se demande donc d'où lui est venue cette idée lumineuse : ce point n'a pas été éclairci.

En tout cas, il fonda dans son village une petite laiterie coopérative, et on peut dire qu'il a ressuscité ce pays.

D'année en année, on a vu ces coopératives se propager dans tout le département des Charentes et les départements voisins, jusque dans le Poitou, et se chiffrer bientôt par centaines.

Alors, elles se constituèrent en une fédération qui s'appelle « l'Association Centrale des Laiteries Coopératives des Charentes et du Poitou », association qui compte aujourd'hui 127 laiteries coopératives, 75.000 membres, 188.000 vaches, et qui produit 13 millions de kilos de beurre vendu pour la presque totalité à Paris.

Mais cette magnifique fédération de 127 sociétés n'embrasse pas en entier le champ de la coopération de production du beurre. Il y a en France aujourd'hui plus de 300 de ces sociétés. Il s'est formé en effet d'autres centres que celui des Charentes. Il y en a notamment dans l'Est de la France, en Lorraine.

Le groupement de Lorraine, qui ne date que de 1921, prend déjà un grand développement. Il n'est pas dû, comme celui des Charentes, à l'initiative d'un individu mais à l'initiative des sociétés coopératives de consommation de Lorraine. Celles-ci ont suggéré aux agriculteurs, qui étaient membres en grand nombre de leurs sociétés, l'idée de se grouper en coopératives pour la production du beurre.

Ces coopératives sont pourtant bien moins nombreuses en France que dans d'autres pays. Dans les statistiques internationales de ce mouvement, la France vient bien en arrière du Danemark, de l'Allemagne, de la Suisse, de la

Norvège, de la Finlande, des pays de la Baltique et des pays Scandinaves, même de la Tchécoslovaquie, de la Russie, peut-être même de l'Italie. Mais je ne traite pas cette année de la coopération à l'étranger.

Quels sont donc les avantages que ces sociétés procurent à leurs membres?

La première, c'est l'amélioration de la qualité du lait : avantage pour le producteur parce que le lait donne plus de beurre.

Vous savez tous plus ou moins, si Parisiens que vous puissiez être, comment se fait le beurre. On bat le lait jusqu'à ce que les particules grasses qui forment la crème s'agglomèrent en un corps gras qui se sépare du lait liquide pour constituer la motte de beurre. Il n'est probablement aucun de vous qui n'ait vu, dans quelque ferme, une femme se livrer à ce fastidieux travail qui consiste à battre le lait dans un petit baril fermé, au moyen d'un bâton passé par un trou, pendant des heures, jusqu'à ce que le beurre soit pris. Mais il faut avoir le tour de main et un maladroit pourrait battre pendant toute une journée sans obtenir le résultat désiré.

C'est un travail vraiment barbare. Je l'ai vu souvent dans les montagnes de la Haute-Loire, où j'ai passé bien des étés.

La terre y est partagée entre un certain nombre de petits propriétaires; on trouve dans chaque ferme trois ou quatre vaches, rarement plus de six.

Chaque paysan fait le beurre avec le lait de son petit troupeau. Seulement, quand on n'a que trois ou quatre vaches ou même six, on ne peut pas faire le beurre tous les jours; on n'aurait à la fin de la journée que 1 à 2 kilos de beurre, ce qui est trop peu pour qu'on puisse mener à bien le travail. On attend donc que la provision de crème soit suffisante et on ne bat le beurre qu'une fois par semaine, ce qui permet de faire une motte de sept ou huit kilos.

Mais le lait conservé pendant une semaine ne s'améliore pas, étant données surtout les conditions tout à fait insalubres de sa conservation dans les maisons de paysan où rien n'est installé pour assurer une conservation convenable du lait. Aussi la qualité du beurre s'en ressent-elle.

Bien des fois j'ai sermoné les gens de là-haut pour leur dire : « Au lieu de faire chacun votre beurre une fois par semaine, dans de mauvaises conditions, pourquoi ne vous réunissez-vous pas pour fonder une laiterie coopérative? »

Mais je n'ai obtenu aucun succès, parce que chacun est persuadé qu'il fait son beurre beaucoup mieux que ne le ferait n'importe quelle société coopérative.

Peut-être y a-t-il une autre raison de ce refus, c'est que si la fermière cessait d'avoir son beurre à battre, elle s'ennuierait! C'est la principale occupation de sa vie; battre le beurre c'est pour les femmes de cette région une occupation du même ordre que le pilonage du riz pour les femmes de l'Indo-Chine, ou pour les femmes d'Afrique le pilonage du millet.

Le beurre ainsi fabriqué est assez bon quand il vient d'être fait, quoique de peu de saveur, je ne sais s'il pourrait se garder et supporter le transport à grande distance. Le fromage, qu'elles font également, est détestable, mais dans le pays on le trouve excellent.

Dans une laiterie coopérative, la fabrication est toute différente. On réunit chaque jour le lait, non pas de trois ou quatre vaches, mais, dans les grandes laiteries coopératives, le lait de 1.000, 2.000, 3.000, 4.000 vaches; certaines laiteries traitent quotidiennement 15 à 20.000 litres de lait par jour. Une même, en Tchécoslovaquie, peut manipuler 30.000 litres de lait.

Naturellement, ce lait n'est pas converti en beurre par le battage à la main; il faudrait des milliers de femmes occupées à battre toute la journée. On emploie des machines perfectionnées qui sont les écrémeuses centrifuges, et qui, au lieu d'obtenir le beurre par battage, le forment par un mouvement giratoire extrêmement rapide qui projette le lait à la circonférence et refoule au centre le beurre. Par l'emploi de ces machines, on retire du lait beaucoup plus de beurre.

Non seulement on emploie dans les laiteries coopératives des instruments puissants et rapides, mais on prend aussi toutes les précautions possibles au point de vue de la salubrité et de l'hygiène. Le sol et les murs de ces laiteries sont revêtus de carreaux de faïence; des conduites sont ménagées pour permettre l'arrivée et l'écoulement de l'eau pour le lavage. Ces laiteries possèdent également des appareils frigorifiques, de façon à maintenir toujours la température au même degré, quelque temps qu'il fasse.

Un service d'inspection vérifie la qualité du lait apporté; on le pasteurise s'il doit attendre.

L'amélioration de la qualité est incontestable et assure à ces laiteries l'accès des grands marchés; ce serait impossible aux petits producteurs isolés. Il faut, pour concurrencer les beurres de Danemark ou même les beurres d'Italie — ceux de Milan sont célèbres — des beurres parfaitement préparés, qui ne peuvent être obtenus que dans des laiteries modernes, parfaitement installées.

On connaît sur le marché de Paris, aujourd'hui, les beurres de Charentes, mais on ne vendrait pas facilement à Paris le beurre fait dans la Haute-Loire dans les conditions que j'indiquais tout à l'heure.

La laiterie coopérative donne aussi une garantie contre la falsification. Peu de produits sont aussi falsifiés que le beurre : la falsification s'opère notamment par l'addition de margarine; encore n'est-ce là qu'une semi-falsification, car la margarine c'est la graisse du bœuf ou de la vache. Avec quoi voulez-vous que la vache fasse son beurre? Elle le fait avec sa graisse. Par conséquent, quand on fait du faux beurre avec de la margarine, on fait ce que fait la vache elle-même : seulement on le fait moins bien. Mais, comme la margarine peut être prise aussi bien chez le bœuf, on l'appelle quelquefois « beurre de bœuf ».

Et il y a bien d'autres procédés de falsification du beurre contre lesquelles on est garanti par la laiterie coopérative.

Il y a donc amélioration de la qualité. La quantité est également augmentée.

Généralement, la proportion est d'un kilo de beurre pour 25 litres de lait; c'est-à-dire que le beurre retiré du lait représente 4 % de la quantité de lait.

Mais cette proportion, qu'on appelle la richesse butyrique du lait, varie suivant les régions, suivant les espèces et aussi suivant les procédés d'extraction.

Quand les procédés d'extraction sont très perfectionnés, au lieu d'employer, comme les fermiers dont je parlais tout à l'heure, 30 litres de lait pour avoir un kilo de beurre, on peut produire la même quantité de beurre avec 20 litres de lait.

Mais ce n'est pas encore de cette façon-là que la laiterie coopérative augmente le plus la quantité : c'est la sélection des animaux, en d'autres termes par l'éducation des agriculteurs.

La production moyenne d'une bonne vache varie entre 10 et 15 litres de lait par jour, mettons une douzaine de litres par jour; pour avoir la production annuelle, il faut multiplier le chiffre, non par 365 mais par 300 tout au plus, parce qu'il faut tenir compte du temps pendant lequel la vache nourrit son veau.

Mais le rendement en lait peut varier beaucoup au-dessus ou au-dessous de cette moyenne. Avec des vaches de mauvaise race la quantité de lait peut tomber à 7 ou 8 litres par jour. Au contraire, avec des vaches sélectionnées, il peut atteindre des chiffres invraisemblables. Voilà, par exemple, une vache danoise — je vous ai dit que le Danemark était au premier rang pour la production du beurre; il est également au premier rang pour la sélection des vaches laitières, — qui a été primée à plusieurs concours pour avoir donné en une année 16.446 litres de lait, soit trente fois son poids à peu près! On ne peut pas imaginer une machine construite par des industriels qui pût être comparée au rendement de cette machine vivante; aucun moteur à explosion ou Diesel ne réalisera une transformation d'énergie comparable à cette vache qui transforme chaque jour quelques bottes de fourrage en 50 litres de lait : c'est une fontaine de lait.

En France, nous sommes loin de ces rendements. Pour citer ce qu'il y a de mieux en France, voici par exemple, une vache, la « Belle Normande », à laquelle a été décerné un prix, en Normandie, pour avoir donné 5.000 litres de lait : 5.000 litres de lait dans une année, cela représente 16 litres par jour, déduction faite de la période où la vache nourrit son veau. Mais vous voyez que nous sommes loin de compte : 5.000 litres au lieu de 16.000.

Ceci montre combien la sélection exercée sur les vaches

peut amener une transformation dans la production du beurre et une augmentation des quantités.

Cette sélection du bétail se fait soit par l'achat de vaches spéciales, comme ces vaches de Danemark dont je viens de citer un exemple, — ces animaux se vendent des prix très élevés, certaines jusqu'à 250.000 francs; — soit, mieux encore, par l'achat de taureaux, car si paradoxal que cela paraisse, c'est plutôt par le taureau que se fait l'amélioration de la race au point de vue du lait. Quand on veut régénérer un troupeau, il faut avoir des taureaux spéciaux. On arrive ainsi, grâce aux laiteries coopératives, à régénérer tout le bétail d'un pays. Mais en France et même dans les Charentes, il ne semble pas qu'il ait été réalisé de grands progrès à ce point de vue.

Pour que cette sélection du bétail s'opérât il faudrait faire un pas de plus. Il faut, à côté de l'association coopérative beurrière créer une association spéciale pour l'élevage du bétail, comme on le fait en Suisse. Cette association tient un livre généalogique, un *herdbook,* où l'on inscrit la filiation de chaque animal et tel ou tel veau peut se glorifier de 10, 12 ou 24 quartiers de noblesse, comme on disait sous l'ancien régime.

Le dernier avantage que j'indiquerai des laiteries coopératives c'est l'utilisation des sous-produits, ce qui est d'ailleurs une des supériorités de la grande industrie, dans tous les domaines.

Quels sont les sous-produits du lait?

Quand on a retiré le beurre du lait, après l'opération du battage, il reste un liquide qui, à première vue, ne se distingue pas du lait ordinaire mais qui a perdu toute sa crème, et qui s'appelle le petit lait. Bon nombre de consommateurs ne connaissent guère que le petit lait, parce que les laitiers leur vendent le lait après avoir enlevé tout ou partie de la crème. Mais c'est là une falsification; en principe, le petit lait ne peut être vendu sous le nom de lait.

Quoique le petit lait ait perdu la partie grasse, il a cependant conservé ce qui est encore d'une grande valeur alimentaire, l'albumine, substance très azotée, par conséquent très riche au point de vue nutritif, comme le blanc d'œuf, et qu'il serait dommage de perdre.

En général, on se sert du petit lait pour engraisser des porcs; ce qui fait qu'à côté des laiteries se trouvent fréquemment des étables où l'on fait l'élevage des porcs. En Danemark, les deux industries vont toujours ensemble et leurs produits se marient très bien, car en même temps que le Danemark envoie aux Anglais son beurre et ses œufs pour leur repas du matin, le breakfast, il leur envoie le lard, le *bacon;* de sorte que le déjeuner des Anglais vient pour la plus grande partie des coopératives du Danemark.

En France on utilise aussi parfois le petit lait pour l'engraissement des porcs. Mais, dans les laiteries coopératives organisées industriellement, on lui a trouvé d'autres emplois plus rémunérateurs.

Le premier, c'est la fabrication du fromage. En effet, dans ce petit lait se trouve, non plus les parties grasses, mais la caséine — et ce mot, pour ceux qui ont conservé le souvenir du latin, veut dire fromage.

On peut, avec la caséine, faire du fromage, en n'utilisant que le petit lait : on a alors un fromage maigre. On peut aussi y ajouter une partie du beurre; quand on fait les fromages gras, ou même le gruyère, on a soin de ne pas enlever la totalité du beurre.

On peut aussi préparer des aliments soi-disant reconstituants, très azotés, pour les enfants et les vieillards. Vous voyez souvent dans les journaux des annonces de produits reconstituants et tonifiants, sous des noms plus ou moins baroques. Ce sont tous les extraits faits avec le petit lait, dans des sous-produits de la fabrication du beurre.

Cette caséine peut servir à des emplois industriels. On a découvert, en Allemagne, que la caséine, quand elle est solidifiée et desséchée, constitue un corps à la fois très dur et très plastique qui peut revêtir toutes les formes et recevoir tous les coloris qu'on veut lui donner. Ce produit a été introduit en France en 1904, sous le nom de galalithe, ce qui veut dire pierre de lait; mais ce n'est guère qu'en 1912 qu'il est entré dans la grande industrie, par l'intermédiaire d'un Tchèque, qui a créé en France la première usine.

＿ 125 ＿

Aujourd'hui, l'utilisation de la caséine a pris un très
grand développement : c'est un succédané de l'ivoire, de
l'écaille, du celluloïd. La caséine est plus avantageuse
que l'ivoire, parce qu'elle coûte moins cher; elle est préférable au celluloïd, parce qu'elle n'est pas inflammable.
On en fait des objets divers, très variés : peignes pour
dames, jetons à marquer pour les jeux de cartes, bracelets,
colliers, colifichets, tout ce qu'on peut imaginer dans ce
domaine, d'autant plus que les colorations auxquelles se
prête la caséine permettent de donner à ces objets un
aspect attrayant.

Aussi le petit lait qui autrefois, quand il ne servait qu'à
engraisser les porcs, valait à peine 2 centimes le litre, a
considérablement augmenté de valeur aujourd'hui, grâce
à son utilisation sous forme industrielle.

Il est difficile de donner des chiffres parce que, par
suite de la dépréciation du franc, les prix actuels ne sont
plus comparables aux prix d'autrefois; mais on peut dire
que, grâce aux laiteries coopératives, le revenu procuré
aux paysans par leurs troupeaux de vaches a probablement
doublé, et qu'ainsi elles ont restauré la propriété dans
des régions de la France qui, sans cela, auraient eu bien
de la peine à la retrouver (1).

Il nous reste à ajouter quelques mots sur le fonctionne-

____

(1) Dans une communication de M. Dvorák, directeur de l'Union
centrale des coopératives agricoles en Tchécoslovaquie et reproduit dans un rapport du Bureau International du Travail, nous
trouvons cette remarque intéressante à propos d'une grande laiterie coopérative tchèque :

« Certains des actionnaires-consommateurs comme certains des
actionnaires-producteurs, avaient d'abord espéré que cette entreprise leur procurerait immédiatement de grands bénéfices. Cette
attente fut la cause d'un certain nombre de difficultés qui entra-
vèrent au début le fonctionnement de l'organisme. Ces difficultés
furent surmontées lorsque, de part et d'autre, on se fut aperçu
que les avantages de l'institution résidaient moins en des prix
élevés pour l'agriculteur et en des prix modiques pour le consommateur que, pour le producteur, dans l'écoulement assuré,
régulier et à des prix normaux de son lait, et pour le consommateur, dans la livraison ininterrompue d'une marchandise de
bonne qualité à un prix normal. »

ment et l'organisation des laiteries coopératives, soit au point de vue de leur constitution juridique et économique, soit au point de vue de leur installation technique.

Pour leur constitution, voici les règles principales :

Il faut, comme dans toute société de ce genre, qu'il y ait des actions souscrites par chacun des membres.

Il faut, quand il s'agit de la société d'élevage, qu'il y ait un versement proportionnel au nombre des vaches possédées par chacun.

Il faut, en troisième lieu, que chaque sociétaire prenne l'engagement d'apporter la totalité de son lait à la coopérative, à la seule exception du lait qu'il garde pour sa consommation personnelle et celle de sa famille.

Enfin, la répartition est faite conformément au principe de toutes les sociétés coopératives, non en proportion du capital versé mais en proportion des apports en nature, c'est-à-dire de la quantité de lait que chacun a apporté. On restitue à chaque sociétaire, sur les bénéfices, une somme proportionnelle à la quantité de lait qu'il a apportée.

Je dis à la quantité de lait : il serait plus exact de doser le lait, car les laits ne sont pas tous de la même qualité. Ils ont une richesse butyrique, c'est-à-dire en crème, en beurre, assez variable quoique, il est vrai, pas dans des proportions très fortes, de 2 à 3 pour cent. Je n'ai pas vu mentionnée de laiterie coopérative en France où l'on tienne compte, dans l'apport de chaque sociétaire, de la richesse du lait en beurre. Mais il y en a à l'étranger. Il y a cependant même en France, un certain contrôle en ce sens que si le paysan, le sociétaire, apportait régulièrement du lait d'un degré trop faible, on lui en ferait l'observation : on lui dirait : vos vaches sont mauvaises, ou bien vous les nourrissez mal — et on finirait par lui refuser son lait.

Quant aux conditions techniques, nous ne pouvons faire ici un cours professionnel. J'indiquerai seulement les plus importantes.

La première condition, évidemment, est de placer la laiterie dans un centre où il y ait des vaches, des pâturages, des fermes; il faut qu'elles ne soient pas trop éloignées, parce que le transport du lait de la ferme à la coopérative est assez onéreux.

En général, il ne faut pas laisser au paysan le soin d'apporter lui-même son lait, parce qu'il est à craindre qu'il ne le mette dans des récipients qui ne seront pas bien lavés, et la qualité du lait ou du beurre s'en ressentirait. C'est donc la laiterie coopérative qui doit se charger du ramassage, comme on dit. C'est un gros travail. Nous avons vu qu'il y avait des laiteries qui fabriquaient le beurre de 3 ou 4.000 vaches, c'est-à-dire de plusieurs centaines de fermes. S'il faut chaque matin en faire le tour, c'est toute une cavalerie à mobiliser, ou bien une douzaine d'auto-camions; mais il n'y a pas toujours de routes pour celles-ci entre les petites fermes de montagnes.

En général, on traite avec un entrepreneur pour faire ce ramassage; mais chaque voiture ne peut apporter le lait que d'un nombre de fermes limité, pour ne pas faire dans la journée un trop long trajet.

En second lieu, il faut que ces laiteries soient à proximité d'une eau courante abondante — non pour mettre de l'eau dans le lait, on laisse ce soin aux laitiers des villes — mais parce que les locaux et les instruments doivent être lavés continuellement à grande eau.

Troisièmement, il faut qu'elles soient situées aussi près que possible d'une station de chemin de fer parce que le transport du beurre veut être fait rapidement.

J'ai dit que l'un des avantages de la laiterie coopérative, c'était de pouvoir obtenir des conditions spéciales de transport. La grande Fédération de la Charente a des wagons à elle sur la ligne de l'Etat : 14 wagons qui font continuellement la navette entre Rochefort et Paris. Ce sont des wagons spéciaux à double paroi : l'intervalle est rempli de liège et il y a des appareils frigorifiques de façon que la température intérieure ne dépasse pas 11 degrés.

Enfin la dernière condition que j'indiquerai, c'est de trouver des agents de vente sur les lieux de destination.

Si la coopérative vend directement aux particuliers sous forme de colis-postaux, alors elle n'a pas besoin d'agents. Mais il est assez rare que la consommation privée puisse suffire à alimenter une grande laiterie coopérative.

Si elle vend à des coopératives de consommation, elle n'a pas besoin non plus d'agents de vente locaux. Ceci est mieux réalisable. Il y a dans l'Est de la France, je l'ai déjà dit, des laiteries coopératives qui n'ont pour clients que des sociétés coopératives de consommation.

Mais la Fédération des Charentes vend la presque totalité de son beurre à Paris. Elle a donc besoin d'avoir des agents spéciaux aux Halles ou dans les marchés, lesquels se chargent de la vente du beurre.

C'est peut-être la condition technique la plus difficile à remplir que d'avoir de bons agents, honnêtes et qui ne trompent pas la société.

En terminant cet examen des coopératives beurrières, je ne puis écarter une réflexion ou, du moins, un point d'interrogation, quoiqu'il puisse paraître un peu singulier après l'éloge que je viens de faire des laiteries coopératives : en somme, est-il bien de l'intérêt national de pousser à la production du beurre?

Le lait est un aliment infiniment précieux, surtout pour les enfants, et dont la production est très inférieure aux besoins. Le beurre est un article de luxe. N'y a-t-il pas un certain gaspillage à écrémer des millions d'hectolitres de lait à seule fin de mettre du beurre sur les tartines du déjeuner, ou pour assaisonner les plats, ou pour faire des gâteaux? (1)

§ 2. — Les coopératives de vinification

1° *Historique*

J'arrive maintenant à une forme d'association coopérative de production particulièrement intéressante pour la France : ce sont les associations de vinification, ou, comme l'on dit aussi, les caves coopératives.

Il semble que c'est en France que cette forme de coopération aurait dû prendre naissance, la France ayant été de

------

(1) Au jour où ces pages s'impriment, on annonce que le prix du lait va être relevé de 10 %. Et quels motifs font valoir les laitiers? C'est que « le fromage et le beurre absorbent de plus en plus le lait disponible » — surtout le fromage parce que ses prix ont plus monté encore que ceux du beurre.

Mais rien que pour le beurre, la quantité produite annuellement est de 1.500.000 quintaux (150 millions de kilos).

tout temps, depuis les Gaulois, un pays de vignes et de vin.

Néanmoins, je suis obligé d'avouer que ce n'est pas le cas; c'est en Allemagne que les premières coopératives de vinification ont commencé, en 1869, dans les provinces rhénanes où il y a d'excellent vin blanc et rouge; c'est dans les vallées de l'Ahr et de la Moselle que se sont créées les premières associations de vinification. Elles ont parfaitement réussi, tout d'abord. Mais, après une trentaine d'années de prospérité, après avoir servi de modèle à des associations semblables en Autriche, dans le Tyrol italien, elles ont décliné et n'ont pu être relevées, tant bien que mal, que par une intervention de l'Etat.

En France, ce qui a donné naissance aux premières associations de vinification, ce n'est pas l'exemple des coopératives allemandes, peu connues, c'est la grande crise de mévente des vins.

Il faut insister sur ce fait, car il est très instructif : l'origine des institutions sociales, et particulièrement des institutions coopératives, est due généralement à un état de crise, de souffrance, de misère, qui surexcite l'esprit de solidarité, tandis que dans la prospérité celui-ci s'évanouit. Je vous ai montré déjà que c'était la destruction du vignoble des Charentes par le phylloxera qui avait amené la création des premières laiteries coopératives.

En ce qui concerne la vinification, au début de ce siècle, de 1902 à 1910 — donc pendant presque dix ans — il y a eu une dépression terrible des prix du vin, et même souvent le vin ne s'est absolument pas vendu. Si vous me permettez un souvenir personnel, je me rappelle avoir vendu moi-même du vin à 4 fr. 50 l'hectolitre, c'est-à-dire un peu moins d'un sou le litre. Je sais bien que c'était le temps des francs-or; mais tout de même, convertissez ce prix en francs-papier et vous verrez que c'est bien peu : 18 francs d'aujourd'hui.

Ce qu'il y a de curieux et d'un peu humiliant pour les économistes c'est qu'après avoir écrit des centaines et des milliers d'articles sur la mévente des vins, on n'est pas encore d'accord sur l'explication. Je ne doute pas qu'elle n'eût pour cause la surproduction; mais les viticulteurs l'ont toujours nié parce qu'ils ne veulent pas admettre qu'ils aient été eux-mêmes les fauteurs du mal dont ils se plaignent.

Sans chercher davantage le mot de cette énigme qui ne nous concerne pas aujourd'hui, constatons simplement que c'est au plus fort de cette crise de mévente que s'est formée la première association coopérative de vinification. dans le département de l'Hérault, à Maraussan, à quelques kilomètres de Béziers, en 1904. Ce qu'il y a d'intéressant dans cette première coopérative c'est qu'elle avait un caractère nettement socialiste, comme nous allons le montrer tout à l'heure. Oh! socialisme de paysans propriétaires. sans doute, mais néanmoins cela donne à croire que l'esprit de solidarité est tout de même un peu plus développé dans les millieux socialistes que dans les milieux bourgeois.

Cette coopérative de Maraussan a commencé comme simple coopérative de vente. Elle n'avait pas de caves pour faire elle-même le vin, ni même de foudres pour le loger. Ce n'est pas étonnant, car elle n'avait que cent vingt sociétaires qui versaient 25 francs chacun; cela lui faisait 3.000 francs. Ce n'est pas avec un capital de 3.000 francs qu'on peut bâtir un cellier et acheter des foudres. Elle achetait le vin chez ses sociétaires; mais il restait pour le compte de la société chez le propriétaire, en dépôt, pour ainsi dire, et la société se chargeait de le revendre. Elle agissait donc simplement comme un négociant en gros. Cependant la société a bien senti que ce n'était là qu'un début et qu'il fallait en arriver à la production proprement dite. à la vinification. Il fallait pour cela construire d'abord un chai puis un cellier : dans un chai (ou magasin, comme on dit aussi), il n'y a que des tonneaux ou foudres pour recevoir et conserver le vin. cela suffit si on se contente d'en faire commerce; tandis que, dans un cellier, il y a en plus des cuves, des pressoirs et autres instruments pour la vinification proprement dite.

Cette coopérative a construit en effet, dès 1906, c'est-à-dire très peu de temps après sa naissance, un beau cellier. qui a été pour le pays, à ce moment-là, un véritable modèle. Il a été très bien aménagé et a coûté 175.000 francs. Comment a-t-elle pu trouver cet argent, avec son minime capital de 3.000 francs et ses 120 sociétaires qui étaient des paysans? Elle a eu recours à la fois au crédit agricole et aux avances de l'Etat. La caisse régionale du département lui a prêté 109.000 francs. Le ministre de l'Agriculture lui a donné une subvention de 30.000 francs. D'autre part, les sociétés coopératives de consommation de Paris lui ont promis d'acheter son vin et, en même temps, elles ont souscrit pour 30.000 francs d'actions avec un dividende de 1.000 francs. La coopérative de Maraussan a pu placer d'autres actions dans le pays et elle est arrivée ainsi au chiffre de 175.000 francs, nécessaires à la construction du cellier. Ce cellier a été construit pour contenir 20.000 hectolitres de vin, mais il a débuté avec 15.000 hectolitres, ce qui était déjà une cave assez respectable.

J'ai dit que cette coopérative vinicole avait un caractère socialiste. Quel sont alors les traits qui permettent de la caractériser ainsi. Les voici.

D'abord, son nom, dans une certaine mesure, son titre fier : « Les Vignerons libres de Maraussan » ! Pour faire honneur à leur titre, ces libres vignerons ont adopté les statuts suivants :

1° L'association n'est faite que pour les petites gens, les petits viticulteurs, ceux qui, en principe, ne récoltent pas plus de 400 hectolitres. Cela ne suppose pas un gros vignoble, surtout dans ce pays où la terre rend énormément en vin : 200, 300 et même jusqu'à 400 hectolitres par hectare. Sans doute, ce sont là des rendements exceptionnels, mais en moyenne une récolte de 400 hectolitres ne suppose que 5 ou 6 hectares de vignes.

A vrai dire, on ne s'y est pas tenu strictement; parmi les sociétaires ,il y en a une vingtaine qui produisaient jusqu'à un millier d'hectolitres; mais c'était une exception. En fait, aussi bien qu'en principe, l'association est réservée aux petits propriétaires, aux vrais paysans, à ceux qui cultivent de leurs mains et n'emploient pas de salariés.

On trouve là une anticipation du régime russe; les coopératives russes actuelles n'admettent que les prolétaires, c'est-à-dire ceux qui tirent leurs revenus d'un travail personnel, à l'exclusion des bourgeois et des rentiers.

2° Le second caractère socialiste de cette association. plus significatif et plus curieux peut-être que le précédent, c'est que si elle n'admet pas les gros propriétaires, par contre, elle admet comme sociétaires ceux-là mêmes qui ne sont pas propriétaires et ne récoltent pas un verre de vin, les travailleurs, les ouvriers vignerons!

Quel intérêt ont-ils, me direz-vous, à entrer dans une cave coopérative puisqu'ils n'ont pas de vin à y mettre et quel intérêt a-t-on de les y admettre? C'est une anomalie, quelques critiques ont même dit : une absurdité. Mais les Vignerons libres ont voulu que même les prolétaires ne fussent pas exclus de cette société s'ils désiraient y entrer, et qu'ils pussent y trouver quelques petits avantages, autres que la vente du vin, et que je vais indiquer tout à l'heure.

3° Un autre caractère socialiste c'est que les ventes étaient réservées, autant que possible, aux coopératives de consommation ouvrières.

L'idée des Vignerons libres c'était de faire produire le vin *par* les prolétaires et *pour* les prolétaires. A l'origine, en effet, leurs principaux clients étaient les coopératives de consommation socialistes de Paris.

Il faut dire que ce dernier caractère a été un peu altéré lorsqu'a cessé la crise de mévente dont je parlais tout à l'heure. Tant qu'elle a duré, les Vignerons libres de Maraussan étaient trop heureux de vendre aux sociétés de consommation, même au bas prix que celles-ci imposaient. Mais quand la crise a passé et que les prix se sont élevés, si socialistes qu'ils fussent, les Vignerons libres de Maraussan ont élevé leurs prix tout comme les autres. Alors, les coopératives de consommation de Paris ont trouvé qu'on leur vendait trop cher et il y a eu, sinon une brouille, tout au moins une séparation à l'amiable entre les coopératives de production et les coopératives de consommation.

C'est un petit épisode intéressant à noter. Car il nous éclaire sur une grosse question à l'ordre du jour : celle de concilier les intérêts des associations agricoles de production qui, naturellement, cherchent le prix maximum, avec les intérêts de sociétés coopératives de consommation qui, elles, cherchent le prix minimum.

4° Le troisième caractère de ces sociétés c'est le mode de répartition des bénéfices, qui est bien différent de celui pratiqué dans les sociétés capitalistes.

Les bénéfices, quand il y en a, se répartissent de la façon suivante :

a) Un quart (25 %) pour les œuvres de propagande sociale, de nature quelconque; par exemple, une partie était attribuée à une fédération des sociétés de consommation socialistes, disparue aujourd'hui : la Bourse socialiste de Paris.

b) Un autre quart avait pour but de constituer un fonds de développement pour la société : agrandir le cellier quand la nécessité s'en ferait sentir, acquérir un petit domaine collectif qui appartiendrait à l'ensemble des sociétaires.

c) Le troisième quart est réparti entre les acheteurs du vin, à la condition qu'il s'agisse non pas d'acheteurs individuels mais d'organisations ouvrières : les sociétés de consommation de Paris, par exemple, qui leur achetaient le vin, touchaient une ristourne sur leur prix d'achat, ristourne à laquelle étaient affectés ces 25 % prélevés sur les bénéfices.

d) Si vous retranchez successivement ces 3/4, il ne reste qu'un quart, 25 % à distribuer entre les sociétaires comme bénéfice. Ce n'est pas beaucoup; mais, en réalité, c'était moins encore, car ces bénéfices étaient inscrits seulement à leur compte et ne leur étaient remboursés qu'au jour du décès. J'ajoute que ces bénéfices n'étaient pas partagés conformément au principe individualiste, c'est-à-dire proportionnellement à l'apport en raisins de chaque associé; ils devaient être répartis par parts égales entre tous. Le plus petit propriétaire, ou même celui qui n'était pas propriétaire du tout, un simple ouvrier, avait droit à la même part que les autres : il y avait droit, mais je viens de vous dire qu'il ne la touchait pas.

C'est pourquoi cette question du bénéfice n'avait qu'un intérêt secondaire; en fait, les sociétaires ne comptaient jamais sur ce bénéfice-là. C'est là un trait remarquable, car des coopérateurs qui vont dans une coopérative en sachant qu'ils ne toucheront rien, ce n'est pas ordinaire.

Et pourtant, c'est là le véritable esprit de la coopération.

Dans les sociétés coopératives ordinaires, 90/100 des membres ne viennent que pour toucher des bonis, des ristournes. Mais s'ils étaient de vrais coopérateurs ils ne demanderaient à la société d'autre avantage que celui d'avoir des marchandises de bonne qualité, et ne croiraient pas avoir droit, en outre, à une espèce de prime.

Les Vignerons de Maraussan avaient compris cela : ils avaient compris qu'il n'est pas besoin qu'une société distribue des bénéfices pour procurer des avantages à ses membres. Elle leur procurait celui de faire mieux leur vin, par conséquent, de le vendre mieux, d'en obtenir un prix plus élevé, et puis, aussi, de profiter de quelques autres avantages que j'indiquerai tout à l'heure. Ils pensaient que cela suffisait et qu'il n'était pas besoin d'ajouter l'appât d'un profit supplémentaire.

5° Enfin le dernier caractère à noter c'est que la coopérative de Maraussan a cherché à devenir un centre de propagande et d'enseignement social, ou même socialiste. A cet effet, elle s'est entourée de tout un petit réseau d'autres formes d'associations coopératives.

D'abord, dans le village même, les Vignerons avaient créé une société coopérative de consommation, où étaient tenus de s'inscrire comme membres tous les membres de l'association de vinification. Ils ont créé aussi une coopérative d'habitation pour ceux de ses membres qui désiraient un logement. Enfin — c'est là le plus original — ils ont établi une coopérative d'exploitation de la terre. J'ai dit que la société de Maraussan avait consacré une petite somme à acheter un domaine collectif, tout petit, deux ou trois hectares; mais c'était seulement pour le principe.

Ce domaine qui appartient à l'association, celle-ci le fait cultiver collectivement. C'est donc une propriété non seulement sociale, mais socialisée. L'expérience ne peut encore donner aucun résultat intéressant, mais si des associations semblables se répandaient en France, on verrait se créer une forme nouvelle d'entreprise agricole qui succéderait ainsi à la vieille forme de propriété individuelle foncière.

Le succès de cette coopérative de vinification avait fait naître à Maraussan même, quoique ce soit un tout petit village, une concurrente, sous la forme d'une société de vinification catholique qui se nommait : « la Bienfaisance vinicole de Maraussan ». On a opposé les blancs aux rouges; dans le midi de la France il en est toujours ainsi, qu'il s'agisse de syndicat, de coopérative, d'orphéon, ou de n'importe quoi. Mais cette coopérative catholique n'a pas eu le même succès et a même disparu.

D'autres associations se sont formées dans différents coins du Sud-Est; une, notamment, mérite d'être citée parce qu'elle a été presque contemporaine de la société des Vignerons libres de Maraussan : c'est celle de Gaillac, dans le Tarn. Elle a été créée en 1904, donc en même temps que celle de Maraussan; mais elle n'a pas un caractère socialiste; elle est, sinon bourgeoise, tout au moins neutre.

Ce mouvement des caves coopératives a un peu fléchi quand la période de mévente a pris fin, en 1910 — confirmation de plus de ce fait que la solidarité bien souvent est fille des mauvaises années, et si depuis lors il a repris c'est grâce,· il faut bien l'avouer, aux prêts quasi-gratuits (2 % seulement) de l'Etat, majorés souvent encore par des subventions des communes.

Cette année notamment, dans le département du Gard, il y a une véritable pullulation de caves coopératives : on en voit pousser presque dans chaque village. Pourquoi? Parce que, de nouveau, il y a mévente du vin. Les vins, qui étaient montés au-dessus de 100 francs, il y a trois ans, sont tombés successivement à 80, 60 francs et cette année ils ne se vendent pas du tout (1). Ce n'est pas surprenant! La récolte de 1924 a dépassé 70 millions d'hectolitres, alors que la consommation de la France ne dépasse guère 50 millions. Alors, ces viticulteurs, dont l'individualisme imprévoyant a amené la mévente, se tournent de nouveau vers la solidarité!

Si j'avais le temps d'étudier le mouvement en dehors de la France, je pourrais vous citer de brillants exemples de caves coopératives à l'étranger. J'ai dit que celles d'Allemagne avaient beaucoup fléchi après une période très bril-

---

(1) A la date où s'imprime ceci, le prix des vins a momentanément remonté, sans que d'ailleurs on puisse bien savoir pourquoi, car la récolte de 1925 est presque aussi forte que celle de 1924. Une explication possible c'est que l'Etat achète l'alcool à un prix très élevé et que, par conséquent, le viticulteur a toujours la ressource de convertir son vin en eau-de-vie — lamentable opération pour la santé publique!

lante, mais il y en a de prospères dans le Tyrol italien (1) et autrichien, en Espagne, depuis peu, et même dans un milieu où on ne l'aurait guère attendu : en Palestine. Les colonies sionistes qui se sont établies en Palestine ont essayé de refaire de ce pays la Terre Promise telle qu'elle apparut aux envoyés de Josué, la terre du miel et du raisin. Elles ont défriché des terres, installé de grands vignobles et créé des caves coopératives qui sont assez prospères.

2° *Organisation des caves coopératives*

Mais revenons à la France.

Quels sont les obstacles et les avantages de ces associations coopératives?

1° Le premier obstacle c'est le sacrifice imposé au propriétaire viticulteur. C'est de le faire renoncer à ce qu'il considère comme étant le charme de sa profession : faire le vin et tout ce que comporte cette opération, dénouement passionnant de toute une année d'attente! Suivre les charrettes, chargées de raisin, jusqu'au collier, surveiller la fermentation, voir le vin achevé jaillir de la cuve ou du pressoir, le « peser » avec un appareil spécial pour trouver le degré alcoolique, admirer sa couleur, déguster son bouquet, recevoir les courtiers, les acheteurs, leur donner audience, débattre le prix, lutter avec eux de ruse ou de savoir-faire, les rouler, si on peut y arriver — tout cela, ce sont les joies de la vie rurale auxquelles on ne renonce pas volontiers.

Néanmoins, ce qui fait que cet obstacle n'est pas dirimant, comme on dit en droit, c'est qu'il ne faut pas croire que tous les propriétaires jouissent de ces avantages dont je viens de parler; les plaisirs que j'ai décrits sont réservés aux grands propriétaires ou, tout au moins, aux proprié-

---

(1) D'après un article qui vient de paraître dans la *Revue de viticulture*, sur la crise de la coopération viticole en Italie, dont l'auteur est M. Berget, qui est une autorité en la matière, ces sociétés italiennes seraient en voie de déclin, et M. Berget en voit la cause dans le fait qu'elles n'ont pas bénéficié, comme en France, des avances de l'État.

taires moyens, à ceux qui ont une étendue de vigne suffisante pour se donner le luxe d'un cellier, de foudres, des pressoirs et de tous les appareils nécessaires pour faire eux-mêmes leur vin. Mais il y en a un très grand nombre qui n'ont pas le moyen de posséder tout cela; ou bien, ils sont trop misérablement installés. Aussi, ne voient-ils jamais arriver les courtiers ou les marchands pour acheter leur vin.

Ceux-là, par conséquent, n'ont aucun sacrifice à faire en adhérant à la coopérative. Et c'est précisément pour ceux-là qu'a été créée la Coopérative des Vignerons libres de Maraussan, pour les petits propriétaires qui récoltaient moins de 400 hectolitres. Sur les 279 sociétaires — c'est la dernière statistique — il y en avait 185, c'est-à-dire les 2/3 qui produisaient moins de 50 hectolitres; et la moyenne même de ces 185 ne dépassait pas 65 hectolitres, c'est-à-dire une dizaine ou une quinzaine de barriques bordelaises. Il n'y a pas de quoi remplir un foudre parce que le vrai foudre tient 150 à 300 hectolitres. Ils étaient très heureux, par conséquent, d'avoir une cave commune où ils pouvaient porter leur vin et qui leur épargnerait la situation cruelle de ces paysans qui, n'ayant pas de quoi loger leur vin, sont obligés de le vendre, pour ainsi dire, sur souche, ou dans des petits barriques, sans pouvoir attendre. Quand ils ont la ressource de la cave coopérative, ils sont sauvés.

Il arrive aussi que des propriétaires qui ont des futailles en quantité suffisante pour loger une récolte, n'en ont pas pour en loger deux; si donc ils arrivent à l'époque de la vendange avec leur vin de l'année précédente non vendu, ils ne savent que faire; ils sont obligés de le vendre à tout prix. La cave coopérative leur évite cette extrémité.

2° Le second obstacle c'est la question de situation topographique de la cave. Il faut que celle-ci soit située dans un centre de vignobles et que ses sociétaires ne soient pas trop éloignés les uns des autres, parce que si le transport du vin est relativement facile, le transport des raisins est, au contraire, assez difficile. Pour que chaque propriétaire puisse apporter le raisin, sitôt cueilli sur la souche, à la cave coopérative, il faut que celle-ci ne soit pas trop éloignée. Sans doute quand on a un auto-camion qui fait 40 kilomètres à l'heure, on peut envoyer sa vendange assez loin et mettre le cellier loin du vignoble. Aussi les propriétaires qui ont des autos n'ont-ils pas besoin de caves coopératives. Mais quand il s'agit de paysans, ils mettent le raisin dans des « cornues » et ces cornues sur des charrettes auxquelles sont attelées des mules qui ne marchent pas plus vite qu'un homme. Si elles mettent deux heures pour aller à la cave coopérative, autant pour revenir, et une heure pour décharger ou attendre, alors il faut arrêter la vendange et laisser les vendangeurs se croiser les bras la moitié de la journée, car le petit propriétaire n'a que deux ou trois chevaux pour faire le service; il ne peut donc établir un va-et-vient qui ne s'arrête pas.

La cave ne peut donc recruter des sociétaires que dans un rayon très court, et il n'est pas toujours facile de trouver dans ce cercle restreint le nombre de sociétaires nécessaires au fonctionnement de la société. Or, il en faut beaucoup, car aujourd'hui une cave coopérative coûte 5 ou 600.000 francs, et on ne peut guère compter qu'aucun des sociétaires souscrive un grand nombre d'actions et fasse un versement très important. Il est vrai qu'il y a la ressource des avances faites par le Crédit Mutuel ou par l'Etat. Mais elles ne sont accordées que si au préalable la plus grande partie du capital social est souscrite et versée.

3° Un troisième obstacle c'est la difficulté de trouver le gérant pour diriger la coopérative, et le personnel compétent dans la question de vinification.

Il faut remarquer que, à la différence de la laiterie où le travail est continu toute l'année, dans la cave coopérative le gros travail n'a lieu que pendant les quelques semaines de la vendange, au mois de septembre. Le reste du temps, le travail se réduit à très peu de chose : surveiller et soutirer le vin, s'occuper de la correspondance et de l'expédition des vins. Il faut donc avoir un personnel considérable pendant les vendanges, et le reste de l'année on ne sait qu'en faire. Il y a là une difficulté spéciale à cette forme d'entreprise qui n'existe pas au même degré pour les autres formes coopératives.

4° La quatrième difficulté pratique c'est de régler le tour de rôle des sociétaires pour la réception de leurs raisins et la fabrication de leur vin. Pour les vendanges, le jour de la récolte a une très grande importance : on peut craindre la pluie, la sécheresse, une attaque de mildew, un coup de soleil. Un ou deux jours de retard peuvent compromettre ou faire perdre la récolte. Pourtant les sociétaires d'une cave coopérative ne peuvent pas tous vendanger à la fois; il faut qu'ils se succèdent et parfois leurs charrettes ont à faire longtemps la queue à la porte de la cave. Cela peut donner lieu à des querelles, des disputes, des chamailleries entre sociétaires.

A la différence des laiteries coopératives qui imposent à leurs membres l'obligation d'apporter tout leur lait à la laiterie, les caves coopératives n'ont pas, généralement, cette exigence, bien au contraire! En effet, elles pourraient être dans l'impossibilité de loger tout le vin de leurs membres. Et si elles les mettaient dans l'obligation d'apporter tout leur vin, il faudrait, en retour, qu'elles s'engageassent à vendre tout. Cela n'est pas possible. La récolte est trop variable d'une année à l'autre pour que l'association prenne de semblables engagements.

5° La répartition du prix global de la vente du vin par la cave a lieu conformément aux principes coopératifs que j'ai indiqués bien des fois, c'est-à-dire que les bénéfices ne sont pas répartis au prorata du capital des actions, mais au prorata des apports en nature, des apports en raisin de chaque sociétaire. On pèse la récolte apportée par chaque sociétaire, puis on le règlera proportionnellement au poids.

Toutefois, il y a deux systèmes : ou bien on tient compte uniquement de la quantité; ou bien on tient compte non seulement de la quantité mais de ce qu'on appelle le poids. Ce que les viticulteurs appellent le poids c'est le degré alcoolique (on emploi ce mot de poids, parce qu'on pèse le degré alcoolique avec un appareil spécial, l'alcoomètre).

Pour le lait, la question de savoir quelle est sa richesse en crème, c'est-à-dire en beurre, est importante aussi. Mais elle l'est beaucoup plus pour le vin, car, suivant qu'il titre 6 ou 9 ou 12 degrés, sa valeur est infiniment différente. Depuis quelques années on n'achète presque plus le vin à l'hectolitre, mais au degré; ainsi, on dira qu'on achète le vin à 8 francs le degré, c'est-à-dire qu'après avoir pesé le vin, on donne tant par centilitre d'alcool qu'il contient, 80 francs pour 10 degrés.

Il paraîtrait donc juste de répartir les bénéfices non pas seulement au prorata de la quantité apportée mais au prorata de la richessse alcoolique du raisin apporté par chaque sociétaire. Quelques sociétés le font, précisément celle de Maraussan. Mais il y en a un plus grand nombre qui ne le font pas. Pourquoi? Généralement pour simplifier et pour ne pas donner lieu à des discussions avec les sociétaires. D'ailleurs, comme chaque cave n'opère que dans un petit cercle, la qualité des raisins et leur richesse alcoolique ne varient pas beaucoup d'un sociétaire à l'autre; d'autant moins que la variété des cépages, très grande autrefois, tend de plus en plus à se perdre au détriment de la qualité, dans l'uniformité de deux ou trois cépages, surtout l'Aramon et le Carignan pour les vins rouges, la Clairette pour les vins blancs. C'est le système de la production industrielle « standardisée » transposé dans l'agriculture.

Une autre raison pour laquelle on n'introduit pas cette complication dans le calcul, c'est que si le vin des terres de coteaux est plus riche en alcool, il donne moins de jus dans la cuve et à la presse, tandis qu'un vin de plaine donnera un vin moins alcoolique mais plus abondant.

3° *Avantages des coopératives de vinification*

Et maintenant quels sont les avantages que ces sociétés offrent à leurs membres?

Le premier, c'est l'amélioration de la qualité du vin par une vinification bien faite, avec des instruments perfectionnés et toutes les ressources que possède aujourd'hui la vinification : des pressoirs hydrauliques, des cuves en ciment ou même garnies de verre à l'intérieur, comme d'immenses bouteilles. Je n'entre pas dans ces détails.

L'association coopérative peut même espérer arriver à améliorer la qualité du vin à un point suffisant pour lui conférer une « marque » spéciale et, celle-ci une fois connue, élever ce vin à la dignité de « cru » qui se vendra plus cher. L'association coopérative de Gaillac, dans le Tarn, déjà citée, frappe ses bouteilles d'une marque spé-

ciale : un coq. Ce sont les armes de la petite ville de Gaillac (*gallus*, coq).

On peut même se demander si certains vins qui sont
déjà des crus connus, ne gagneraient pas à prendre la
forme de l'association coopérative, du moins pour les petits
propriétaires. Notamment pour les vins de Champagne.

Ce qu'on appelle le vignoble de Champagne proprement
dit n'est pas grand : 17.000 hectares. Ces 17.000 hectares
appartiennent en grande partie à de grands propriétaires
dont les noms sont célèbres dans le monde entier, mais je
ne suis pas ici pour leur faire une réclame de plus. Seulement ils n'ont pas assez de vignes pour fournir à l'énorme
consommation des vins de Champagne et de ses marques
illustres. Alors que font-ils, ces grands propriétaires? Ils
achètent les raisins à leurs voisins, aux petits propriétaires, car une partie de ces vignobles appartient encore à
de petits propriétaires et paysans. Ils achètent ces raisins,
les font porter dans leurs caves et quand il en sort, ce vin
roturier est naturellement devenu un des vins nobles de
Champagne. C'est pour eux un bénéfice énorme.

Alors, ces petits propriétaires se sont dit : Au lieu de
jouer ce rôle de dupes, en apportant notre vin aux grands
propriétaires et en leur laissant ainsi tout le bénéfice de
sa transformation, ne pourrions-nous pas faire cela nous-
mêmes : garder nos raisins, avoir nos caves et vendre notre
vin comme vin de Champagne? Ce serait parfaitement du
vin de Champagne, du vrai, fait sur les même terrains, dans
le même milieu. En effet, on l'a essayé et même plusieurs
fois. La première fois, il y a déjà longtemps, en 1800, il
y a 35 ans, il se trouva un initiateur qui se voua à cette
tâche de créer une cave des petits vignerons de Champagne et de faire concurrence aux grands. Eh bien, elle a
complètement échoué. Pourquoi? Parce qu'elle n'a pu faire
connaître sa marque. Ils avaient beau dire : Nos vins sont
les mêmes que le Moët et Chandon ou que le Rœderer,
personne ne les croyait. Les Américains qui alors (je parle
du passé) achetaient le Champagne à n'importe quel prix,
n'allaient pas vérifier si ce vin de paysans était bon. Ils
connaissaient une marque et n'en achetaient pas d'autre.

Tout récemment, on a pourtant fait un nouvel essai pour
vinifier en Champagne les raisins des petits propriétaires.

C'est « la Coopérative Générale des vins de Champagne », dans une localité dont le nom est familier aux amateurs, à Aï. Celle-ci a mieux réussi. Elle n' a pas l'ambition de devenir une grande marque cotée dans les restaurants, mais elle produit du vin nature, c'est-à-dire non rendu mousseux par des procédés artificiels, qui est moins coûteux et excellent. La partie ne doit donc pas être abandonnée. Les coopérateurs ne la lâcheront pas.

Voici un second avantage, beaucoup moins connu : c'est l'utilisation des sous-produits.

Nous avons déjà vu comment les laiteries coopératives utilisaient les sous-produits du beurre, notamment le petit lait et la caséine. Il en est de même dans les associations coopératives de vinification. Il y a aussi des sous-produits dans la vendange. Certains de ces sous-produits ont été connus de tout temps.

Tel d'abord le marc, qui reste au fond de la cuve ou du pressoir quand on a fait couler le vin : c'est une grosse quantité, 15 à 20 % du poids total de la vendange. Le marc peut être employé de différentes façons : ou bien travaillé à la distillerie pour faire l'alcool; ou bien, comprimé en tourteaux pour la nourriture du bétail; ou même, découverte toute récente, être carbonisé et distillé pour en retirer une proportion assez notable de poudre de charbon, de goudron, d'alcool, etc.

Mais voici un autre sous-produit auquel on n'avait jamais pensé jusqu'à une date assez récente, et pour l'utilisation duquel la coopérative est indispensable : ce sont les pépins de raisins, ou, plus exactement, l'huile qu'ils contiennent. Il y a en effet, dans les pépins de raisins une quantité assez notable — 15 ou 20 % d'huile — et une très bonne huile. Vous savez combien l'huile est recherchée, aujourd'hui, pour toutes espèces d'emplois : notamment pour les machines et les moteurs des avions. On a donc pensé qu'il ne fallait pas laisser perdre cette aubaine.

Seulement, les pépins ne sont pas gros! Ils représentent à peu près, 13 à 14 % du poids du marc qui, lui-même, représente 15 à 20 % du poids du raisin. Il faut compter 1.000 kilogs de pépins pour produire 3 à 4 litres d'huile, c'est-à-dire des millions de quintaux de raisin pour une production d'huile qui vaille la peine d'être entreprise. Il est donc bien évident qu'un propriétaire isolé ne peut avoir la prétention d'exploiter les pépins de ses raisins, quand bien même il aurait un gros domaine.

C'est ici que la coopérative peut montrer ses avantages en réunissant les vendanges d'un grand nombre de domaines, des millions de kilogs de raisin. Ce serait même peu lucratif pour une seule coopérative, mais l'entreprise devient possible pour une supercoopérative.

Près de Perpignan, il y a une association créée spécialement pour cette industrie, « La Catalane ». Elle draine le marc à 30 kilomètres à la ronde et avec ces millions de kilogs de marc, elle arrive à extraire 40 à 50.000 litres d'huile, ce qui représente un rendement intéressant.

Voilà qui serait bien plus utile que d'employer le marc à faire de l'alcool, comme on le fait sur une beaucoup plus grande échelle.

J'indiquerai encore une utilisation possible — car celle-ci n'est encore qu'en perspective — pour les coopératives vinicoles: c'est de faire du vin sans alcool, du vin non fermenté. Vous savez qu'aujourd'hui le vin de France est menacé d'être expulsé de partout; il y a beaucoup de pays qui se mettent au régime sec, non pas seulement les Etats-Unis, mais encore les pays scandinaves et d'autres. Or, ces mêmes pays, qui prennent pour loi de s'abstenir de boissons fermentées ou distillées, apprécient beaucoup le jus de fruit et, notamment, le jus de raisin. Il y aurait donc là pour la France un moyen de reconquérir les marchés de l'exportation perdus, en fabricant des vins non alcooliques.

On le fait déjà. J'ai connu personnellement un grand domaine dans les Bouches-du-Rhône, où l'on faisait tous les ans plusieurs milliers d'hectolitres de vin non fermenté, mais la vente en était difficile.

Il y aurait là pour les coopératives vinicoles une œuvre, une mission, véritablement intéressante : c'est de convertir les Français à la consommation du vin sans alcool. Ce ne sera pas une tâche aisée car ils n'apprécient guère ce breuvage et son goût douceâtre, mais les étrangers, et surtout ceux qui sont au régime sec, l'apprécient mieux. Et prenant les devants, ils se sont mis, notamment en Californie, à produire eux-mêmes du vin non fermenté.

D'ailleurs, on peut faire avec le raisin autre chose que du vin non alcoolisé; on peut faire du miel, du sirop, du sucre, et même tout simplement vendre les raisins en nature, ou les faire sécher comme ceux de Corinthe et de Smyrne.

Il y a donc là un champ très varié qui s'ouvre aux entreprises coopératives vinicoles.

Et ce serait peut-être aussi le moyen d'apporter un remède à la crise de mévente qui frappe périodiquement, tous les vingt ans environ, le marché des vins.

En tout cas, le développement de ces associations de vinification a pris un essor surprenant ces derniers temps (1). Il y aura bientôt une cave coopérative dans chaque village des pays viticoles. Et même on peut dire — conclusion imprévue à ce chapitre! — qu'il y a là un danger éventuel en ce sens que la multiplication de ces caves risque d'aggraver la crise de surproduction du vin. En effet, le seul frein à la plantation de vignobles, ce sont les dépenses de construction et d'installation des celliers — cuves ou foudres, pompes, pressoirs, etc. — qui sont considérables. Quant aux frais de plantation proprement dits, ils se bornent à l'achat de cépages hybrides et au labourage ou défoncement des terres, travaux qui peuvent rentrer dans le cadre de l'exploitation habituelle. Or, par l'établissement d'une cave coopérative, construite en grande partie avec des avances de l'État, les grosses dépenses de construction et outillage se trouvent supprimées et le champ est ouvert à tous. Je connais un village dans le Gard où dès l'établissement de la cave, et avant même que les constructions aient été achevées, tous les petits propriétaires voisins ont supprimé leurs terres à céréales ou prairies et les ont mises en vignobles.

Quant à la crise de surproduction dont on leur fait entre-

---

(1) Ce mouvement s'est continué et accentué au cours de l'année 1925 : rien que dans le département du Gard 14 caves nouvelles ont été installées.

voir l'éventualité, ils s'en moquent, car, en supposant même qu'elle se réalise, ils comptent d'ici là avoir le temps de rentrer dans leur argent. D'ailleurs ce qui tente le planteur de vignes c'est précisément l'aléa : tout viticulteur a l'âme d'un joueur.

§ 3. — Les coopératives pour la production de la farine et du pain

Sur la table de tout Français figurent le pain et le vin et il ne saurait guère se passer de l'un ni de l'autre.

Mais la coopération qui, comme nous venons de le voir, prend une assez grande extension dans la production du vin, fait-elle les mêmes progrès dans la production du pain? Non. Et pourtant ce serait l'aboutissant logique de l'évolution de cette industrie. Voici pourquoi.

Il n'est pas besoin de dire que l'industrie du pain a été de tout temps et jusqu'à une date récente, une industrie domestique. Le pain se faisait à la maison; et non pas seulement le pain, la panification proprement dite, mais aussi, quoique cette période ait duré moins longtemps, la mouture. Car la fabrication du pain comporte deux séries d'opérations :

la première, la mouture, c'est-à-dire la transformation du grain en farine.

la seconde, la panification : c'est la transformation de la farine en pain comestible.

Je rappelle le tableau inoubliable du palais de Pénélope, dans *l'Odyssée*, qui montre les femmes esclaves travaillant toute la journée à moudre le pain pour les voraces prétendants. Telle était la destinée de femmes, esclaves ou non, qui passaient leur vie à moudre la farine pour faire le pain.

A Rome, dans chaque maison patricienne, ce n'étaient plus les femmes, mais les hommes esclaves qui étaient condamnés, enchaînés même au travail de la meule, considéré comme le plus dur châtiment imposé aux esclaves.

Aujourd'hui encore, en Algérie, en Kabylie, dans toute l'Afrique et dans tout l'Orient, ce sont les femmes qui broient le blé, l'orge ou le millet sur la pierre, dans la maison, pour faire les galettes qui servent de pain : ici la mouture et la panification se confondent dans le même travail.

On voit que c'est une histoire tragique que cette innocente industrie de la mouture : il y en a peu qui aient fait plus gémir l'espèce humaine. Mais aussi est-ce la première où le travailleur ait été libéré par la machine, par le moulin à eau. Nous avons, dans une anthologie grecque, un petit poème où est célébré avec enthousiasme l'avènement de cette force libératrice : quel événement en effet! Le poète chante les nymphes des eaux qui viennent danser sur la meule et qui ont aboli ainsi le travail de moudre le grain: esclaves et femmes! s'écrie-t-il, vous n'avez plus besoin de vous réveiller au chant du coq.

L'invention du moulin a eu une autre conséquence économique de la plus haute importance : elle a fait sortir l'industrie de la mouture de la maison, en l'industrialisant. Le moulin a nécessairement créé le meunier.

L'émigration ou industrialisation de cette industrie domestique a été le premier acte d'une ségrégation d'autres industries qui, peu à peu, se sont détachées du foyer de famille pour chercher la clientèle au dehors et devenir industries lucratives, telles que le tissage, la couture, le blanchissage, la fabrication de la charcuterie, de la pâtisserie, des confitures, etc. Ce serait toute une histoire à faire, et des plus suggestives, que celle de cette émancipation des industries familiales.

Ainsi le travail de la mouture a passé de la maison au dehors et est devenu une industrie.

Cette industrie qui a pris une telle place qu'en bien des lieux elle est devenue, sous l'aspect de moulins à vent ou de moulins à eau, un des traits caractéristiques du paysage. A combien de peintres l'un et l'autre n'ont-ils pas fourni des motifs charmants?

Mais là comme ailleurs, cette industrie est en voie de transformation et les petits moulins à eau ou à vent sont de plus en plus éliminés par les grandes minoteries à vapeur qui, au lieu de quelques sacs de blé quotidiens, écrasent les chargements de trains entiers. Cependant il reste encore bon nombre de vieux moulins (15.000 d'après une enquête officielle, plus de 20.000 au dire d'autres), mais la plupart ne travaillent qu'un petit nombre de jours dans l'année.

Quant à la panification proprement dite, très longtemps après la mouture, elle a continué à être faite à domicile. Il n'est pas besoin de remonter au temps de Pénélope, ni même de l'empire romain, pour voir cette opération faite à la maison. J'ai mangé bien souvent moi-même, dans un domaine du midi de la France, le pain fait à la ferme. Le cultivateur allait porter son blé chez le meunier et celui-ci le lui rendait en farine : avec cette farine le cultivateur faisait le pain chez lui.

Mais un jour est venu où la panification a fait comme la mouture : elle a émigré et a été se transformer en industrie autonome : le boulanger a apparu.

Dans les villes, il y a longtemps que la panification est devenue professionnelle. A Rome déjà les boulangers étaient bien connus, mais dans les campagnes la fabrication du pain à domicile s'est maintenue jusqu'à hier. Cependant aujourd'hui, et surtout depuis la guerre, elle disparaît presque partout. Pourquoi?

Pour la mouture, on le comprend : c'était extrêmement pénible et ce fut un bienfait quand le travail de l'homme a été remplacé par la force motrice du vent ou du cours d'eau.

La panification n'est pas un travail aussi pénible, mais il l'est pourtant et ne pourrait guère être exécuté par des femmes, comme le fut la mouture; pétrir, diviser et soulever la pâte visqueuse exige un grand effort musculaire, mais qui n'est pas au-dessus des forces de travailleurs de terre endurcis à de rudes travaux.

Mais il y a d'autres raisons : c'est d'abord que la main-d'œuvre est devenue rare et trop coûteuse.

Autrefois, un valet de ferme était occupé toute une journée à faire le pain pour la semaine et c'était une journée de valet de ferme ne valait que 2 ou 3 francs, cela pouvait se faire; aujourd'hui qu'elle se paie 15 et jusqu'à 18 francs, cela fait revenir le prix du pain assez cher.

Ce n'est pas seulement, de la part des fermiers, une question de frais; c'est aussi une question de gourmandise. Autrefois, à la campagne, on mangeait le pain de huit jours et on le trouvait encore très bon; personne ne s'en plaignait. Aujourd'hui, on trouve qu'un pain de huit jours est immangeable; alors, on préfère aller l'acheter tous les jours chez le boulanger. Même dans les hameaux les plus reculés et les moins peuplés il s'établit un boulanger et il trouve à gagner sa vie. Il arrive souvent que le pain acheté chez le boulanger par le paysan soit fait avec le même blé que celui-ci aura porté chez le meunier à côté. Ainsi le paysan, au lieu de recevoir son blé transformé simplement en farine comme naguère, le reçoit maintenant après une double transformation, d'abord en farine puis en pain; et naturellement il doit en payer les frais.

Théoriquement, il devrait retrouver en pain le poids exact du blé: le cultivateur qui a livré un sac de 100 kg. de blé devrait recevoir 100 kilogs de pain, à 2 ou 3 % près, en plus ou en moins. En effet, si, d'une part, les 100 kilogs de blé, quand ils sont transformés en farine, perdent une partie de leur poids, 25 à 30 %, suivant qu'on voudra du pain plus ou moins blanc — le reste étant du son — d'autre part, ces 75 ou 80 kilogs de farine, représentant le quintal de blé, vont à leur tour augmenter de poids par l'eau et le sel employés pour faire la pâte du pain, environ de 30 kilogs. Voilà comment on doit retrouver à peu près le poids du blé.

Mais le cultivateur qui, aujourd'hui, passe par ce double intermédiaire du meunier et du boulanger du village, est très loin de recevoir un kilo de pain pour un kilo de blé! il s'en faut de beaucoup.

Et il ne perd pas seulement sur la quantité mais souvent aussi sur la qualité. Le meunier ne rend pas toujours la farine faite avec le blé qu'on lui a apporté. Il y met parfois du talc; c'est une des falsifications les plus habituelles du blé.

N'y aurait-il pas un moyen de revenir je ne dirai pas au mode suranné de la mouture et de la panification à la ferme — mais à un mode de production qui en aurait les avantages?

Si, il y a un moyen, c'est celui auquel nous arrivons après cette un peu longue introduction : c'est l'association coopérative qui sera à la fois meunerie et boulangerie.

Si tous ces cultivateurs de blé s'associent, ils pourront faire collectivement ce qu'ils ont renoncé à faire individuellement, c'est-à-dire moudre leur blé, convertir cette farine en pain, et retrouver alors, sous forme de pain, en quantité, en qualité, et en équivalent comme prix, l'intégralité du blé qu'ils auront livré, puisque l'association coopérative a pour principe de ne pas faire de bénéfices mais de couvrir juste ses frais.

Chaque producteur, en échange du blé qu'il apporte à la meunerie coopérative, reçoit des jetons échangeables contre le même poids de pain. Il n'a donc pas à payer le kilogramme de pain plus que le prix qu'il a reçu pour un kilogramme de blé, ou très peu en plus, parce que les frais de mouture et de panification, quand ils sont libérés de toutes les majorations parasitaires qu'on appelle profits ou bénéfices, sont très peu de chose et ils sont presque couverts par le prix du son.

Ce serait un retour à l'industrie domestique, au « pain de ménage », comme on dit, car toute société coopérative de consommation, ainsi que nous l'avons expliqué souvent, n'est qu'un « ménage agrandi », une surfamille de 1.000 ou 100.000 familles, faisant ses approvisionnements en commun pour les besoins de tous ses membres.

Il y aurait des avantages d'autre nature. L'agriculteur qui convertissait lui-même son blé en pain n'avait pas les soucis qu'il a aujourd'hui : la cherté du pain, les droits protecteurs... Mais qu'importe tout cela au paysan qui transforme en pain le blé qu'il a récolté sur sa terre, puisqu'il n'a guère d'excédent à vendre et guère à acheter?

Voilà donc une forme d'association coopérative qui devrait être particulièrement appréciée dans un pays comme la France qui est le plus grand consommateur et le plus grand producteur de pain du monde.

Eh bien, je regrette de dire qu'il n'y en a pas beaucoup de ces meuneries. Celles qui existent sont précisément dans cette région privilégiée au point de vue coopératif, les Charentes, terre natale des laiteries coopératives.

Il y a dans cette région une boulangerie-meunerie coopérative qui date de 1883; par conséquent, elle a plus de quarante ans, mais elle n'a pas multiplié autant qu'on l'aurait pu.

Je vous ai dit qu'on n'a pas de statistique très exacte des coopératives de production agricole en France; on a simplement la liste de celles qui reçoivent de l'argent de l'Etat, c'est-à-dire qui lui demandent des avances. Eh bien, je n'ai trouvé que deux boulangeries qui soient inscrites sur cette liste; ce n'est pas beaucoup. Il est possible qu'il y en ait d'autres qui n'aient pas recours aux avances de l'Etat, mais c'est peu probable. Cependant si vous jetez les yeux sur certaines statistiques, vous trouverez indiquées 12 à 1500 boulangeries coopératives.

Mais il y a là une confusion contre laquelle je dois vous mettre en garde : il ne s'agit pas là d'associations agricoles de production mais d'associations agricoles de consommation. Ces boulangeries ont été créées par des consommateurs, peut-être pas tous agriculteurs, pour se procurer leur pain à bon marché. Il s'agit pour eux d'achat et non de vendre.

Toutefois il peut arriver que ces boulangeries participent aux deux caractères si elles sont aussi des meuneries et si leurs sociétaires sont en même temps ceux qui apportent le blé à leur moulin et ceux qui viennent retirer leur pain à la boulangerie. Mais généralement elles ne font que la boulangerie et non la mouture.

§ 4. — Les Coopératives pour la production du bétail et de la viande

Arrivons à une autre forme d'association coopérative agricole. Nous avons vu le vin, le pain; il y a aussi la viande, le bétail. Voilà encore un des grands aliments de tous les pays. La coopération, ici, n'a-t-elle pas son rôle à jouer?

Nous avons vu déjà l'association coopérative, mais simplement pour la vente du bétail. Mais ici, nous avons à faire un pas de plus; nous sommes dans le domaine non seulement de la vente mais de la production, c'est-à-dire de la transformation. Ce mot peut surprendre, car en quel sens peut-on parler de transformation quand il s'agit de bétail?

1° *Sociétés d'élevage.*

Pourquoi pas? Le bétail, matière vivante, peut être modifié par l'industrie, tout comme les fruits et les fleurs dont l'horticulteur crée presque à volonté les formes et les couleurs.

L'élevage, la sélection par l'hybridation, s'applique aux animaux comme aux végétaux. Les éleveurs, avec du temps et de la patience, réussissent à créer de toutes pièces des races, des types d'animaux presque aussi spécialisés que lorsqu'on fabrique une auto : des bœufs qui ont perdu tous les organes inutiles au point de vue comestible, des moutons sans queue, des volailles tout en graisse, des oies qui n'ont plus guère que le foie.

Or, l'élevage se prête admirablement à la coopération. A l'étranger ces sociétés coopératives d'élevage sont nombreuses. Il y en a surtout en Suisse. La première, dans le canton de Berne, a été créée par M. de Watteville, en 1888, pour l'élevage des bovins : taureaux, vaches et veaux.

Ces associations coopératives pour l'élevage du bétail sont également très répandues en Hollande, dans les pays scandinaves, en Allemagne.

Comment fonctionnent-elles?

A vrai dire, le mot coopérative est ici un peu exagéré. et d'ailleurs le nom officiel est « Syndicats d'élevage du bétail ». Pour que ces associations d'élevage fussent véritablement des coopératives il faudrait supposer que tous les propriétaires et éleveurs réunissent leur bétail dans une ferme centrale où serait pratiqué collectivement l'élevage. de même que l'on fait collectivement le pain dans la meunerie-boulangerie coopérative, ou le vin dans la cave coopérative.

Mais dans ces associations d'élevage chaque cultivateur conserve chez lui son bétail. A quoi se réduit alors le rôle de cette association?

A ceci, mais qui est très important : il y a un siège social avec un ou deux taureaux de pure race, appartenant à l'association, et qui ont été payés à des prix énormes, parfois des centaines de mille francs, et les sociétaires y amènent leurs vaches.

En outre, l'association a souvent des pâturages, un « alpage », comme on dit, sur lequel on fait paître et on élève le jeune bétail des sociétaires.

Enfin l'association organise des expositions collectives.

Il y avait dans l'Emmenthal, vallée située dans l'Oberland bernois, une race fameuse au pelage roux tacheté de blanc, et depuis 1888, donc depuis près de quarante ans, on travaille à la perfectionner dans ces associations d'élevage.

Il y a au siège social des inspecteurs pour vérifier si la vache qu'on amène au taureau n'a aucun défaut. Il suffit de quelque imperfection, que ses taches sur la peau soient mal placées ou qu'elle ait les cornes mal tournées, pour que la vache soit refusée.

On tient un registre, le « herdbook » (le livre du troupeau) dans lequel on inscrit chaque mariage, chaque saillie, pour employer le mot technique, avec toutes les indications sur les taureaux et les vaches et sur leurs parents, sur leurs qualités et leurs défauts.

Naturellement on n'admet que les vaches appartenant aux sociétaires, sur le vu d'une carte individuelle. On ne peut exiger que toutes les vaches des sociétaires satisfassent aux conditions requises, car ce serait leur imposer une trop grosse dépense, mais chacun doit en présenter au moins une conforme au type officiel, dès la première année.

Ainsi, d'année en année, on peut suivre la filiation de chaque veau; on sait quels sont ses père et mère et ses ancêtres, et tout son arbre généalogique « Ce registre d'élevage, dit le rapporteur, est comme le livre de famille du troupeau : il reflète les joies et les peines, les progrès et les échecs de l'association ». On arrive ainsi à une sélection rigoureuse, d'autant plus que la sélection se fait beaucoup plus rapidement quand il s'agit du bétail que quand il s'agit des hommes, pour beaucoup de raisons; celle-ci, entre autres que les générations humaines se comptent par trentaines d'années — en sorte que depuis 1888, s'il s'agissait s'appliquer cette sélection à la reproduction de l'espèce humaine, il n'y aurait eu guère qu'une génération — tandis que la génération bovine se compte par quatre ou cinq ans, âge de la reproduction. Depuis 1888 il y a donc eu déjà six ou sept générations. On peut inscrire aujourd'hui des veaux dont on connaît les parents à six ou sept générations en arrière. Pour les titres de noblesse sous l'ancien régime, on se contentait de quatre.

Ce mode de sélection a donné des résultats admirables; les paysans de l'Emmenthal qui vendaient leurs veaux de huit jours à peine cent francs, les vendent aujourd'hui comme animaux reproducteurs, des centaines et parfois des milliers de francs, s'ils ont sur le « herdbook » un casier de l'état civil qui leur confère des titres héréditaires suffisants. On crée ainsi dans ces cantons de Suisse une aristocratie du bétail. On sait en effet — c'est une loi biologique — que les qualités héréditaires qu'on ne voit pas sont beaucoup plus importantes que celles individuelles qui apparaissent à première vue, notamment en ceci que ces qualités héréditaires se transmettent aux descendants, ce qui n'est pas le cas des qualités accidentelles.

Mais cette sélection ne sert pas seulement au bétail des associations coopératives; elle sert aussi. si j'ose dire, à la plèbe du bétail, parce que même les vaches ou les taureaux qu'on a rejetés comme n'étant pas suffisamment perfectionnés, sont encore des bêtes magnifiques; et elles servent à tous les propriétaires du pays pour la reproduction et l'élevage. Ainsi, par une infiltration lente, tout le bétail des cantons finit par bénéficier de la sélection pratiquée dans un petit groupe.

Il y a dans ces associations un autre caractère qui les distingue des coopératives proprement dites : c'est que la répartition des bénéfices y est faite comme dans les sociétés capitalistes, au prorata des actions souscrites, ce qui est une hérésie au point de vue coopératif. Les bénéfices, s'il y en a, devraient être répartis au prorata des apports, c'est-à-dire du nombre de vaches qui ont été fournies par chaque cultivateur.

2° *Abattoirs industriels.*

Passons à une seconde transformation qui s'opère sur la bête morte, à l'abattoir et à la boucherie; il s'agit non seulement de transformer ce cadavre en aliments, de façon à l'utiliser pour le mieux dans chacun des morceaux de l'animal, mais encore d'utiliser les sous-produits. Il n'en manque pas; il y en a bien plus que quand il s'agissait du blé ou du vin.

Les abattoirs industriels, qui commencent aujourd'hui à se généraliser, bien qu'ils soient encore assez rares, sont, comme l'indique leur qualificatif, de véritables usines, où l'on extrait de l'animal tout ce qu'on peut imaginer, la peau, les poils, le crin, la corne, les os, les boyaux, et même les liquides de toutes natures qui sont dans le corps des êtres vivants et dont on fait soit des ferments, soit des remèdes. Voilà donc une foule de modes d'utilisations de sous-produits qui peuvent se greffer sur la simple et brutale opération de l'abattage; mais jusqu'à présent elles ne sont guère pratiquées dans les abattoirs en France.

Comment, actuellement, les choses se passent-elles?

Le propriétaire éleveur ne veut plus abattre les bêtes à la ferme, sinon encore les porcs. Cela se faisait du temps d'Homère, mais plus aujourd'hui. Il fait, comme le cultivateur fait pour son blé : il vend son bétail, ses veaux, ses moutons, ses bœufs chez le boucher; puis il va aller le reprendre, s'il y a lieu, sous la forme de gigots, de côtelettes, de beefsteack. Dans les grandes villes, il y a tellement d'intermédiaires qu'on ne peut se rendre compte du bénéfice de chacun d'eux; mais, dans les petits villages, où il n'y a qu'un boucher, le propriétaire sait parfaitement à quel prix il a vendu ses moutons, ses agneaux ou ses veaux, et à quel prix il les rachète lorsqu'il va faire ses provisions chez ce même boucher, trois jours après; il voit quelle est la différence, et comment il paie deux ou trois fois au détail le prix qu'il a touché pour la vente du bétail sur pied.

Mais généralement le bétail acheté dans les campagnes de France est transporté par chemin de fer dans les grandes villes et par troupeaux à Paris, dans les hideux abattoirs de la Villette.

Chemin faisant, il passe par les mains de deux, trois, quatre intermédiaires, avant d'arriver au boucher en gros, puis au détail. Alors, la majoration de prix devient énorme. On voit souvent, dans les journaux, à propos de la vie chère, indiquer quelles sont les majorations de prix que subit ainsi la viande en passant d'un intermédiaire à l'autre.

Et il faut remarquer que l'abattoir, étant le plus souvent dans une grande ville, si ce n'est à Paris, ce transport de la ferme exige généralement un long temps, parfois une semaine si le trajet dépasse 400 kilomètres : en outre, par les souffrances qu'il inflige aux animaux, il leur fait perdre 8 à 10 % de leur poids et, par conséquent, de leur valeur.

Eh bien, ici encore, ne pourrait-on réaliser l'association coopérative qui ferait pour la viande ce qu'on fait pour la farine et le pain, que les individus ont renoncé à faire isolément? Le cultivateur ne peut avoir un abattoir chez lui, et c'est heureux, car voir saigner un porc à la ferme c'est déjà un hideux spectacle, surtout pour les enfants qui y assistent. Qu'ils s'associent donc, qu'ils créent des boucheries coopératives qui recevraient le bétail, l'abattraient dans des abattoirs industriellement installés, où l'on utiliserait les sous-produits. Ils n'auront pas à restituer sous forme de prix d'achat de la viande plus que ce qu'ils ont touché comme prix de vente de leur bétail, et même ils pourront toucher des bénéfices.

Ces abattoirs industriels n'existent pas encore en France sous forme coopérative; mais il y en a quelques-uns créés par les municipalités.

Cependant prenez garde à la même méprise que nous avons signalée à propos des boulangeries coopératives. Il y a en France un certain nombre de boucheries coopératives, quoique bien moins nombreuses que les boulangeries coopératives; vous les verrez figurer dans les statistiques, mais ces boucheries coopératives ne sont que des sociétés coopératives de consommation. Ce ne sont pas des agriculteurs, ce sont des consommateurs qui ont créé ces boucheries: de même qu'ils ouvrent un magasin pour acheter le sucre ou les épices, ils en ont un pour acheter la viande. Autre chose est une coopérative faite par les consommateurs pour réduire le prix de la viande, autre chose une coopérative de producteurs pour tirer le meilleur prix possible de leur bétail. Les buts sont inverses.

§ 5. — Coopératives diverses de production

Avec les coopératives pour le beurre et le fromage, le vin, la farine et le pain, le bétail et la viande, nous sommes loin d'avoir épuisé la liste des coopératives agricoles de production. Mais je dois me borner à vous énumérer les principales.

C'est un spectacle intéressant, non pas seulement en France mais dans tous les pays, que celui de la merveilleuse flore de ces associations agricoles. Elles revêtent les formes les plus singulières et parfois les plus pittoresques.

D'abord, à côté des coopératives pour le bétail, on pourrait indiquer les coopératives avicoles pour l'élevage de la volaille. J'ai déjà cité celles qui existent en Italie pour l'élevage des lapins.

Voici, par exemple, en France, les associations coopératives de huilerie, pour extraire l'huile des olives : on en extrait l'huile par des pressoirs collectifs, comme pour le vin.

Voici des coopératives de distillation, soit, dans le Midi, pour distiller le marc de raisin, soit, dans le Nord, pour distiller la betterave. Il y a quantité de ces coopératives.

Il y a des groupes de coopératives forestières qui utilisent le bois, sous différentes formes : les unes abattent le bois, d'autres le débitent en planches; d'autres exploitent des scieries. Elles sont extraordinairement répandues dans tout l'Orient de l'Europe, en Russie, où il y en a plus d'un millier, en Bulgarie, et dans tous les pays des Balkans.

Il y a des associations coopératives agricoles pour la fabrication des objets de vannerie, qui utilisent les osiers et d'autres plantes textiles. A l'Exposition coopérative de Gand il y avait une exposition d'articles de vannerie — sièges de jardin, malles de voyages — faits par des associations coopératives d'agriculteurs polonais.

Dans le domaine charmant des fleurs et des fruits, il y a de nombreuses associations coopératives qui transforment les fleurs en parfums : à Grasse, par exemple, la coopérative des fleurs d'oranger qui date de 1904 et groupe 1.400 producteurs. Non loin, une coopérative pour la fabrication de l'essence de rose, à l'exemple de celles nombreuses en Bulgarie. Il faut 1.000 kilogrammes de roses pour faire à peine un litre d'essence de rose; aussi le prix serait-il presque inabordable si on n'avait recours à des essences chimiques pour réduire le coût de production.

Il existe aussi des coopératives pour la transformation des fruits en confitures, sans parler de celles pour l'expédition des fruits eux-mêmes, qui rentrent dans la catégorie des coopératives de vente dont nous avons déjà parlé.

Il y a des coopératives pour la production des semences, qui commencent seulement à pénétrer en France. C'est une tâche extrêmement importante que la production et la sélection des semences.

Il y a déjà longtemps, un agronome, Eugène Risler, dans une petit livre « Physiologie et culture du blé » écrivait : « Parmi les perfectionnements que la plupart des cultivateurs peuvent introduire dans la production du blé, celui qui donnera le plus de profit, celui qui en abaissera le prix de revient de la manière la plus certaine parce qu'il permet d'en augmenter, à peu de frais, le produit brut dans une proportion considérable, c'est le choix des variétés bien appropriées au climat et aux terres de leurs fermes ».

Le public croit que le cultivateur peut produire lui-même ses semences et qu'il n'a qu'à semer les graines des plantes qu'il a récoltées. Eh bien, s'il le fait, la culture ne tarde pas à dégénérer. Par un mystère physiologique qui n'a pas été éclairci, la plante dégénère quand elle se reproduit toujours d'elle-même; il faut que des graines étrangères viennent, de temps à autre, lui apporter je n'ose dire un sang nouveau, mais une sève nouvelle. Pendant la guerre, alors que les propriétaires s'abstenaient d'acheter des semences, on a pu vérifier le fait. Il est donc très important d'avoir des usines coopératives de production des semences où l'on pratique ce que je viens d'indiquer pour le bétail : la sélection des semences, l'hybridation, de façon à créer de nouvelles espèces. Dernièrement, on annonçait dans les journaux une communication à l'Académie d'Agriculture où un professeur annonçait qu'il venait, par des hybridations, de créer un nouveau grain de blé qui produisait 50 épis, chacun contenant une cinquantaine de grains. Il peut se faire telle révolution végétale qui bouleverse les cultures.

On pourrait citer aussi — mais ceci serait un peu en dehors de la coopération agricole :

les coopératives de pêcheurs, assez nombreuses en Italie, d'où elles ont été importées au Brésil. Il y a aussi en Belgique toute une flotte de pêche qui est commanditée par les coopératives (2);

---

(1) En 1924, on comptait au Brésil 140 coopératives avec 21.000 pêcheurs et plus de 9.000 bateaux.

(2) La flotte compte 16 bateaux portant les noms des leaders de la coopération belge. Le capital a été fourni par les coopératives de consommation et par les syndicats ouvriers.

les coopératives de chasseurs, très nombreuses en Russie et en Sibérie. Il y a même une Fédération qui comprend plusieurs centaines de ces coopératives et qui a vendu plus de deux millions de roubles (plus de 5 millions francs or) de fourrures, sans compter le gibier;

les coopératives d'artisans ruraux dont la collaboration est indispensable à l'agriculture — charrons, forgerons, fabricants de harnais, etc. Il y en a un certain nombre en Allemagne et plus encore en Russie sous le nom d'artels.

Mais tout cela est encore ignoré en France.

Je termine par une forme d'association coopérative agricole tout à fait nouvelle, pour laquelle nous sommes un peu moins en retard que pour les précédentes, car celle-ci commence à se répandre en France : ce sont les associations agricoles *d'électrification;* ici il ne s'agit plus de la production de denrées mais de la production de force, afin de remplacer dans les campagnes la main-d'œuvre, si onéreuse, par l'électricité.

Cette question de l'électrification est une des questions les plus actuelles en Russie. Lénine et les bolchevistes étaient convaincus — je ne sais pourquoi, mais c'est une idée fixe, une hantise — que l'électrification était indispensable au succès de la révolution. Notez que la Russie est assez mal placée pour cela; elle a, il est vrai, un magnifique réseau de fleuves et voies navigables mais comme c'est un pays absolument plat, il n'y a point de chutes, et, par conséquent, on n'en peut tirer presque aucune force motrice. La Russie ne peut employer que du charbon. Mais il est vrai que même là où l'on produit la force motrice avec du charbon, il y a meilleure utilisation à l'employer et à la distribuer sous forme de courant électrique.

La France est, au contraire, très bien dotée par la nature pour la houille blanche. Après la Suède, c'est le pays d'Europe qui possède le plus grand nombre de chutes d'eau. Il y a déjà en France bon nombre de puissantes stations de distribution au pied des Alpes, dans les Pyrénées et dans le Massif Central.

Mais ce sont des usines à forme capitaliste : les coopératives d'électrification des campagnes ne sont pas encore assez puissantes pour installer elles-mêmes des usines sur

les lieux de chutes d'eau et à produire elles-mêmes la force
motrice. Celles qui existent doivent se contenter de louer
la force électrique aux grandes stations de distribution
existant déjà, et à la répartir entre les membres de leur
association.

Sous cette forme modeste, elles rendent déjà des services
assez considérables. Il y en a en France une cinquantaine.
Elles sont connues — je vous en avertis, parce que vous
pourriez ne pas les reconnaître sous leur dénomination légale qui n'a aucune signification: *Sociétés d'intérêt collectif
agricoles*. Vous saurez que cela veut dire : sociétés d'électrification des campagnes. L'Etat fait de très grands efforts
pour les aider. On a voté une loi, très récemment, loi du
19 août 1923, tout exprès pour encourager le développement
de ces coopératives agricoles d'électricité. L'Etat leur fait
des avances, comme aux sociétés de crédit, à des taux extrêmement réduits. Il leur avait déjà prêté, à la fin de 1923,
24 millions de francs et le chiffre a certainement dû
augmenter beaucoup au cours de l'année dernière.

Pour qu'une coopérative d'électrification agricole donne
tous ses fruits, il faudrait évidemment qu'elle franchisse
la première étape, c'est-à-dire qu'elle arrive à se libérer
des stations centrales de distribution et à produire elle-
même son électricité en établissant des stations hydro-
électriques dans les montagnes. Si ces sociétés d'électrification se développent et constituent une Fédération, il est
très possible que cette Fédération soit assez puissante
pour produire elle-même sa force motrice.

Si j'avais eu quelques leçons de plus, je vous aurais parlé
d'une dernière forme d'association agricole qui sont les
sociétés d'assurance : — soit contre la mortalité du bétail;
— soit contre les fléaux divers qui menacent l'agriculture,
tels que l'incendie, la grêle, la gelée, les épizooties; — soit
contre les risques qui menacent les personnes, maladie,
vieillesse, mort, accidents. Ces dernières sont plutôt connues sous le nom de sociétés de secours mutuels (p. 11).

Mais ce ne sont pas là des coopératives de production à
proprement parler, puisqu'il n'y a pas d'entreprise, pas de
capitaux. Ce sont des sociétés d'aide mutuelle, extrêmement
simple où l'on ne demande aux membres qu'une faible con-

tribution : pour le bétail, par exemple, 1/2 % de la valeur du bétail. Mais le revers de la médaille c'est que les indemnités en cas de sinistre sont assez aléatoires, surtout si la fatalité veut que tous les sociétaires se trouvent frappés en même temps.

Il y a certaines formes de mutualité agricole qui, quoique en train de disparaître, sont intéressantes comme souvenir historique. Ce sont les sociétés de secours mutuel en nature, celles où les membres, en cas de maladie, s'aidaient réciproquement pour les travaux des champs. Si l'un des co-sociétaires tombe malade ou vient à mourir, ses camarades, pendant un certain nombre de jours, et à tour de rôle, viennent travailler sa terre, cultiver sa vigne, faire paître son troupeau. C'est certainement la forme la plus pure de la fraternité. Il y a encore quelques-unes de ces sociétés en France. Mais même dans celles-ci le caractère primitif fraternel se perd, en ce qu'il se traduit par une contribution en argent. On paie tout simplement un travailleur salarié pour faire ce travail.

A côté de ces assurances qui, comme nous venons de le dire, ne sont que des sociétés de secours mutuel, il y a les sociétés d'assurances proprement dites pour les risques qui menacent les biens, et qui ont pris un grand développement. Les plus nombreuses de beaucoup sont celles contre la mortalité du bétail, plus de 10.000. Ce sont aussi les plus anciennes comme date d'origine — peut-être aussi anciennes que les fruitières, notamment dans les Landes. Il y en a aussi contre l'incendie et contre la grêle (1).

§ 6. — L'aide de l'État aux associations agricoles de production

Nous avons déjà parlé des avances faites par l'État aux sociétés de crédit mutuel (p. 78). Ce n'est que postérieurement — c'est-à-dire depuis une vingtaine d'années — que les coopératives agricoles de production ont été appelées à en bénéficier, mais dans une bien moindre mesure, étant d'ailleurs bien moins nombreuses.

---

(1) En 1910 a été créée une « Fédération Nationale des Mutualités et Coopératives agricoles » (129, boulevard Saint-Germain; secrétaire, M. Vimeux) qui réunit 12.000 organisations locales et plus de 1 million de membres.

L'Etat, au 31 décembre 1923, avait prêté 108 millions de francs aux associations coopératives agricoles de production (1.125 associations, comprenant 170.000 membres) (1).

Ces avances de l'Etat ne sont faites que sous certaines conditions. La société agricole qui demande des avances à l'Etat doit faire approuver ses statuts et il faut que ces statuts spécifient expressément les conditions suivantes :

1° Il faut qu'il s'agisse d'associations formées de vrais agriculteurs; et pour s'assurer que ce sont bien des agriculteurs professionnels, il faut que tous les associés soient déjà membres d'un syndicat agricole.

Et afin que cette règle ne puisse être éludée, les actions ou parts doivent être nominatives et non au porteur;

2° L'avance faite par l'Etat ne doit jamais dépasser, à moins de circonstances tout à fait exceptionnelles, le double du capital versé par les associés. Mais c'est être large, car il suffit, par conséquent, qu'une de ces associations réunisse 10.000 francs, pour que l'Etat lui en verse 20.000. L'effort qu'on demande aux agriculteurs est donc peu de chose et se trouve triplé par l'aide de l'Etat;

3° Il faut que l'association soit coopérative dans le vrai sens de ce mot. Qu'est-ce qui caractérise l'association vraiment coopérative et la distingue de l'association capitaliste? L'Etat dit : « Je veux bien verser ces fonds, qui sont, en somme, les deniers publics, pour encourager une

---

(1) Ces associations se décomposent ainsi :
347 pour battage de grains ou utilisation machines agricoles;
331 laiteries ou fruitières;
205 caves coopératives;
58 distilleries;
33 huileries;
50 électrification;
101 diverses.

1.125

A vrai dire, celles qui figurent dans la première ligne, et bon nombre de celles inscrites dans la deuxième ligne, rentrent plutôt dans les syndicats que dans les coopératives de production.
Mais, d'autre part, le total de 1.125 est loin de représenter la totalité des coopératives de production qui est évalué à 3.000 environ, car il ne comprend que les coopératives ayant eu recours aux avances de l'Etat, c'est-à-dire celles créées récemment.

œuvre d'intérêt public; mais je ne veux pas que ce soit pour fournir des profits à des entreprises ayant un but de lucre ». C'est pourquoi le capital ne doit pas être formé d'actions, mais de parts — toujours nominatives et qui ne peuvent être transmises qu'après approbation de la société.

Parts au lieu d'actions, ce n'est pas simplement une question de mots.

Les statuts doivent exclure tout dividende à distribuer aux actionnaires; ils peuvent seulement leur attribuer un intérêt qui ne doit pas dépasser un certain taux. S'il y a des bénéfices, l'association doit les restituer à ses membres, au prorata de leurs opérations agricoles et non pas au prorata de leurs capitaux. Si c'est, par exemple, une association vinicole, elle restituera les bénéfices au prorata de la quantité de vendange apportée dans la cuve. Si c'est une laiterie, au prorata du lait apporté par les sociétaires. En d'autres termes, les bénéfices serviront simplement à procurer au producteur un prix de vente plus avantageux — de même que dans les sociétés de consommation il sert à procurer aux consommateurs une économie sur le prix d'achat;

4° Une dernière clause destinée à maintenir le caractère démocratique de la société et à l'empêcher de devenir un instrument de spéculation, clause qui existe dans toutes les sociétés coopératives et qui en est la caractéristique, c'est que chaque membre ne peut avoir qu'une voix, quel que soit le nombre de parts ou actions qu'il possède.

Les sociétés dites « d'intérêt collectif » ont des caractères spéciaux.

Leur champ d'action est plus étendu. Elles peuvent faire des opérations non seulement avec leurs propres membres, mais avec ce qu'on appelle les « usagers », c'est-à-dire n'importe qui ayant le désir d'utiliser leurs services — alors même qu'il ne s'agirait pas d'agriculteurs, alors même qu'il ne s'agirait plus de personnes individuelles mais de personnes juridiques, de corps politiques, tels que les communes.

L'objet le plus fréquent de ces sociétés d'intérêt collectif c'est d'installer des réseaux électriques (voir p. 158), mais l'installation d'abattoirs industriels, d'établissements frigorifiques, même de chemins de fer d'intérêt local, reboisement, création de cités-jardins, rentrent aussi dans leurs attributions.

C'est à elles que les prêts de l'Etat à long terme (25 ans, 50 ans au cas de reboisement) sont plus spécialement destinés, quoique cependant les coopératives agricoles ordinaires puissent aussi en bénéficier.

CHAPITRE VI

L'ASSOCIATION INTÉGRALE DE CULTURE

Les associations coopératives agricoles que nous venons de passer en revue ne sont que partielles à deux points de vue : 1° en ce qu'elles ne portent que sur un seul des produits de l'agriculteur : lait, vins, viande; 2° en ce qu'elles ne portent que sur une opération de transformation : transformation du lait en beurre, du raisin en vin; mais aucune ne prend le produit à son origine; aucune ne le fait sortir de terre, ce qui est pourtant la fonction propre de l'agriculture.

De toutes les associations de production agricole, la plus intéressante, parce que c'est la seule qui réalise vraiment ce qu'on peut appeler la coopération de production intégrale, est celle qui embrasse toutes les opérations de culture.

Mais c'est la plus rare de toutes, et même elle ne se trouve que dans un petit nombre de pays.

§ 1. — Coopératives entre propriétaires

Pourquoi n'y aurait-il pas des associations coopératives pour l'ensemble de toutes les opérations de culture, depuis la préparation du terrain, des labours, des semailles, jusqu'au dernier acte, celui de la vente du produit?

Théoriquement, ce devrait être la forme la plus élevée de la coopération agricole. Elle fut fortement recommandée au Congrès de la mutualité agricole de 1913 par M. Tardy : la guerre ne permit pas d'y donner suite.

Mais tous les obstacles qui se dressent devant les formes de coopération les plus élémentaires se trouvent ici au maximum. Si déjà il est difficile de décider des propriétaires à mettre leur raisin ou leur lait en commun, combien ne sera-t-il pas plus pénible pour eux de mettre en commun, avec d'autres propriétaires toute leur exploitation agricole, leur ferme, leur bétail, leurs instruments aratoires, de façon à former une association coopérative!

Pensez à quels sacrifices va être obligé le propriétaire! On lui demande de se dessaisir de son domaine au profit d'une société! St si l'on veut réaliser une unité de direction — car sans cela ce ne sera pas la peine de faire une association coopérative — il faudra changer l'état des lieux, combler les fossés, abattre les arbres, déplacer les chemins, supprimer les fermes ou les établissements inutiles, et faire ainsi, avec tous ces anciens domaines décapités, un domaine nouveau. Quel sacrifice ne demande-t-on pas là à un propriétaire rural! Il faut se placer dans les sentiments du paysan. Il aime sa terre. Michelet, dans une page souvent citée, parle de cet amour du paysan français pour sa terre. Il y va, dit-il, dès le matin et quand il s'en retourne le soir il jette encore sur elle un long coup d'œil d'amour. Il compare cet amour à celui d'un amant pour sa maîtresse. Si tel est le cas, on comprend que la perspective de la voir mettre en commun, le scandalise! C'est pourtant là ce qu'on demande au paysan français, quand on lui demande d'entrer dans une société coopérative de culture.

Il faut penser aussi à toutes les difficultés pratiques. Par exemple pour la répartition des bénéfices. Comment les répartira-t-on? On les répartira sans doute au prorata de l'étendue des terres apportées par chaque propriétaire dans l'association : mais l'étendue n'est pas tout. Le paysan dira que ses terres sont plus fertiles que celles du voisin, qu'un hectare de ses terres vaut mieux que deux de l'autre.

Puis songez aussi que pour qu'une association semblable soit réalisable, il faut qu'elle se fasse entre propriétaires voisins, car il n'est guère facile de faire une association coopérative de culture avec des parcelles qui sont dispersées. Si l'on fait de la coopération agricole, il faut englober dans un même cercle tous les domaines limitrophes. Or tous ceux qui ont quelque expérience de la vie rurale savent que c'est précisément entre voisins que les difficultés sont les plus grandes. On a toujours avec son voisin des contestations, soit pour des arbres dont les branches ou les racines dépassent, soit pour des dégâts faits par les lapins, ou le chien, ou les poules du voisin, soit pour des enclaves et des servitudes de passage. De même que les frontières de chaque pays sont une occasion de guerre perpétuelle entre les nations, de même les modestes frontières entre les propriétaires ruraux sont des occasions de guerre perpétuelles et féroces. Et c'est à ceux-là qu'on demande de se fondre dans une association coopérative agricole!

En ce qui concerne les agriculteurs propriétaires on peut dire que le problème est resté à peu près insoluble. Remarquez que l'association de culture est difficile à réaliser non seulement coopérativement, mais même, si je puis dire, « capitalistiquement ».

En effet quelles sont les conditions juridiques d'une telle association? Il faut constituer une société par actions. c'est-à-dire que chaque propriétaire apporte ses terres à la société pour recevoir en échange des titres, soit des parts, soit des actions, qui représenteront la valeur de ces terres et qu'il mettra dans son portefeuille, en sorte qu'au lieu d'être propriétaire de bonnes terres au soleil, il sera propriétaire de feuilles de papier multicolores. Voilà la constitution de l'association coopérative de culture. Tant s'en faut que ce soit l'équivalent au point de vue psychologique !

Voilà pourquoi les sociétés par actions, quoique devenues la forme normale de la production dans l'industrie et dans le commerce sont très rares dans l'agriculture, et celles qu'on a essayées plusieurs fois ont généralement échoué.

On peut en citer quelques exemples dans la viticulture parce que c'est déjà là une culture qui se rapproche de l'industrie.

Il y en avait une, formée en 1907 dans l'Aude, qui réunissait 600 hectares, sous la forme non coopérative mais capitaliste, c'est-à-dire que les bénéfices étaient répartis au prorata des actions.

Pendant la période de mévente des vins du Midi, c'est-à-dire 1900-1910, un certain nombre de vignobles ont été mis, dans le Gard et dans l'Hérault, sous forme de sociétés par actions capitalistes.

Mais elles ont eu beaucoup de peine à se constituer, et, finalement, elles ont été dissoutes, à ce que je crois.

Voilà le problème! On comprend maintenant pourquoi l'association générale de culture n'a pu être réalisée que dans certaines circonstances exceptionnelles que je vais indiquer.

A l'étranger, on peut trouver des cas de communautés agricoles qui sont des survivances d'une vieille forme traditionnelle de la propriété. Alors, il n'y a rien à créer. C'est simplement la continuation d'une propriété ancienne. Tel est le caractère de ces associations en Bulgarie et en Serbie, qu'on appelle des zadruga, ce sont des communautés familiales. Ce sont de grandes familles de 20, 30 personnes, quelquefois 40 — mais pas uniquement des parents et des enfants, souvent des parentés assez éloignées — qui exploitent en commun le même domaine. Ce domaine est inaliénable : C'est un bien de famille. Le plus âgé de la famille est le chef, le directeur; mais la propriété appartient à toute la communauté.

Ce mode d'exploitation du sol est considéré, même dans ces pays, comme étant suranné, mais néanmoins il ne meurt pas.

Dans un plus grand pays, la Russie, vous savez que la propriété commune a été la règle durant plusieurs siècles et jusqu'à la dernière Révolution, du moins pour une grande partie de la population. La propriété du domaine appartenait au mir, c'est-à-dire à la commune, et la commune le répartissait entre ses membres en parcelles, par des partages qui étaient répétés tous les 5, 6, 10 ans, quelquefois 20 ans et qui, quelquefois, tombaient en désuétude en sorte que la propriété restait à perpétuité entre les mains des paysans. Mais ce n'est point à dire que le mir constituait une association coopérative de culture, chaque lot étant cultivé individuellement.

Néanmoins, sous ce régime, les paysans russes n'avaient pas les mêmes sentiments individualistes, égoïstes, que les paysans français et ils admettaient très bien l'idée de faire avec les voisins une communauté. L'esprit slave se prêtait très bien à cette solidarité là. C'est pourquoi quand le nouveau régime soviétique est venu, l'association coopérative de culture n'a pas fait aux paysans russes le même effet terrifiant qu'aux paysans français.

Déjà longtemps avant la Révolution, dès la fin du siècle dernier, on trouve dans la Russie du Sud des associations de culture qu'on appelle des Artels, mot qui signifie simplement association. Les associés mettaient en commun les terres : semailles, labour, moisson, tout là-bas se faisait comme si toute la terre était la propriété d'un seul propriétaire; aucun membre de l'artel ne devait cultiver séparément son bien. C'est le directeur de l'artel qui désignait le travail de chacun.

C'est généralement et presque exclusivement à la culture du blé que sont employés ces artels. Les modes de répartition varient : voici celui usité naguère dans la région de Kherson. On fait trois parts : une part pour les semences, une part que l'on met en réserve, puis tout le reste est partagé en parts égales entre tous les sociétaires, sans distinction même de sexe ni d'âge, vieillards et invalides aussi bien que valides, et avec cette réserve pourtant que les membres de la communauté qui ont moins de 17 ans ne touchent qu'une demi-part, ceux au-dessous de 14 ans un quart de part, et ceux au-dessous de 10 ans rien.

Ce sont donc des associations qui diffèrent non seulement des associations capitalistes mais même de celles coopératives, par un caractère très communiste. Elles sont inspirées par un sentiment mystique dont voici un témoignage, dans les statuts de l'une d'elles, que l'on croirait écrit par Tolstoï :

« Nous devons vivre dans l'amour et le respect mutuel, en frères, comme c'est le devoir de bons chrétiens, parce que là où est l'amour, là est Dieu, et là où est Dieu est le bonheur; tandis qu'au contraire là où n'est pas l'amour, là dureront éternellement la douleur et le malheur. »

La Révolution soviétique a donné à ce mouvement une vive impulsion. On évalue de 15 à 20.000, groupant 700.000 membres et exploitant 500.000 hectares, le nombre de ces exploitations agricoles collectives. Généralement elles se montrent très supérieures comme outillage, méthode et rendement aux exploitations individualistes paysannes. Il est vrai que l'Etat leur accorde des crédits spéciaux. Elles ont tenu récemment un congrès à Moscou. L'association coopérative de culture dans ce pays a donc pris un grand développement.

L'association coopérative de culture peut se réaliser encore à l'autre pôle, dirais-je, non plus quand il s'agit de continuer une vieille tradition, une forme antique de propriété, mais au contraire quand il s'agit d'en créer de toutes espèces une nouvelle. Quand, par exemple, aux Etats-Unis, des colons viennent s'établir pour exploiter un nouveau domaine, rien ne les empêche d'établir la forme coopérative; c'était tout naturel. Néanmoins, même là, on ne peut guère citer, à ma connaissance, que les colonies fondées par des socialistes ou des sectes religieuses.

Mais en Palestine, parmi les colonies sionistes fondées par le Keren Kayemeth (le Fonds national juif), bon nombre pratiquent la culture en commun, et on peut voir côte à côte tous les modes d'exploitation du sol, depuis le régime individualiste jusqu'au régime communiste, en passant par tous les degrés de la coopération plus ou moins généralisée. C'est là une expérimentation sociale unique en son genre et qui sera fort instructive.

De même dans tous les pays de l'Europe orientale où la législation est en train d'exproprier les grands domaines pour leur substituer la propriété paysanne, là aussi quand on crée de toutes pièces, en Roumanie, en Lettonie, des propriétés nouvelles, on peut inviter les nouveaux concessionnaires, ces paysans qui, hier, étaient des journaliers et qui vont devenir propriétaires, à se mettre sous le régime de l'association coopérative de production. Il n'y a rien dans leur mentalité qui puisse les en détourner. Il n'y a pas chez eux cet amour, dont je parlais tout à l'heure, du paysan pour sa terre, puisqu'ils ne sont propriétaires qu'à l'état naissant, si je puis dire. Pourvu qu'ils aient la terre, qu'ils la possèdent individuellement ou en commun, cela ne fait pas grande différence pour eux.

Dans ce cas encore, on peut donc très bien voir se former des associations coopératives de culture qui s'établiront dans ces immenses domaines nouvellement créés qui vont constituer une nouvelle propriété paysanne.

Le troisième cas que je citerai, où l'association en coopérative de culture a pu s'établir, c'est celui dû à certaines circonstances tout à fait exceptionnelles, on peut dire catastrophiques, qui ont déraciné la propriété individualiste. Je veux parler des suites de la dernière guerre. La guerre, dans les départements occupés, a bouleversé la surface même de la terre. Il y a des régions entières où il ne restait plus rien de la figure ancienne des lieux, du visage aimé, où il n'y a plus ni fossés, ni haies, ni arbres, ni bornes et où le propriétaire, revenu après quatre ans de guerre dans son village, n'a plus rien retrouvé et même n'a pu reconnaître les limites de sa terre, là où les registres du cadastre avaient aussi été détruits. Eh bien! voilà une terre nouvelle sur laquelle on pourrait installer des associations coopératives de culture, sans retrouver, semble-t-il, les difficultés de la vieille propriété.

Pourquoi pas ? Quand il s'est agi de la reconstruction des maisons dans les régions dévastées, les associations coopératives ont joué un très grand rôle. Une grande part des reconstructions de maisons dans les régions dévastées, à Reims et ailleurs, est due à des sociétés coopératives formées par les sinistrés. Toutes ces sociétés coopératives ont été groupées dans une grande Fédération. C'est par centaines de millions et même de milliards que se chiffrent les opérations. Les sinistrés ont trouvé dans ces coopératives beaucoup d'avantages : l'avantage de pouvoir traiter en grand pour l'obtention des matériaux, du bois, des briques, des pierres de taille; l'avantage, encore plus grand peut-être, de traiter avec des architectes sans être exploités; l'avantage d'obtenir le paiement des indemnités de l'État dans de bonnes conditions, sans trop attendre, en fournissant les innombrables pièces nécessaires.

Pourquoi l'association coopérative ne rendrait-elle pas les mêmes services dans l'œuvre de reconstruction des terres ? Car c'est bien ici aussi une reconstruction !

En effet, il y. en a eu quelques-unes. On peut en citer une en Belgique entre 50 propriétaires, représentant 000 hectares de terre, qui ont formé une association coopérative de culture pour remettre ces terres en état.

Il y en a eu quelques-unes aussi dans les départements français — une notamment à Crépy-en-Laonnais qui groupait 150 hectares appartenant à une douzaine de propriétaires — mais en très petit nombre. C'est évidemment parce terre n'avait plus gardé trace de la vieille propriété, elle demeurait encore intacte au cœur du paysan.

Mais voici une autre situation créée également par la guerre, et qui a été un peu plus favorable que la précédente à la formation de ces associations.

Il s'agit non plus de régions dévastées mais des terres restées en friche. Les propriétaires n'avaient pas d'argent et n'avaient pas de main-d'œuvre. Dès lors un grand nombre n'ont plus cultivé. C'était là une situation très inquiétante, dans le moment où la pénurie des denrées se faisait sentir cruellement. Alors, le gouvernement a pris des mesures énergiques, des mesures de salut public, et par la loi du 6 octobre 1916, il a institué — ce qui était vraiment un acte révolutionnaire — la culture obligatoire; c'est-à-dire qu'il a conféré aux communes le droit de reprendre les terres à ceux des propriétaires qui les laissaient en friche et de les cultiver elles-mêmes, ou bien de les faire cultiver par les propriétaires voisins. Le propriétaire était dépossédé, comme ayant déserté ses fonctions de producteur; pourtant on lui laissait le droit, au cas où il y aurait des bénéfices, d'en toucher une part, 7/10 s'il était mobilisé, 5/10 seulement s'il était resté civil. Mais il n'y a pas beaucoup de communes qui aient usé du droit que la loi leur attribuait. Cela leur a paru une grosse affaire que de prendre les terres aux propriétaires négligents pour les cultiver elles-mêmes ou les faire cultiver par d'autres: cette expropriation, même momentanée, choquait l'esprit du paysan français.

Cependant, cela s'est fait dans certains cas. Dans le domaine familial où je passe mes vacances, on a repris au voisin une vigne qui était abandonnée, et naturellement on l'a rendue après la guerre.

Alors, le législateur a fait un pas de plus; voyant que les communes ne voulaient pas prendre en charge les terres abandonnées, par une nouvelle loi de 1917 il a étendu aux départements et aux sociétés coopératives le droit de se substituer aux propriétaires négligents et de cultiver leurs domaines à leur place. On a pensé que le département, étant plus étendu que la commune, serait moins retenu par des considérations locales et pourrait un peu plus se préoccuper des intérêts du pays; et surtout que les sociétés coopératives pourraient mieux comprendre ce devoir social.

Cette loi a donné en effet quelques résultats. Il y a eu un certain nombre d'associations coopératives qui se sont constituées pour la culture des terres abandonnées; quelques-unes sur une grande échelle. A Toulouse, la « Société de Culture de la Haute-Garonne » s'est constituée en 1917, en entreprise coopérative agricole englobant 800 hectares. Il y en a eu une aussi dans le Gers.

Il y en a eu d'autres en France, car vous pensez bien qu'il fallait de l'argent; l'Etat a accordé un crédit de 100 millions pour les communes ou les coopératives qui voudraient entreprendre la culture des terres abandonnées.

Encore aujourd'hui, quelques-unes de ces associations fonctionnent. On en compte 32. En tout, depuis 1916, il y a eu un peu plus de 100.000 hectares qui ont été ainsi remis en culture. C'est quelque chose. On ne peut donc pas dire que la loi ait complètement échoué. Mais elle aura coûté cher, car il y a un très grand nombre de sociétés qui ont dû s'arrêter après avoir perdu ou mangé les avances que l'Etat leur avait consenties.

Enfin, en dehors de ces circonstances exceptionnelles, on peut citer quelques cas moins rares d'associations coopératives de culture spécialisées dans l'horticulture, notamment celle des « Jardiniers de Paris » et deux ou trois autres dans la banlieue de Paris.

§ 2. — Les coopératives d'affermage

Voici pour les coopératives de culture entre propriétaires. Comme je le faisais prévoir, c'est peu de chose.

Mais transportons-nous sur un autre terrain.

Puisque nous voyons que les propriétaires sont récalcitrants à la réalisation d'associations coopératives agricoles, ne pourrait-on pas avoir plus de succès en s'adressant aux non-propriétaires, aux prolétaires, aux travailleurs agricoles ? Vous me direz : Mais comment faire, puisqu'ils n'ont rien ! Pour faire une association coopérative de culture, ne faut-il pas commencer par avoir des terres ? Mais non! Il suffit d'être cultivateurs. Ne pourrait-on constituer des associations coopératives entre fermiers ou même entre travailleurs de terre, comme on les appelle, qui prendront à terme un ou plusieurs domaines et les exploiteront sous forme d'une association coopérative de culture ? Ce serait beaucoup plus facile par cette voie.

Il y en a une, déjà bien ancienne, car elle remonte à près d'un siècle et qui est assez célèbre dans l'histoire de la coopérative : celle de Ralahine. C'était en Irlande. Un riche propriétaire, en 1830, eut l'idée de remettre ses domaines entre les mains des travailleurs qui le cultivaient. Il leur dit : Entendez-vous et exploitez vous-mêmes en commun le domaine. C'était donc bien une véritable coopérative de culture formée entre ces travailleurs qui étaient tout à fait misérables.

L'expérience réussit assez bien, trois ans durant : de 1831 à 1833. On avait institué un conseil de direction, élu par les ouvriers, qui réglait chaque soir les travaux du lendemain. Les enfants étaient entretenus jusqu'à 17 ans aux frais de la communauté. La Société possédait en 1833 81 membres, dont 35 hommes. Cette même année, après la moisson, on fit une grande fête coopérative, avec procession, bannières.

Mais, hélas! c'était le dernier acte. Le propriétaire, M. Vandeleur, perdit toute sa fortune au jeu et s'en fut en Amérique. C'était d'autant plus inattendu qu'il avait fait inscrire dans les statuts de l'association l'interdiction absolue du jeu, mais le propriétaire ne se considérait pas comme tenu de respecter cette obligation. Alors, ce fut la ruine complète et, naturellement, le capital étant perdu, la propriété fut saisie et l'expérience en resta là.

Mais l'expérience a été recommencée dans d'autres pays, et cette fois avec le plus éclatant succès.

En Italie, les associations coopératives des travailleurs de la terre sont très nombreuses. On les appelle *cooperative di lavoro*, c'est-à-dire coopératives de travail, ou aussi association de *braccianti*, c'est-à-dire association de bras, de main-d'œuvre. Ces coopératives exercent plusieurs fonctions. Une des principales c'est d'exécuter les travaux publics, pour les chemins de fer, le terrassement des routes, le desséchement des marais, les irrigations. Elles prennent, comme on dit, l'entreprise des travaux publics. L'autre tâche qui nous concerne aujourd'hui c'est de prendre à ferme des grands domaines qui sont malheureusement nombreux en Italie et qui ne sont pas cultivés, les *latifundia*, survivance de l'empire romain. Ces sociétés de travailleurs demandent la concession de ces « latifundia ». Puis elles les exploitent.

Elles les exploitent de trois façons différentes :

Ou bien, elles laissent les domaines tels qu'ils ont été constitués; les domaines, en Italie, sont divisés en une quantité de petites fermes qui forment autant de métairies. Ces associations coopératives envoient dans ces métairies leurs sociétaires. Chaque famille prend sa ferme et la cultive, chacun pour soi. Ceci n'est pas encore, par conséquent, la culture coopérative. C'est bien une association coopérative qui a pris le domaine à ferme, mais elle se borne à le sous-affermer.

Dans un second système, le domaine est divisé en petites parcelles, mais le sociétaire qui a une parcelle n'y a pas de maison : il n'y habite pas. Il vit dans le village et va cultiver sa parcelle du matin au soir. Ce n'est encore que la culture individualiste.

Ces deux modes d'exploitation rendent néanmoins de grands services à la population rurale. Le premier mode, qui consiste à répartir le domaine entre les mains des sociétaires, sous la forme de fermes, a pour but de supprimer les intermédiaires qui, en Italie, sont extrêmement onéreux et deviennent de véritables usuriers vis-à-vis des petits paysans. Les grands propriétaires, en Italie, ne traitent pas directement avec les métayers. Ils prennent un intermédiaire, comme font à Paris les propriétaires des grandes maisons qui ont des gérants, ou comme font, dans certaines régions de la France, les grands propriétaires fonciers qui n'afferment pas directement, mais par l'intermédiaire de ce qu'on appelle un fermier général, système encore très répandu dans le Bourbonnais, la Bourgogne, le Centre de la France.

Eh bien, les sociétés coopératives de *braccianti* se présentent pour remplacer l'intermédiaire et faire bénéficier ses sociétaires de tous les profits que désormais l'intermédiaire ne touchera plus.

Elles ont aussi pour but, ces sociétés, de remédier au chômage qui est très grave en Italie, en raison de la densité extrême de la population. Vous savez que l'Italie, sur son territoire, qui n'est guère que les 3/5 de la superficie de la France, compte une population déjà supérieure à la nôtre, à l'heure actuelle à peu près une quarantaine de millions d'habitants; et son émigration, naguère assez forte pour servir d'exutoire au trop plein, se trouve maintenant privée de son principal débouché. Les Etats-Unis ne reçoivent plus d'Italiens que dans une proportion infinitésimale. Il leur reste l'Amérique du Sud et surtout la France. Néanmoins le problème reste grave.

Mais voici la troisième forme, qui nous intéresse plus particulièrement. Les sociétés coopératives gardent le domaine. Elles ne le sous-louent pas et ne le divisent pas en parcelles. Elles réunissent, au contraire, sous une direction commune, les divers domaines ou les diverses parcelles et constituent une exploitation collective avec tous ses sociétaires. On leur donne des salaires, parce qu'ils ne peuvent pas attendre; toutefois on leur paye des salaires un peu inférieurs à ceux que touchent les ouvriers des entreprises individualistes. Puis, à la fin de l'année, on leur répartit les bénéfices que l'association aura réalisés. Par conséquent, ces sociétaires ne sont pas, à vrai dire, des salariés; les salaires qu'ils touchent tous les quinze jours ne sont qu'une avance sur le produit de leur travail. Ils sont leurs propres entrepreneurs; ils sont leurs propres patrons, ce qui est le véritable caractère de l'association coopérative.

On peut donc dire que le problème du salariat se trouve résolu par ce système de l'association coopérative agricole de production. Ces *braccianti* sont co-propriétaires de ce domaine. Ils ne travaillent que pour eux-mêmes et ils ont la satisfaction de se dire qu'ils récolteront le fruit intégral de leur travail, ce qui est le rêve de tout ouvrier.

Il y a beaucoup de difficultés à surmonter dans ces associations agricoles. D'abord il n'est pas facile de calculer exactement le nombre des sociétaires qu'il faudra employer pour tel ou tel domaine. Sans doute, on s'en rend à peu près compte d'après l'étendue du domaine; mais les travaux à la campagne varient beaucoup d'intensité. Il y aura des moments où les sociétaires seront trop nombreux. A ces moments-là, on leur permettra d'aller chercher du travail sur les autres propriétés. Il y aura, au contraire, des moments où il n'y aura pas assez de sociétaires pour suffire aux travaux; dans ce cas, on embauchera des ouvriers du dehors qui ne seront évidemment que de simples salariés. Il y aura là une entorse donnée au principe, mais que faire ? L'association coopérative est englobée dans le milieu capitaliste économique actuel. Elle est bien obligée d'y puiser ses éléments de vie.

Mais, malgré ces petites difficultés, ces associations sont aujourd'hui extrêmement nombreuses. On peut dire qu'elles ont, dans une certaine mesure aussi, amélioré les conditions misérables de ce prolétariat italien qui étaient les plus pitoyables de toute l'Europe.

Malheureusement, elles subissent présentement, comme tout le mouvement coopératif italien, les persécutions fascistes. Toutes celles qui n'ont pas capitulé, c'est-à-dire accepté des administrateurs fascistes, sont boycottées et ne peuvent plus trouver de travail. Et celles même qui se résignent à accepter des administrateurs fascistes pour ne pas mourir de faim, n'y trouvent pas le salut, ces administrateurs étant généralement ou incapables ou du moins tout à fait étrangers au mouvement coopératif.

En somme, dans ce domaine-là l'association coopérative de culture a fait merveille et je ne vois pas pourquoi, dans les autres pays, on ne pourrait pas en faire autant, et notamment en France ?

Il est vrai que le prolétariat agricole, en France, n'est pas du tout dans les mêmes conditions, heureusement, que le prolétariat agricole italien. Le travailleur agricole français n'a pas à craindre le chômage. Vous savez combien, par suite de la faible natalité, d'une part, et par suite aussi du drainage qu'exercent sur les habitants des campagnes la grande industrie, ou les chemins de fer, ou les fonctions publiques, le nombre des travailleurs ruraux est de plus en plus insuffisant.

Il n'y a donc pas chez nous de travailleurs ruraux qui soient en peine de trouver du travail et à qui vienne l'idée de se dire : Nous allons constituer une société coopérative pour pouvoir nous occuper! C'est une préoccupation qui leur paraîtrait risible.

Mais s'il n'y a pas en France, présentement, de main-d'œuvre superflue, il y a en France, hélas, comme en Italie, des terres abandonnées et il y en a de plus en plus.

Je lisais justement dans un journal de ce matin, sous ce titre, en gros caractères : « Maisons en ruines, champs en friche », un article où on faisait une description tout à fait émouvante des villages abandonnés en France, parce qu'il n'y a plus d'habitants, et de terres complètement en friche parce qu'il n'y a plus de cultivateurs. J'ai vu moi-même, dans des départements de France spécialement frappés par la dénatalité, dans les départements du Tarn et du Tarn-et-Garonne, des villages où toutes les maisons étaient fermées; il semblait que la peste y avait passé.

Et savez-vous ce qui arrive ? Ce sont les Italiens qui viennent, qui achètent ces terres abandonnées. Ils viennent avec leur famille, beaucoup pour fuir le fascisme, et forment de véritables colonies italiennes, comme on en voit dans les pays neufs, comme on en voit au Brésil et dans la République Argentine ! Je ne suis pas de ceux qui protestent contre cette colonisation de la France : c'est pour elle le salut. Ces colonies italiennes importent chez nous les mêmes formes de culture qu'en Italie. Ceux qui sont assez riches pour acheter la terre préfèrent la cultiver sous le régime de la propriété individuelle. Les autres se contentent de l'affermer, souvent avec promesse de vente pour le jour où ils seront en situation de payer, mais il ne semble pas que le système des fermages collectifs ait été encore introduit dans ces colonies italiennes. Toutefois on s'occupe de la création d'une grande coopérative ouvrière agricole franco-italienne, qui régulariserait cette colonisation, servirait d'intermédiaire entre les propriétaires français et les immigrants italiens, et au besoin même leur ferait des avances de fonds.

Mais ne serait-il pas préférable de voir des associations de paysans, de cultivateurs français, essayer de ressusciter et ces villages délaissés et ces terres en friche, au lieu d'aller chercher dans les villes, ou dans les fonctions publiques, une vie plus facile et de misérables plaisirs ?

S'ils savaient que ces sociétés coopératives peuvent être très rémunératrices et qu'elles peuvent les libérer du régime du salariat dont ils gémissent et sous lequel pourtant ils vont se placer quand ils vont dans les villes, peut-être y aurait-il quelque chance de voir les associations coopératives de culture s'installer en France.

CHAPITRE VII

LES SOCIÉTÉS COOPÉRATIVES DE CONSOMMATION DANS LEURS RELATIONS AVEC LA COOPÉRATION AGRICOLE

Nous en avons fini avec les associations coopératives agricoles proprement dites, et nous entrons dans un domaine un peu nouveau.

§ 1. — La production agricole par les sociétés de consommation

Vous pourriez voir, si vous alliez dans des pays où elles existent, des fermes qui n'appartiennent pas à des associations agricoles coopératives, du moins pas à des associations de production, et qui sont néanmoins qualifiées de coopératives parce qu'elles appartiennent à des sociétés coopératives de consommation. Il ne s'agit donc plus ici de domaines exploités par des agriculteurs associés, mais par des non professionnels, par des consommateurs, c'est-à-dire par des gens qui, par définition, n'entendent rien à l'agriculture.

D'où vient cette institution, à première vue un peu bizarre ? L'explication est bien simple. Vous savez que les sociétés coopératives de consommation ont dans leurs magasins et vendent à leurs membres, chaque jour, des produits alimentaires; c'est le principal et même souvent l'unique objet de leurs opérations. Ces denrées, pour tout ce qu'on désigne sous le vieux nom d'épices, café, thé, poivre, viennent de l'étranger, mais une grande partie, beurre, fromage, vin, légumes secs, huile, sucre, conserves, vient en tout, ou pour la plus grande part, du pays même. Il est donc tout naturel qu'une société coopérative de consommation se dise : « Pourquoi ne produirions-nous pas nous-mêmes les denrées alimentaires que nous vendons ? De même que, par notre magasin coopératif, nous avons éliminé le marchand en détail, puis, en nous groupant en grande fédération, nous avons éliminé le marchand de gros, puis en créant des fabriques de savon, de tissus, de meubles, etc..., éliminé les fabricants de ces articles manufacturés, pourquoi ne ferions-nous pas un pas de plus et n'éliminerions-nous pas aussi le producteur agricole, faisant ainsi l'économie successive de toute la série des intermédiaires, et même nous substituant au producteur originaire?

C'est, en effet, ce que les sociétés de consommation cherchent à faire, partout où elles sont puissamment organisées : produire par leurs propres moyens tout ce qu'elles consomment. Toutefois elles ne commencent pas par la production agricole, parce que, contrairement à ce qu'on pourrait penser, c'est là que la production est le plus difficile; ce n'est qu'après s'être entraînées dans la production industrielle qu'elles abordent la production agricole proprement dite.

Alors, elles achètent des terres, ou si elles n'ont pas de capitaux suffisants pour en acheter, elles se contentent de les prendre à ferme.

En Angleterre, qui est le pays le plus avancé à ce point de vue, un assez grand nombre de sociétés de consommation (172) ont déjà des domaines, soit en pleine propriété, soit affermés par des baux à long terme, sur lesquelles elles produisent une partie des aliments qu'elles consomment. L'ensemble représente une assez grande superficie totale : 74.000 acres anglais, ce qui correspond environ à 30.000 hectares.

Cependant les sociétés locales n'ont généralement pas de ressources, ni de débouchés suffisants pour se faire propriétaires ou même fermières. Ce rôle est réservé aux fédérations de sociétés. En Angleterre, la colossale fédération coopérative, célèbre dans le monde entier sous le nom de la Wholesale de Manchester, ce qui veut dire simplement magasin de gros, possède à elle seule la plus grande partie des terres ainsi coopératisées. Et en outre de celles exploitées en Angleterre, elle en possède de beaucoup plus vastes outre-mer. A Ceylan des plantations de thé et dans l'Afrique occidentale d'immenses forêts pour la production d'une matière grasse, d'une gomme qui sert à la fabrication du savon.

C'est un des souvenirs les plus vivants de mes visites coopératives que le spectacle de la fabrication des confitures dans une des usines de la Wholesale, aux environs de Manchester. Vous savez que les Anglais, pour le déjeuner du matin, ne peuvent se passer de confitures, soit d'oranges, soit de fraises. La Wholesale fait l'une et l'autre.

Pour celle d'oranges elle doit faire venir ces fruits des pays du Midi. Mais nul doute qu'un jour viendra où elle possédera — probablement en Palestine où déjà les orangers de Jaffa sont célèbres — des vergers d'orangers.

Mais quant à la confiture de fraises, la Wholesale la fait déjà avec ses propres fraises.

J'ai vu des wagons entiers de fraises venir se décharger dans ces usines; des centaines de jeunes filles les déversaient dans d'immenses bassines où elles cuisaient, puis on les transvasait dans des milliers de pots superposés, dont les piles formaient comme les colonnades d'un temple gastronomique.

Cette production domestique suffit-elle pour les besoins des 20 millions de coopérateurs, hommes, femmes ou enfants, que nourrit la Wholesale ? Je ne sais. En tout cas il y a déjà des millions de prolétaires anglais qui mangent sous forme de confiture les fruits de leur propre jardin.

Voilà une phase intéressante et pittoresque de l'évolution coopérative.

L'Angleterre n'est pas le seul pays qui en soit là. En Suisse, la Fédération coopérative des sociétés de consommation de Bâle possède aussi, ou exploite, cinq ou six domaines, mais principalement des pâturages.

Pour la France, nous n'avons rien de tel. Nous sommes trop peu avancés dans l'évolution coopérative pour que nos sociétés ou même notre Magasin de Gros puisse songer à installer des domaines. Cependant, je dois signaler en passant un fait assez intéressant et même unique, à ce que je crois ,en son genre. Notre Magasin de Gros possède, en Lorraine, une mine de sel, une saline qu'elle exploite elle-même. Ainsi, si les coopérateurs français ne peuvent encore manger des confitures faites avec leurs propres fruits, ils peuvent du moins assaisonner leurs mets avec leur propre sel; mais je passe, car si le sel peut être qualifié de produit alimentaire, on ne saurait dire qu'il est un produit agricole.

Tout en espérant que cette exploitation agricole, qui doit être la phase ultime de l'évolution coopérative se généralisera, il faut avouer que ces exploitations agricoles par les sociétés de consommation ne donnent, jusqu'à présent, que des résultats décevants. Voici quelques chiffres : de 1913 à 1922, dans cette période décennale (je n'ai pas encore les chiffres de 1923 et 1924), les sociétés coopératives anglaises de consommation qui ont entrepris l'agriculture ont gagné en tout 246.000 livres, et elles ont perdu 872.000 livres, ce qui fait donc une perte nette de 627.000 livres pour ces dix années. Et ce qu'il y a de plus inquiétant c'est qu'au lieu d'aller en diminuant, ces pertes vont en augmentant. Pendant la première période dont je viens de parler, les années 1913 à 1920, les bénéfices avaient un peu dépassé les pertes; les sociétés en gain avaient été plus nombreuses que les sociétés en perte; mais les deux dernières années 1921 et 1922 (et probablement aussi celles dont je n'ai pas les chiffres, 1923 et 1924), ont été désastreuses. C'est ainsi que la dernière année de ma statistique, 1922, il y a eu 28 sociétés seulement qui ont fait des bénéfices, et seulement pour un total de 3.325 livres, tandis qu'il y a eu 117 sociétés qui ont été en perte, pour un total de 347.000 livres, cent fois plus ! Si l'on fait la balance des pertes et des bénéfices pour cette année 1922, elle s'établit par un déficit de plus de 300.000 livres, ce qui représente près de 8 millions de francs d'or, et plus de 30 millions de nos francs-papier! C'est un résultat tout à fait décourageant.

Je dois dire toutefois, pour atténuer un peu cette impression, qu'il y a certaines corrections à faire :

D'abord, dans le chiffre des dépenses se trouve compté le fermage des terres, pour celles qui ont été affermées, et l'intérêt du capital pour celles qui ont été achetées.

Or, s'il est vrai que pour calculer les *bénéfices nets* d'une entreprise il soit nécessaire, dans une bonne comptabilité, de décompter l'intérêt des capitaux et le loyer des immeubles, néanmoins le propriétaire ou le fermier ne croira pas être en perte s'il a touché comme revenus le montant de ses intérêts et de ses fermages. La perte ne commencera qu'au-dessous de cette marge. Si donc, dans le calcul ci-dessus, les sociétés de consommation ont trouvé dans les revenus de leurs terres le montant des intérêts des capitaux engagés et des fermages payés par elles aux propriétaires, n'eussent-elles rien de plus, on ne saurait dire qu'elles sont en perte. Mais peut-être n'ont-elles même pas touché cette part. Je n'ai pas les chiffres nécessaires pour établir ce compte.

Seconde observation, plus importante que la première : c'est qu'il est très difficile d'établir exactement cette comptabilité. Un très grand nombre de sociétés de consommation n'ont pas de comptabilité. A quoi bon, puisque tout ce qu'elles récoltent sur leurs terres, elles le consomment elles-mêmes? Elles sont dans la situation d'un paysan qui vit sur le produit de sa terre, qui se nourrit avec le blé de son champ, avec les fruits et les légumes de son jardin. Il gagne sa vie. Il n'a pas besoin de calculer ce qu'il a gagné ou perdu à la fin de l'année. Peut-être, s'il faisait exactement son compte, trouverait-il que ce qu'il a consommé lui revient plus cher que s'il avait dû l'acheter. De même la société de coopération se dit : Nous avons mangé le pain de notre blé, les fruits et les légumes de notre jardin, bu le lait de nos vaches : nous sommes contents.

Cependant, au point de vue de l'économie générale, on ne peut considérer comme réussie une entreprise coopérative où le coût de production serait plus élevé que la valeur du produit : en ce cas, mieux vaudrait s'en tenir à l'entreprise individualiste.

Il n'est pas étonnant, quand on y réfléchit, que ces expériences agricoles aient été décevantes; car, qu'est-ce que ces sociétés coopératives de consommation ? Ce sont des associations d'ouvriers, d'employés, de petits rentiers, de citadins, qui n'entendent absolument rien à l'agriculture, qui sont tout à fait ignorants pour l'exploitation du sol. Sans doute peut-on répondre qu'ils ne sont pas plus compétents pour la fabrication industrielle, ou même pour le commerce, mais qu'ils prennent des gérants, des ingénieurs, pour fabriquer leurs biscuits, leurs savons ou leurs draps. Pourquoi ne réussiraient-ils pas aussi bien à trouver de bons gérants pour leurs entreprises agricoles ?

C'est parce que l'agriculture ne se prête pas, aussi bien que l'industrie, à être menée par des gérants, par des directeurs, par des contremaîtres. La preuve qu'elle ne s'y prête guère c'est l'insuccès des exploitations agricoles qui se placent sous la forme de sociétés par actions — je ne parle plus des sociétés coopératives, mais des sociétés capitalistes. Il semble que l'entreprise agricole répugne à la forme collective, qu'elle soit capitaliste, coopérative ou communiste. En ce qui concerne cette dernière, on sait que le gouvernement communiste russe, après de vains efforts, a dû y renoncer.

Je dirai même plus : si les sociétés de consommation entraient largement dans la voie de l'entreprise agricole directe, par gestion directe, il faut se demander si ce serait là un résultat très satisfaisant et qui vaudrait la peine d'être encouragé ? Car là où l'expérience a réussi, comme dans quelques cas en Suisse et en Angleterre, que voyons-nous ? Nous voyons un domaine exploité par des ouvriers salariés, et qui ne se distingue en rien d'un domaine quelconque, si ce n'est par ce seul caractère que ce domaine appartient à une société de consommation et que les fruits, au lieu d'être vendus au profit du propriétaire, sont consommés par la société elle-même; mais est-ce là une solution du problème agraire ? En somme, les ouvriers et les employés de ces domaines restent des salariés. Ils ne mettront pas plus de cœur au travail que

les ouvriers qui travaillent sur les propriétés individualistes.

Essaiera-t-on de quelque combinaison mixte ? Essaiera-
t-on d'introduire sur ces fermes qui appartiennent à des
sociétés coopératives de consommation, soit la participation aux bénéfices, soit ce qu'on appelle la société en
participation, c'est-à-dire de rendre les ouvriers actionnaires de l'entreprise dans laquelle ils travaillent ?

Les résultats de la participation ou de l'actionnariat ouvrier, assez peu encourageants, même dans l'industrie, le
sont encore moins dans l'agriculture.

§ 2. — L'entente entre les coopératives de consommation ·et les coopératives agricoles.

Une meilleure solution, ce serait, nous semble-t-il, que
les sociétés coopératives de consommation, abandonnant
une tâche pour laquelle elles ne sont pas qualifiées, con-
fient l'exploitation de leurs terres aux ouvriers associés en
forme d'associations de main-d'œuvre, de même qu'en Italie l'Etat, les communes, ou même les grands propriétaires
traitent avec les associations de *braccianti*, dont nous avons
parlé dans la leçon précédente. Mais, à ma connaissance,
ce système n'a été essayé nulle part.

Ce sera peut-être la solution pour l'avenir, mais présentement il faut se contenter d'une plus modeste.

Cette autre solution nous ramène à notre sujet : c'est
que les sociétés de consommation, au lieu de chercher à
produire elles-mêmes les denrées qu'elles consomment,
cherchent à s'entendre avec les associations coopératives
agricoles de producteurs, celles que nous avons étudiées
dans les leçons précédentes. Cette entente serait bien, elle-
même, un mode de coopération.

C'est de ce côté que se tournent les sociétés anglaises
en ce moment. Dans leur dernier congrès, les associations
coopératives anglaises ont adopté cette résolution :

« Le congrès exprime sa conviction que la meilleure manière d'aider l'agriculture britannique et, en même temps,
le consommateur, consiste à favoriser la conclusion d'accords commerciaux, sur la base coopérative, entre les agri-

culteurs et les coopératives de consommation. Elles approuvent les démarches faites à cet égard, etc... »

L'un des membres a même dit que jusqu'à présent les coopératives de consommation anglaises ont ignoré les associations coopératives de producteurs et qu'il est grand temps que cette espèce de séparation cesse entre elles (1).

De même aussi en France. En France, cette idée de mettre en relations les sociétés coopératives de consommation et les sociétés coopératives de production agricoles est d'ancienne date. Elle a été à l'ordre du jour du congrès coopératif tenu à Marseille en 1890, puis à celui de Grenoble en 1893. Il y a déjà trente ans qu'on célébrait cette union, en termes lyriques, comme vous allez en juger par les quelques phrases que j'extrais du discours de M. Kergall.

C'était à un banquet d'un congrès coopératif :

« L'un cherche l'acheteur qui paiera bien, l'autre le vendeur qui livrera bien. La coopérative de consommation et la coopérative de production existent, mais ne se rejoignent pas encore. Il me semble voir deux mains tendues dans l'ombre, tâtonnant, qui cherchent à se rencontrer.

« Elles se sont rencontrées. Un homme s'est levé, du côté des ouvriers, qui a proposé aux paysans l'alliance des coopératives qu'il représentait. C'était la démocratie ouvrière offrant son concours à la démocratie rurale.

« Alors, du côté des paysans, un représentant s'est levé et a répondu : Oui, nous livrerons à un prix loyal.

« Et dans l'entre-choquement des verres, l'alliance entre producteurs et consommateurs, l'Union pour la Vie a été conclue. »

Eh bien ! malheureusement, depuis que cette union a été célébrée, en 1894, nous ne sommes pas plus avancés. Les deux mains continuent à tâtonner dans l'ombre, sans avoir pu encore se rejoindre, sinon dans quelques cas tout à fait exceptionnels que j'indiquerai tout à l'heure.

---

(1) Cependant, déjà le mouvement d'échange entre la Wholesale et les associations agricoles s'élève à un chiffre assez respectable. En 1924, la Wholesale a vendu à ces sociétés agricoles pour 1.077.000 livres de semences, tourteaux, engrais, etc., et leur a acheté pour 188.000 livres de denrées alimentaires.

Pourtant ce vœu a été repris à bien des reprises et, tout récemment encore, la « Fédération Nationale des Sociétés de consommation française » et la « Fédération des Sociétés agricoles et des Mutualités », deux grandes organisations, ont nommé une Commission pour chercher les moyens de réaliser enfin cette entente entre consommateurs et producteurs agricoles.

C'est une question à l'ordre du jour dans le monde entier.

Au Bureau International du Travail, à Genève, il y a une commission consultative agricole qui vient de formuler le vœu que voici :

« La Commission invite « l'Institut international d'Agriculture », en collaboration avec le « Bureau international du Travail », à rechercher les moyens par lesquels les organisations coopératives agricoles, et en particulier les institutions de crédit agricole, peuvent organiser, en ce qui concerne les produits agricoles, le contact direct entre les producteurs et les consommateurs, et spécialement les coopératives de consommation. »

Des vœux analogues ont été formulés par le congrès de l'alliance coopérative internationale de 1925, à Gand, et dans les congrès nationaux de tous les pays.

Cette entente semblerait tellement imposée par les faits ! J'ai donné dans une leçon précédente les chiffres qui montrent la majoration scandaleuse qui, pour la plupart des denrées agricoles alimentaires, existe entre le prix de vente par le producteur et le prix d'achat pour le consommateur : trois fois, quatre fois plus (1). Je vous ai montré qu'aux Etats-Unis la majoration était moindre, sans doute parce que le commerce y est mieux organisé; mais cependant, même aux Etats-Unis, on a fait le compte que les mêmes denrées agricoles, qui étaient vendues par le producteur agricole pour le chiffre de 7 milliards 1/2 de dol-

____

(1) Le ministre de l'Agriculture, M. Chaumet, dans un discours (septembre 1925) vient de citer le fait caractéristique que voici :

« Du blé acheté à Bordeaux et vendu dans un département du Centre, est passé *entre les mains de dix courtiers dont aucun n'a pris livraison et dont tous ont pris bénéfice!* Et aucun de ces dix personnages *n'a acquitté le moindre impôt.*

lars, étaient payées par les consommateurs 22 milliards de dollars, c'est-à-dire à peu près trois fois le prix de production.

Le président des Etat-Unis lui-même, M. Coolidge, déclare que « le prix payé par le consommateur était hors de proportion avec celui reçu par le producteur » et voit le remède dans l'établissement de relations étroites entre les deux groupements.

Est-ce donc un problème insoluble que de supprimer ce prélèvement parasitaire ?

Ne suffirait-il pas d'établir un pont entre producteurs et consommateurs ou plutôt — car ce pont existe déjà mais avec un trop grand nombre d'arches et de piles — en le réduisant à une seule arche jetée d'une rive à l'autre?

Remarquez que producteurs et consommateurs sont d'accord sur le but à atteindre, d'accord les uns et les autres pour trouver scandaleux ce prélèvement et pour vouloir le supprimer. Seulement, les producteurs veulent supprimer cette différence en majorant d'autant le prix de vente, tandis que les consommateurs veulent le supprimer également, mais en diminuant d'autant le prix d'achat!

Cela rappelle le mot de Charles VIII qui disait à son cousin Sforza : « Nous sommes bien d'accord, car nous voulons tous les deux la même chose : Milan ». Ils voulaient tous les deux la prendre.

Les producteurs et les consommateurs en sont là : ils veulent, l'un et l'autre, s'approprier le profit. Et s'il y a bataille qui sait qui la gagnera? En supposant donc, ce qui est déjà difficile à réaliser, qu'on puisse les mettre face à face par l'élimination des intermédiaires, restera à les concilier ? Ce n'est pas facile. On peut atténuer un peu l'antagonisme en mettant en contact non les sociétés locales, mais les grandes unions centrales qui les représentent. Mais cela ne suffit pas.

Suffit-il d'appliquer le vieux dicton et de dire : il n'y a qu'à couper la poire en deux? Sur la marge entre le prix de vente par le producteur et le prix d'achat par le consommateur, on donnera la moitié en plus aux producteurs, l'autre moitié, en diminution du prix d'achat, aux consommateurs. Dans certains cas, cela s'est fait : par exemple dans un cas que j'ai déjà cité, pour l'Union des Coopéra-

teurs de Lorraine. Là les sociétés de consommation se sont
entendues avec les laiteries coopératives. Les laiteries coopératives fournissent le beurre et le lait aux sociétés de
consommation. On a fait le compte que les producteurs
vendaient leur lait 10 centimes de plus, grâce à ce système, et que les consommateurs le payaient 5 centimes de
moins. Il y a donc un avantage des deux côtés.

Mais c'est là une solution empirique et sans valeur, ni
scientifique ni morale. Ce n'est qu'un pis aller.

La grosse difficulté c'est que les consommateurs disent
aux agriculteurs : « Vous ne devez pas nous faire payer
plus que le juste prix ». — Oui, mais qu'est-ce que c'est que
le prix juste? » demandent les agriculteurs. C'est, répond-
on, le prix de revient, en comprenant dans ce prix de revient la rémunération du travail et l'intérêt du travail.
Mais on ne fait que reculer la difficulté. Comment fixer la
juste rémunération du travail? et même le juste taux de
li'ntérêt? Dans l'ordre économique actuel, c'est la concurrence seule qui les règle, et dans l'agriculture ce n'est même
pas la loi de concurrence, c'est ce qu'on nomme la loi de la
rente qui n'est qu'une sorte de monopole.

Dans l'industrie, on peut dire quel est le prix de revient
du kilogramme de savon ou d'une magnéto, d'un mètre
de cotonnade ou d'un mètre de drap; mais quand il s'agit
d'un produit agricole, il y a, comme je l'ai dit souvent
dans ces leçons, autant de prix de revient qu'il y a de
diversités de terrains. S'il y a 100.000 barriques de vin
sur le marché, même en supposant du vin de même qualité, chacune de ces barriques représentera un prix de
revient différent, suivant que le vin qu'elle contient viendra
d'une vigne fertile ou d'une vigne pierreuse : les unes,
comme coût de production, reviennent à 15 francs l'hectolitre, les autres à 60 francs. De même, quoique dans de
moindres proportions, chaque sac de blé, chaque kilo de
beurre ou chaque litre de lait, comporte un prix de revient
différent.

Alors, quel sera le prix de revient que l'on pourra qua-
lifier de juste prix ? Si c'est le prix de revient minimum
qui doit faire loi, ce prix ne pourra rémunérer que les
propriétaires des terres exceptionnelles les mieux situées,
les plus fertiles; les autres ne feront plus leurs frais et

dovront disparaître. Et pourtant, si on ne peut se passer d'eux, il faudra bien leur payer leurs produits.

Si, au contraire, on prend pour base le prix de revient maximum, c'est-à-dire le prix nécessaire pour rétribuer le produit qui a poussé sur le sol le plus ingrat — c'est précisément l'état de choses actuel — dans ce cas, ce prix comportera une marge de gros bénéfices, ou, comme on dit en économie politique, « une rente » pour tous les propriétaires dont le terrain est mieux situé ou plus fertile.

Essaiera-t-on de faire une péréquation, comme on dit, c'est-à-dire de compenser le trop perçu des uns par le moins perçu des autres, de façon à établir un prix moyen? Mais ceci n'est réalisable que sous un régime où il n'y aurait qu'un seul acheteur, par exemple l'Etat, ou bien un magasin coopératif embrassant toute la nation qui, achetant la totalité de la récolte et payant à chaque producteur un prix différent calculé d'après ses frais, le revendrait à un prix unique, lequel serait une moyenne entre les milliers de prix différents qu'il aurait payés. C'est ce que l'Etat a fait durant la guerre pour supprimer l'inégalité entre les charbons français et étrangers.

Mais nous n'en sommes pas à la généralisation d'un tel régime !

Alors, la Commission d'études dont je vous ai parlé tout à l'heure s'est rabattue sur l'institution d'un organe mixte qui s'interposerait entre les associations agricoles de production et les sociétés coopératives de consommation, organe intermédiaire qui se composerait à la fois de représentants des associations agricoles et de représentants des sociétés de consommation. Il achèterait les produits aux uns pour les revendre aux autres.

Il est à remarquer que par ce moyen-là on ressuscite l'intermédiaire qu'on cherchait à supprimer; toutefois, avec cette grande différence que cet intermédiaire nouveau ne fera pas de bénéfice, parce qu'il est du principe de toute association coopérative d'exclure tout esprit de lucre. Pourtant il aura beau ne pas vouloir faire de bénéfices, il ne fonctionnera pas gratis. Il faudra des bureaux, des magasins, des employés. Ce sera donc un organe qui ne laissera pas que d'être onéreux et, par là même, de faire perdre une partie de l'économie qu'on espérait réaliser.

Puis ce n'est pas tout. Comment sera composé ce comité mixte? S'il est élu par les agriculteurs, en admettant seulement dans son sein, comme dit le projet, quelques représentants des sociétés de consommation, ce seront les agriculteurs qui feront tout de même la loi et qui fixeront les prix aussi élevés que possible.

Si, à l'inverse, cet organe est constitué par les sociétés de consommation, même avec l'obligation d'admettre quelques représentants des associations agricoles, ce sont ces sociétés qui chercheront à fixer le prix le plus bas.

Et enfin si l'on veut appliquer la même règle que dans les comités de conciliation entre patrons et ouvriers, mettre scrupuleusement le même nombre de représentants des deux organismes antagonistes, alors il faudra nommer un tiers arbitre, comme on fait dans ces Comités de conciliation, et ce sera ce tiers arbitre qui sera armé de ce pouvoir redoutable de fixer les prix. Ce sera, somme toute, une forme de taxation de toutes les denrées.

Ainsi la solution fuit devant nous.

Elle apparaît plus difficile encore si l'on tient compte de l'antagonisme qui existe naturellement entre les intérêts ruraux et les intérêts ouvriers; ceux-ci de plus en plus liés au socialisme, les autres plutôt liés au programme conservateur; les uns libres-échangistes, parce qu'ils veulent la suppression des droits de douane qui augmentent le coût de la vie, les autres protectionnistes parce qu'ils redoutent la concurrence étrangère qui ferait baisser les prix.

Cependant le problème ne serait-il pas résolu de la façon la plus élégante si on pouvait réunir les mêmes personnes dans les deux camps, c'est-à-dire si les membres des sociétés coopératives de consommation étaient en même temps les membres des associations agricoles de production?

C'est ce qui s'est réalisé dans cette heureuse combinaison de Lorraine dont je parlais tout à l'heure. L'Union des coopérateurs de Lorraine comprend 50.000 familles et, sur ces 50.000 familles, il y en a 40.000 qui sont des agriculteurs et des petits propriétaires du pays. Ce sont donc bien, à peu de chose près, les mêmes.

Chaque associé se trouve ainsi comme dédoublé et porte

deux hommes en lui : la lutte est transposée dans le for intérieur de chacun. Chacun des associés, quand il siège dans ce Comité mixte chargé de fixer le prix du beurre, se dit : « Demanderai-je un prix élevé de mon beurre? J'ai, en tant que producteur, grand intérêt à le demander; mais, en tant que consommateur, j'ai intérêt, au contraire, à le voir baisser. » C'est pourquoi il y a des chances pour qu'il arrive à accepter ce qu'on appelle le juste prix, c'est-à-dire le prix qui sera de nature à satisfaire à la fois aux intérêts de sa double personnalité : celle de producteur et celle de consommateur (1).

---

(1) Dans un rapport présenté par le Bureau International du Travail, rédigé sans doute par M. Fauquet, directeur du service coopératif, les règlements de ces comités mixtes sont ainsi formulés :

« Dans la constitution des sociétés mixtes déjà établies ou en projet, on peut distinguer les bases communes ci-après :

« a) Coopératives agricoles, d'une part, et coopératives de consommation, d'autre part, s'associent dans des conditions d'égalité parfaite. En conséquence, les deux parties ou les deux groupes participent par parts égales à la formation du capital de l'entreprise commune, et ont une égale représentation dans les assemblées et autres organes de la société. Les excédents de l'entreprise sont partagés en deux parts égales, chacun des deux groupes répartissant secondairement la part qui lui est échue entre ses membres, au prorata des opérations soit de livraison, soit d'achat, faites par chacun de ses membres.

« b) Dans des opérations avec l'une ou l'autre partie (ou les membres de l'un ou de l'autre groupe), l'entreprise commune exerce les fonctions d'intermédiaire dans les mêmes conditions qu'un intermédiaire du commerce privé, c'est-à-dire qu'elle se réfère, tant pour ses achats que pour ses ventes, aux prix du marché. Elle réalise par suite un bénéfice brut qui peut-être considéré comme équivalent à celui que réaliserait un intermédiaire du commerce privé. Ce bénéfice brut sert à couvrir les frais généraux de l'entreprise et le surplus, après prélèvement pour les réserves sociales, est ristourné aux deux parties.

« c) L'entreprise commune peut ne pas être qu'un simple intermédiaire commercial mais adjoindre à ses opérations d'achat et de vente des opérations complémentaires de transformation, d'affinage, de conditionnement. Un bénéfice brut industriel s'ajoute ainsi au bénéfice commercial proprement dit, sans que cela modifie les règles de répartition des excédents.

« Il résulte de ce qui précède que la société mixte se substitue à l'intermédiaire du commerce privé pour exercer à sa place les

S'il pouvait en être ainsi partout, le problème serait bien près d'être résolu; malheureusement c'est là un cas assez exceptionnel. Cette fusion des deux personnalités ne se réalise pas souvent parce que les sociétés de consommation sont surtout recrutées dans la population urbaine, des ouvriers, employés et petits rentiers, tandis que les sociétés agricoles coopératives se composent exclusivement de propriétaires ou fermiers, parmi lesquels il y a très peu de consommateurs organisés. Les sociétés coopératives de consommation sont assez rares dans nos campagnes. Elles commencent, pourtant, à se multiplier, ce qui pourra permettre de généraliser l'exemple donné par l'Union de Lorraine.

Peut-être pourrait-on chercher une solution plus modeste qui, sans aller jusqu'à la fusion des sociétés de consommation et des sociétés de production par l'enrôlement des mêmes membres, se bornerait à établir entre les associations coopératives de production et les sociétés coopératives de consommation un échange de services. Et cela sous deux formes différentes. D'une part, les sociétés de consommation fourniraient aux associations agricoles les capitaux dont celles-ci ont besoin, se feraient leurs com-

---

fonctions utiles qu'il exerçait dans le processus de circulation et, si possible, les assurer avec un meilleur rendement technique.

« Le montant des excédents à répartir par parts égales entre l'organisation des producteurs et l'organisation des consommateurs, sera supérieur ou inférieur au profit net des intermédiaires privés suivant que l'organisation coopérative aura ou n'aura pas réalisé un progrès technique par rapport aux méthodes ordinaires du commerce.

« La référence aux prix du marché, tant pour l'achat que pour la vente, supprime les débats difficiles des transactions commerciales en la forme ordinaire. D'autre part, la co-gestion de l'entreprise par des représentants des deux parties, se fait non sur la base d'une balance équilibrée d'intérêts opposés, mais sur la base d'un intérêt commun qui est la réduction des frais généraux et l'accroissement de l'efficacité technique de l'entreprise commune.

« Le fait que la formule de ces sociétés mixtes a été imaginée d'une manière indépendante aux États-Unis, en France, en Tchécoslovaquie et, conjointement, par le Magasin de Gros anglais et l'Association des Fermiers de Nouvelle-Zélande, est particulièrement remarquable et donne à penser que cette formule est exactement adaptée aux besoins et aux intérêts qu'il s'agit d'harmoniser. »

manditaires. D'autre part, les sociétés de consommation s'engageraient vis-à-vis des sociétés de production à prendre leurs produits à un prix ferme, et même pendant un certain nombre d'années : trois, quatre, cinq ans.

Cette dernière clause serait très appréciée. Par exemple, les vins comportent des variations de prix énormes. Les prix sont tombés de plus de 100 francs en 1920 à 50 francs aujourd'hui. Si les sociétés de consommation étaient assez puissamment organisées pour dire aux viticulteurs : « Nous vous garantissons un prix ferme pendant cinq ans : vous pouvez marcher », il y aurait là évidemment des conditions qui seraient très avantageuses pour les deux parties — quoiqu'il faille reconnaître que cet aléa dans le prix du vin constitue précisément un attrait, l'attrait du jeu et de la spéculation très excitant pour les viticulteurs. Mais mieux vaudrait calmer cette passion.

Il y a eu quelques réalisations déjà, notamment plusieurs cas d'union entre les producteurs de blé et les sociétés de consommation sous forme de boulangeries coopératives. Il y en a une qu'on avait fondée pour l'achat du fromage de gruyère; mais j'ignore ce qu'elle est devenue.

La Fédération coopérative française a traité avec des cultivateurs des environs de Bordeaux pour qu'ils lui livrent la totalité de leur récolte de petits pois, qu'elle fait mettre en conserves dans ses usines. Mais ces agriculteurs ne formaient pas entre eux une association de production, en sorte que ce cas est en dehors de notre cadre.

La même Fédération a aussi l'intention de traiter avec les laiteries coopératives de la région parisienne, mais ce n'est encore qu'à l'état de projet (1).

____

(1) On peut trouver à l'étranger des réalisations beaucoup plus complètes, et sur bien plus grande échelle de ces coopératives mixtes entre agriculteurs et consommateurs, notamment celle de la Nouvelle-Zélande (*New Zealand Produce Association*) dont l'organisation a été ainsi décrite dans un rapport de son président, reproduit dans une enquête du Bureau International du Travail :

« Cette société a pour seuls actionnaires le Magasin de Gros anglais et la Société coopérative néo-zélandaise, qui ont souscrit des parts égales. Le conseil d'administration est constitué par deux directeurs de chacune des associations fondatrices, et le président est choisi alternativement, tous les ans, dans l'une de ces associations. Les transactions sont fondées sur les prin-

Pour établir ce contact on n'a pas cru que les associations agricoles et celles de consommation, ni même les grandes Fédérations centrales formées au-dessus d'elles pûssent suffire, mais qu'il fallait créer un organe intermédiaire, ou plutôt superposé. Et pour cela on a pensé, comme on le fait toujours en France, qu'il fallait s'adresser à l'Etat

---

olpes commerciaux ordinaires, et le bénéfice, après prélèvement des frais — qui allait jusque là aux commerçants — est réparti entre les producteurs et les consommateurs.

« L'organisation de la Nouvelle-Zélande s'occupe de la manutention, de l'expédition, de l'assurance et des arrangements financiers, dans le pays d'origine, et informe l'agence de Londres de tous les envois effectués; elle informe également ses membres des prix obtenus pour leurs produits et leur communique toutes les informations qui peuvent lui être envoyées. L'agence de Londres reçoit les marchandises à l'arrivée; elle fait fonction d'agent de vente et fixe le prix auquel les produits doivent être vendus sur le marché britannique.

« Le Magasin de Gros n'est pas obligé d'acheter les produits de l'association néo-zélandaise, et celle-ci peut ne pas vendre au Magasin de Gros. Si, de l'avis du Magasin de Gros, les prix fixés par l'organisation d'outre-mer sont trop élevés, le Magasin de Gros peut s'adresser à d'autres producteurs, et la société coopérative néo-zélandaise est toujours libre de vendre à des commerçants indépendants. Cette entente est intervenue à la suite des objections de certaines des laiteries néo-zélandaises, qui ont craint que, dans un conseil d'administration ayant un président appartenant au Magasin de Gros (président dont la voix est prépondérante), ce dernier ne puisse, sur une question de fixation des prix, voter dans l'intérêt de son organisation. Dès que cette objection fut présentée, avec les raisons la motivant, le Magasin de Gros renonça à son droit de fixer les prix, et cette fonction est actuellement exercée par les représentants de la Société coopérative néo-zélandaise; cet arrangement donne toute satisfaction.

« On reconnaît généralement que cette première tentative de transactions coopératives coloniales a remporté un plein succès. Le chiffre d'affaires croît d'année en année; l'augmentation a été de 15 à 20 % pour les trois premières années; et cette année, qui constitue le quatrième exercice, est marquée par de nouveaux progrès. Les prix obtenus pour les producteurs ont satisfait entièrement ces derniers, et les consommateurs représentés par le Magasin de Gros ont également bénéficié du nouveau système d'achat. »

Les opérations de cette coopérative mixte, jusqu'à présent, ne portent que sur le lait (en 1924 elle a produit 20.000 tonnes de beurre, 3.500 tonnes de fromage, 4.600 tonnes de poudre de lait ou caséine), mais elles peuvent s'étendre à tous les produits agricoles.

et lui demander de faciliter cette expérience en créant des organes mixtes destinés à faciliter les échanges entre producteurs et consommateurs et en leur avançant les capitaux nécessaires (1).

J'ai déjà dit, dans une des leçons précédentes, que l'Etat disposait d'un fonds considérable fourni par la Banque de France et par sa participation aux bénéfices de la Banque de France, fonds destiné à encourager les sociétés mutuelles de crédit et autres associations coopératives agricoles de production. Cette caisse est très riche, elle a déjà fourni plus de 500 millions. On lui demande de prélever une part minime de ce trésor. Il est probable qu'en effet on donnera satisfaction à ce vœu et qu'on. ouvrira une nouvelle colonne d'avances pour ces institutions mixtes destinées à favoriser l'échange direct des denrées entre les producteurs et les consommateurs.

CHAPITRE VIII

L'ASSOCIATION AGRICOLE
ET LA QUESTION AGRAIRE

Comme conclusion à ce cours, je voudrais montrer dans quelle mesure les associations agricoles peuvent contribuer à résoudre ce qu'on nomme la question agraire. Mais pour comprendre ce rôle, il faut d'abord faire une digression sur ce qu'on appelle la question agraire.

§ 1. — Qu'est-ce que la question agraire ?

Cette question a tenu une place énorme durant toute l'antiquité Elle était même au premier rang : tout le socialisme ancien était un socialisme agraire. Il suffirait pour le montrer de rappeler l'histoire de la Grèce et celle

---

(1) Un projet ferme avait été déposé par un député, M. Chanal, demandant au Gouvernement une dotation de 5 millions de francs à prélever sur le fonds du Crédit agricole, mais. malgré les vœux exprimés par le Congrès de la Mutualité et de la Coopération agricole (28 mai 1925, à Paris), il n'a pas encore été donné suite à ce projet.

de Rome. Cette question a perdu de son importance au fur et à mesure que le développement de l'industrie a orienté les préoccupations du côté de la classe ouvrière et du capitalisme, mais depuis quelque temps on voit de nouveau les préoccupations des socialistes se tourner du côté de la question agraire.

Voici comment la question se pose actuellement :

Pour les économistes qui appartiennent à l'école libérale, à l'école classique, comme on la désigne généralement — l'homme qui la représentait de la façon la plus complète, est mort il y a seulement une vingtaine d'années : c'était M. de Molinari ; aujourd'hui, c'est M. Yves Guyot — la propriété foncière ne se distingue en rien de la propriété quelconque, que ce soit la propriété des produits ou la propriété des capitaux. A ceux qui disent que la terre n'est pas le produit du travail et qu'en cela elle diffère du capital ou des produits quelconques, ils répondent que cette différence n'existe nullement, car si la terre n'est pas matériellement un produit du travail, il en est de même de n'importe quoi puisque l'homme ne peut créer un atome de matière. Il en est pour la terre comme pour toute chose : son utilité et sa valeur sont sinon le produit du travail — ce qui est la doctrine marxiste que les économistes n'aceptent généralement pas — du moins le résultat des mêmes causes que celles d'une chose quelconque, utilité, rareté, etc. Il n'y a donc pas lieu d'en faire une catégorie à part.

De même, l'évolution de l'agriculture, pour ces économistes, ne doit pas suivre une autre voie que l'évolution ordinaire. Que voit-on dans l'évolution industrielle ? La tendance à la grande production, la formation de grandes entreprises, généralement sous forme de sociétés par actions, de grandes Compagnies, et l'élimination des petits par les gros. Eh! bien, il en sera de même dans l'agriculture. Là aussi, la lutte s'engagera entre les grands domaines et les petits domaines et la victoire appartiendra aux premiers, à raison de la supériorité des capitaux et de la supériorité des connaissances techniques.

Mais en face de cette école des économistes libéraux, il y a depuis longtemps une école qu'on pourrait appeler celle des économistes socialisants, car ce ne sont pas des socialistes à proprement parler. Ceux dont il faut citer les noms — en Angleterre Stuart Mill, en France Léon Walras (quoiqu'on en fasse toujours un Suisse parce qu'il n'a pu trouver de chaire qu'à Lausanne), et même quelques philosophes qui se sont occupés de questions sociales, Alfred Fouillée, Charles Secrétan — affirment que la propriété foncière diffère essentiellement de la propriété des capitaux et des produits. Quoi qu'on en dise, la terre n'est pas un produit du travail. Elle est un don de la nature, le plus souvent modifié par le travail de l'homme, mais pourtant pas toujours! car il y a des terres qui ont une grande valeur sans avoir été touchées par le travail de l'homme, telles celles qui recèlent un riche sous-sol, ou les terrains à bâtir dans les villes, ou les forêts, etc.

D'autre part, tout produit suppose par définition même une industrie préalable, tandis qu'au contraire la terre préexiste à toute industrie. Aujourd'hui, comme aux premiers jours, la terre est la richesse indispensable de laquelle dépend la vie des hommes et des nations. Elle a donc bien un caractère prééminent et dont la Nation ne saurait se désintéresser. Que la terre puisse être appropriée, soit! mais à condition que cette appropriation soit démontrée être le meilleur moyen de l'utiliser, de « la faire valoir », comme on dit. Mais si elle devait rester ce qu'elle a été pendant toute l'histoire — un instrument surtout politique pour servir de fondement à une classe dominante et être cultivée par des salariés ou des fermiers qui ne recueillent qu'une faible partie des fruits de leur travail — alors il faudrait reconnaître que cette propriété n'a plus de base économique. C'est pourquoi l'école dont j'expose en ce moment la thèse pense qu'il faut enlever la terre à ceux qui ne la travaillent pas personnellement et la mettre entre les mains uniquement de ceux qui la cultivent. Il faut éliminer ceux que les anciens, il y a déjà bien longtemps, ont qualifié de *fruges consumere nati* (ceux qui sont nés pour manger les fruits de la terre), et les remplacer par ceux qui ne récolteront que ce qu'ils auront semé et labouré. Et comme l'étendue de terre qu'un homme peut mettre en culture par son travail est très limitée, quelques hectares seulement, plus ou moins selon la nature des cultures, ce programme implique la limitation en étendue de toute propriété fon-

clère et par conséquent l'expropriation de tout ce qui dépasse cette limite.

Dira-t-on que c'est là une thèse tout à fait révolutionnaire? Non, car cette transformaion peut se faire par des
moyens qui ne sont pas, à proprement parler, révolution-
naires.

Elle peut se faire d'abord par le rachat de la grande propriété, de la terre. Les économistes dont je viens de citer
les noms ont proposé des systèmes de rachat de la terre
qui respecteraient les droits des propriétaires, puisqu'on
leur donnerait une compensation en argent. Je n'ai pas à
les exposer ici.

Elle pourrait se faire aussi par l'abolition de l'hérédité
en ce qui concerne la propriété foncière, simplement en
ajournant cette abolition — si l'on veut respecter les droits
asquis ou même les droits à l'état « d'espérances » — à
deux ou trois générations.

§ 2. — L'expropriation des grands domaines
dans l'Europe occidentale

Mais nous n'en sommes plus aujourd'hui à des solutions
plus ou moins utopiques, inventées par les économistes.
La solution dont je viens de parler est déjà entrée dans
la législation. Elle est en train de se réaliser dans un grand
nombre de pays.

L'Angleterre, la première, qui vous le savez est le pays
du monde où la grande propriété a le plus d'étendue et la
plus glorieuse histoire, le pays des landlords, qui sont devenus les lords tout court, c'est-à-dire la plus puissante
aristocratie foncière, l'Angleterre a été la première à entrer dans cette voie et à chercher les moyens de créer une
petite propriété, une propriété paysanne. En Irlande
d'abord on a, peu à peu, exproprié tous les grands domaines
pour les partager entre les anciens cultivateurs irlandais;
et même en Angleterre plusieurs lois successives ont créé,
sous le nom de *small ho'dings*, de petites exploitations; et,
à cet effet, ont donné aux communes le droit d'exproprier
avec indemnité des domaines et de les partager en petites
parcelles qu'on vendrait ou qu'on louerait à ceux qui voudraient se faire cultivateurs.

Il est vrai que cette réforme n'a pas donné tous les ré
sultats qu'on pouvait attendre, non pas précisément par
manque d'amateurs mais parce que les communes n'ont pas
prêté facilement la main au fonctionnement de la loi; elles
n'ont pas mis beaucoup d'empressement à se procurer les
terrains nécessaires pour l'expropriation, parce que c'était
une grosse dépense.

Même en France, qui n'est pourtant pas dans la situation de l'Angleterre, même en France où la petite propriété existe depuis très longtemps, avant même la Révolution française, et où elle n'est pas, quoi qu'on en
dise, en train de reculer, même là cependant l'Etat a jugé
nécessaire d'étendre encore son domaine.

Il a procédé par une série de lois. Une grande partie des
500 millions versés par la Banque de France dans la caisse
du crédit agricole est consacrée à des avances aux cultivateurs qui voudront acquérir de petites propriétés.

Voilà donc un travail législatif qui se fait dans le sens
inverse à celui de l'évolution industrielle, dans le sens de
la petite propriété.

Mais tout ceci n'est rien à côté de la révolution agraire
qui, depuis la guerre, a transformé tous les Etats de l'Europe orientale et qui, si l'attention publique n'avait pas
été absorbée par les suites de la guerre, aurait apparu
comme un des grands événements de l'histoire économique.

Entre ces deux dates, 1919 et 1922 — bien court espace
de temps, trois ans — il n'y a pas moins de douze Etats qui
se sont mis à réaliser le programme d'expropriation de la
grande propriété au profit de la petite. C'est, en les prenant dans l'ordre géographique : la Finlande, l'Esthonie,
la Lettonie, la Lithuanie, la Pologne, la Tchécoslovaquie,
l'Autriche-Hongrie, la Yougoslavie, la Serbie, la Bulgarie,
la Roumanie, la Grèce, même le Danemark et, cela va sans
dire, la Russie.

Tous ont promulgué des lois, plus ou moins rigoureuses,
et plus ou moins rigoureusement appliquées, pour limiter
l'étendue des grands domaines et les remplacer par de
petites exploitations.

Chacune de ces législations présente des caractères assez
différents, suivant les conditions sociales ou politiques
dans lesquelles se trouvent ces pays.

Je prendrai pour exemple la loi du 26 septembre 1920 de la Lettonie (ou pour mieux dire la Latvie, car le mot Letton est allemand). Nous y trouvons une loi d'expropriation particulièrement sévère et cela à deux points de vue, tant au point de vue de l'étendue de l'amputation qu'au point de vue des indemnités à payer.

Comme étendue, l'expropriation porte sur tout ce qui dépasse 50 hectares, et il est à noter que dans ce pays, comme d'ailleurs dans tous ceux de l'Europe orientale, les domaines étaient immenses.

On aura une idée de cette amputation si nous disons qu'il n'a été laissé aux très grands propriétaires que 2,2 % de leurs domaines!

Quant à l'indemnité payée aux grands propriétaires dépossédés, elle est très inférieure à la valeur réelle des terres. D'abord, on prend la valeur de la propriété telle qu'elle était avant la guerre, 1913, ce qui est déjà une façon de la réduire considérablement. En outre, l'indemnité est supprimée si la terre était affermée, ce qui était généralement le cas dans ces pays.

Non seulement on calcule sur le pied de la valeur de 1913, mais encore la loi a un effet rétroactif, en ce sens que tout argent touché par le propriétaire depuis 1913, au cas de ventes d'une partie de son domaine, est déduit du montant de l'indemnité. On a évalué en moyenne à 480 roubles lettones par hectare l'indemnité payée — et comme le cours du rouble letton était de 260 pour 1 dollar, cela représente donc un peu moins de 2 dollars l'hectare.

Et encore l'indemnité n'était-elle pas payée en espèces mais en obligations, comme les indemnités de nos départements ravagés.

La rigueur spéciale de la législation lettonne peut s'expliquer, il est vrai, par la situation politique de ce pays. Presque toute la grande propriété y appartenait aux Prussiens ou aux Russes, mais surtout aux Prussiens. Alors on comprend que dès que ce pays a été libéré, il n'a pas gardé de ménagements pour ces riches étrangers qu'il considérait comme ses oppresseurs depuis plusieurs générations, depuis 700 ans, disaient-ils. Pourtant à cette époque les indigènes étaient encore païens!

Dans d'autres pays où la situation n'était pas la même

et où les terres n'appartenaient pas aux étrangers mais en grande partie aux familles indigènes, on a été beaucoup moins sévère.

En Tchécoslovaquie, le nouveau gouvernement a été très démocratique, car il a supprimé tous les titres. Il n'y a plus aucun duc, ni prince, même dans les familles dont le nom reste inséparable de l'histoire du pays. Mais néanmoins elles ont été autorisées à conserver une plus large part de leurs immenses domaines, les unes 40 %, les autres 50 %, une même 64 %. De même en Roumanie, les grands propriétaires peuvent conserver jusqu'à 500 hectares.

Un des pays où la loi est restée presque nominale, c'est la Pologne. C'est parce qu'il n'y avait pas beaucoup de propriétaires étrangers.

En Bulgarie, on a été aussi très sévère. Il y a eu là, après la guerre, un gouvernement de paysans qui a été impitoyable pour les propriétaires. Aucun d'eux n'a pu conserver plus de 30 hectares.

On peut donc dire que dans plus de la moitié de l'Europe il y a eu « le partage agraire » que réclamaient déjà les tribuns de Rome et pour lequel les frères Gracchus furent assassinés. Les Etats se sont trouvés ainsi possesseurs de millions d'hectares. Qu'en ont-ils fait?

Ils ne les ont pas gardés pour eux, comme l'a fait, du moins en partie, l'Etat soviétique; le but de cette réforme ce n'était nullement le collectivisme agraire, la socialisation de la terre, mais tout au contraire la création de la petite propriété individuelle.

On a donc partagé ces excédents des grands domaines en parcelles pour les remettre aux mains des cultivateurs. Non pas gratis : s'ils veulent devenir propriétaires, ils doivent payer le prix. Mais ce prix est modique et payable par annuités, pendant un temps assez long pour que le cultivateur, même sans ressources, puisse le payer avec ses récoltes. Ils peuvent, s'ils le préfèrent, l'affermer. Et beaucoup en effet le préfèrent, parce qu'ils n'ont pas de cette façon à débourser un capital et peuvent, par conséquent, garder le peu d'épargne qu'ils avaient amassé et qui leur sera plus utile pour se procurer les bêtes de trait, instruments, etc.

Mais on peut dire que l'Etat, dans tous ces pays, est embrrrassé de l'abondance de ses richesses, c'est-à-dire qu'il ne trouve pas facilement des amateurs pour l'immense superficie des terres qu'il a expropriées. C'est ainsi qu'en Lettonie, sur une superficie totale de 6.330.000 hectares, la partie mise en répartition s'élève à 2.721.000 hectares, soit 43 %.

Sans doute, il y a des pays où c'est facile de trouver emploi: c'est là où les terres étaient déjà presque toutes occupées, à titre de fermiers ou de métayers, par les populations rurales. Alors, là, il n'y a pas besoin de chercher des cultivateurs. Ils sont déjà en possession. L'expropriation, ici, a consisté simplement à les libérer du fermage qu'ils avaient à payer aux grands propriétaires et à le transformer en fermage payé à l'Etat. Ils deviennent les fermiers de l'Etat, au lieu de rester les fermiers d'un seigneur quelconque.

Mais là où il faut créer des domaines nouveaux, là où on a exproprié non seulement les domaines entre les mains des seigneurs, mais les propriétés des congrégations religieuses, des églises, des institutions diverses, on a été embarrassé, dans bien des cas, pour savoir comment lotir ces domaines (1).

De sorte que les critiques de ces lois agraires disent à l'Etat : « Vous avez été un peu vite! Avant d'exproprier tant de terres, il fallait s'assurer que vous en trouveriez l'emploi. Mieux aurait valu exproprier au fur et à mesure des besoins. » Cette critique paraît, en effet, assez raisonnable; mais quand on fait une révolution on va d'un élan jusqu'au bout.

Vous voyez donc combien cette révolution est inattendue au point de vue économique. Il y a là un démenti donné à tout ce qu'on a enseigné sur la supériorité de la grande production, sur la loi de concentration, sur la mort prédite de la petite propriété.

---

(1) En Tchécoslovaquie, cette difficulté ne s'est pas présentée. Au contraire, il n'y aura pas assez de terres pour toutes les demandes. Déjà 117.000 agriculteurs qui ne possédaient point de terres (21.000) ou qui n'en possédaient qu'une étendue insuffisante (46.000 moins de 1 hectare), sont devenus propriétaires ou ont agrandi leur petit domaine.

Je crois que, somme toute, il faut s'en féliciter, parce que la grande propriété n'avait peut-être pas toutes les vertus qu'on lui prête et, par contre, elle a des vices qui sont absolument certains.

Les vertus qu'on lui prête d'être plus scientifique, plus industrialisée, plus économique, par l'emploi des machines, par l'organisation du travail, par l'emploi des capitaux empruntés à meilleur marché, par la facilité à trouver des débouchés, tout cela peut être vrai quand cette grande propriété se trouve entre les mains d'agriculteurs spécialistes; mais sur les millions d'hectares en Europe qui étaient occupés par la grande propriété, combien y en avait-il qui pûssent donner satisfaction à ces desiderata? Il y en avait, assurément, mais bien peu! Combien y en avait-il parmi les grands propriétaires de Russie? La grande propriété n'était pas moins routinière, en bien des cas, que la petite. Même en Angleterre, où sans doute la culture était très avancée, ses progrès étaient dus aux *farmers* bien plus qu'aux *landlords*. Chez ceux qui convertissaient leurs domaines en terrains de chasse, on ne peut pas dire, assurément, que la grande propriété augmentât le rendement. Il y a eu des comtés en Angleterre qui ont été quasi dépeuplés parce qu'on a expulsé les fermiers pour faire place au gibier. Et combien en Italie, en Hongrie, en Russie, en Roumanie, de ces immenses terrains, de ces *latifundia*, laissés à l'abandon parce que les propriétaires n'avaient pas des capitaux suffisants pour les exploiter, ou parce que les revenus de ces domaines étaient assez grands, même avec une culture surannée, pour leur permettre de vivre dans le luxe, à Paris ou à Londres.

D'autre part, il faut songer que cette grande propriété a pour effet de maintenir et d'intensifier le salariat, ce régime qu'on cherche à abolir ou à transformer dans tous les domaines. Dans le domaine industriel vous savez que la libération du salariat est aujourd'hui le mot d'ordre, non pas seulement des socialistes, non pas seulement des syndicalistes comme la C. G. T., mais du parti radical socialiste; tous ses représentants, MM. Herriot, Ferdinand Buisson, ne cessent de répéter dans tous leurs discours et leurs congrès qu'il faut abolir le salariat. Le travail salarié entraîne presque toujours un gros gaspillage de

temps, de forces, de bonnes volontés, mais plus particu
lièrement dans le travail agricole. En effet dans l'agriculture il n'y a aucun contrôle possible; non seulement
parce que ce travail se fait d'une façon dispersée, sur
divers points du domaine, et qu'on ne peut avoir un con-
tremaître derrière chaque ouvrier, mais surtout par le
fait que les résultats du travail de l'ouvrier ne sont pas
immédiatement visibles et même ne le seront jamais. Si un
ouvrier greffe mal la vigne et qu'au bout de six mois la
vigne ne porte pas de fruits, il sera trop tard pour venir
lui dire: c'est votre faute! Qu'est-ce qui le prouvera? Il y
a tant d'autres causes qui peuvent avoir empêché la vigne
de fleurir ou le raisin de mûrir.

C'est pourquoi le travail salarié qui, dans tous les domaines, tend à devenir de plus en plus improductif, le
devient surtout dans le domaine de la production agricole.
Les remèdes essayés, tel que la participation aux bénéfices, y ont donné encore moins de résultats que dans l'industrie. Et ces constatations suffiraient pour disqualifier,
au point de vue économique, la grande propriété et lui
faire préférer la propriété paysanne.

Mais si la disparition du salariat est plus nécessaire
dans l'industrie agricole que partout ailleurs, c'est là aussi
qu'elle est le plus facilement réalisable.

En effet il faut avouer que dans le domaine industriel et
commercial on n'en a pas encore trouvé le moyen, parce
que la production y est presque nécessairement collective
et que le travailleur ne peut produire pour son propre
compte et garder pour lui le produit intégral de son travail.
Le travailleur autonome tel qu'il a existé durant la période
la plus heureuse de l'histoire, l'artisan du moyen âge,
l'homme qui travaillait avec ses propres instruments, est
en train de disparaître du domaine industriel. Peut-être
pas tout à fait : on lutte encore pour le maintenir, mais
sans beaucoup de chances de succès.

Au contraire, quand il s'agit de la production agricole, il
semble que là on puisse non seulement maintenir mais
multiplier l'entreprise individuelle et en faire l'unique
forme de travail agricole.

En tout cas, c'est à cela que tend cette révolution agraire
dont je viens de parler. C'est à mettre entre les mains du

travailleur et, par là, à rendre à la propriété foncière
cette légitimité qu'elle a en partie perdue sous le régime
de la grande propriété (1).

Mais, dira-t-on, il y a aussi de grands inconvénients
dans cette évolution vers la petite propriété paysanne :
inconvénients au point de vue économique et inconvénients
même au point de vue moral :

au point de vue économique, en ce que cette propriété
paysanne maintiendra une culture routinière, sans machines, sans capitaux, sans bonne utilisation des parcelles
dispersées;

inconvénients même au point de vue moral; en ce qu'elle
intensifiera l'esprit individualiste, disons même égoïste, qui
est la caractéristique de la propriété paysanne dans tous les
pays et peut-être plus particulièrement en France.

L'objection est forte mais je pense qu'on peut y répondre
en s'appuyant sur ces associations agricoles qui ont fait
l'objet de ce cours. Sans elles, la grande expropriation
dont nous verons de donner un tableau sommaire risque
d'être impuissante. Grâce à elles, elle pourra résoudre l'antique question agraire.

§ 3. — La coopération agricole complément et remède à la révolution agraire

Nous avons vu successivement dans ce cours comment
tout ce qui était nécessaire au progrès agricole —
le capital en premier lieu, les machines, les débouchés
pour la vente, la transformation industrielle des produits,
l'utilisation des sous-produits, tout ce qui caractérise la
grande production — comment, dis-je, l'association agricole met tout cela à la disposition des petits propriétaires
qui voudront en user.

La petite propriété peut trouver là le remède au double
mal que je viens de signaler.

L'association agricole peut remédier à l'infériorité économique, au point de vue du rendement, en donnant à la

____

(1) En Danemark, où l'expropriation des grands domaines a été
modérée, les lots attribués aux paysans ne leur ont pas été attribués en propriété perpétuelle mais à titre de possession et sous
la condition du travail personnel du possesseur.

petite propriété toutes les ressources de la grande propriété. Et remède au point de vue moral, car à cet individualisme que l'on constate malheureusement, quel remède plus efficace peut-on imaginer que celui de l'association entre voisins et la formation de tous les liens que crée la solidarité?

Le portrait classique du paysan français, tel que l'ont décrit Balzac et tant d'autres romans ruraux qui sont aujourd'hui à la mode, c'est le portrait du paysan sous le régime ancien; mais ils n'ont pas fait encore le portrait du paysan sous le régime nouveau de la coopération.

Et d'ailleurs, dans les différents pays dont je viens de parler, on ne s'est pas mépris sur l'utilité de la coopération agricole comme complément et condition de cette réforme (1). Toutes ces législations agraires prévoient pré-

------

(1) La *Revue Internationale du Travail* dans ses numéros de septembre et octobre 1925, a publié un article sur « la Réforme Agraire en Tchécoslovaquie », qui apporte une confirmation remarquable à ce que nous avions dit dans cette leçon.

« La loi de 1920, réglementant l'attribution des biens fonciers, autorise les agriculteurs sollicitant des allocations de terres à former une coopérative qui centralisera les titres respectifs de ses adhérents. De même, des fermiers déjà établis peuvent se grouper en vue d'obtenir et d'exploiter collectivement une étendue de terre supplémentaire. De même les sociétés coopératives de consommation peuvent demander la concession d'un domaine en vue d'y produire des denrées alimentaires pour leurs membres. D'autre part, la principale sphère d'activité dévolue aux « coopératives de culture » paraît être la gestion des « domaines souches » : la moitié environ des propriétés de ce type ont été confiées à des groupements collectifs, souvent formés par le personnel qui les cultivait autrefois. »

Il est vrai que l'auteur dit, d'autre part : « la coopération de culture a été négligée et n'a suscité que peu d'intérêt. Mais une œuvre aussi vaste comporte évidemment des difficultés exceptionnelles ».

Et il ajoute :

Le législateur soumet ces coopératives à un contrôle assez rigoureux, comportant même le droit de dissolution, et ce n'est pas de nature à stimuler la formation de ces associations.

Toutefois, le nombre des sociétés coopératives de culture s'élevait déjà à 35 (au 1er mai 1923) en dehors des coopératives agricoles spéciales (production, vente ou crédit). On va en créer d'autres sous forme de colonies, dans les régions encore incultes de la Slovaquie et des Carpathes.

cisément que ces terres expropriées et concédées aux
paysans pourront être constituées sous la forme d'associations coopératives. Celles-ci se multiplient, en effet, énormément dans tous ces pays, simultanément avec l'appli-
cation des lois d'expropriation.

Ces coopératives permettent aussi d'utiliser les compé-
tences techniques des gérants des grands domaines qui ne
trouvent plus d'emplois à la suite de l'expropriation. En
Roumanie les terres expropriées sont d'abord concédées
collectivement aux communes et associations agricoles, en
attendant le lotissement individuel, s'il y a lieu.

Que pensent les socialistes de cette évolution que nous
venons de retracer si brièvement?

Ils ne peuvent la considérer, semble-t-il, que comme
un danger pour la réalisation du programme collectiviste.

Pourquoi? Parce que la thèse marxiste c'est qu'au fur
et à mesure que cette concentration agira et lorsque le
jour sera venu où, par une hypothèse que je pousse à
l'extrême, tous les capitaux appartiendront à un seul capitaliste et toutes les terres à un seul propriétaire, alors
il sera facile de les prendre. L'expropriation sera d'autant
plus facile que la minorité des possédants sera moins nombreuse vis-à-vis de l'immense masse prolétarisée.

Donc, rien n'est plus contraire au mouvement de cette
évolution marxiste que la révolution actuelle qui tend à
remplacer la grande propriété par la petite propriété, c'est-
à-dire à multiplier le nombre de ceux qui tiennent la terre
et qui voudront la défendre.

Pourtant voici un extrait tout récent d'un manifeste :

« Le parti communiste soutient toutes les revendications
partielles des paysans, qui sont susceptibles d'améliorer
réellement sa situation »; et un peu plus loin: « la terre
à qui la cultive de ses mains »;

« ...et cela par l'expropriation sans indemnité. »

Eh bien! c'est ce que disent aussi les Etats qui viennent
de faire la révolution dont je viens de parler.

Il semble donc qu'il n'y ait de différence que sur les
moyens. Et encore, vous avez pu voir, d'après ce que je
vous ai dit de la façon dont sont appliquées les lois d'expropriation dans ces différents pays, que de l'indemnité
il n'est pas resté grand chose! La vraie différence entre les

deux programmes c'est que, par l'expropriation légale, les nouveaux propriétaires le sont à titre définitif, tandis que par l'expropriation révolutionnaire ils ne doivent être que des propriétaires en sursis, comme on l'a dit, en attendant qu'ils se convertissent au collectivisme. Mais peut-être ne se convertiront-ils qu'au coopératisme.

Qu'a fait la révolution bolcheviste? Elle a d'abord exproprié tous les domaines, et là sans indemnité; mais une fois toute la terre russe expropriée, qu'en a-t-elle fait? En théorie elle l'a socialisée, mais en fait elle n'a effectué cette socialisation que pour une minime partie, pour les domaines dont les cultures avaient un caractère industriel — vignobles, élevage, etc. — et pour la presque totalité, elle a fait comme les autres Etats : elle a laissé les terres entre les mains des paysans qui la possédaient déjà, à titre de fermiers ou de simples cultivateurs, ou sous le régime communal du mir-propriété non plus absolue, il est vrai, comme la propriété quiritaire que le droit romain nous a léguée, mais propriété de fait héréditaire et perpétuelle en ce sens qu'on ne la leur reprendra jamais. La seule différence entre l'ancienne propriété c'est que les possesseurs ne sont pas libres de l'aliéner et de l'affermer, ni même de l'exploiter par un travail salarié. Mais dans ces derniers temps cette double limitation tend à disparaître.

Et il ne subsistera bientôt plus comme résultat de cette révolution agraire que l'éclosion d'un nombre immense de coopératives agricoles que d'ailleurs le gouvernement soviétique favorise par tous les moyens et dans lesquelles il voit même la consolidation de la révolution. Lénine, avant de mourir, a recommandé la coopération sous toutes ses formes, mais tout particulièrement la coopération agricole, comme la seule façon dont la Russie puisse réaliser sa révolution.

Acceptons en l'augure! Heureux si cette sanglante révolution, et toute la question agraire, peut trouver un dénouement dans la floraison de ces associations où respire la paix des champs.

TABLE DES MATIÈRES

:: L'ÉMANCIPATRICE ::
IMPRIMERIE COOPÉRATIVE
3, RUE DE PONDICHÉRY,
PARIS (XV⁰) — 6926.12 25

ASSOCIATION
POUR L'ENSEIGNEMENT DE LA COOPÉRATION

Cours au Collège de France
Par CHARLES GIDE